激荡中国梦的伟大实践

京津冀协同发展五周年回顾与未来展望

孙明华 主编

天津社会科学院出版社

图书在版编目（CIP）数据

激荡中国梦的伟大实践：京津冀协同发展五周年回顾与未来展望 / 孙明华主编 . --天津：天津社会科学院出版社，2020.3

ISBN 978-7-5563-0615-2

Ⅰ.①激… Ⅱ.①孙… Ⅲ.①区域经济发展 – 协调发展 – 华北地区 – 文集 Ⅳ.①F127.2 – 53

中国版本图书馆 CIP 数据核字（2020）第 006354 号

激荡中国梦的伟大实践：京津冀协同发展五周年回顾与未来展望
JIDANG ZHONGGUOMENG DE WEIDA SHIJIAN：JING JIN JI XIETONG
FAZHAN WU ZHOUNIAN HUIGU YU WEILAI ZHANWANG

出 版 发 行：	天津社会科学院出版社	
地　　　址：	天津市南开区迎水道 7 号	
邮　　　编：	300191	
电话/传真：	（022）23360165（总编室）	
	（022）23075303（发行科）	
网　　　址：	www.tass-tj.org.cn	
印　　　刷：	北京建宏印刷有限公司	

开　　　本：	787×1092 毫米　1/16	
印　　　张：	14.25	
字　　　数：	216 千字	
版　　　次：	2020 年 3 月第 1 版　2020 年 3 月第 1 次印刷	
定　　　价：	68.00 元	

前　言

　　京津冀协同发展,是习近平总书记亲自谋划、亲自部署、亲自推动的重大国家战略。2014年2月26日,习近平总书记在北京主持召开座谈会,专题听取京津冀协同发展工作汇报,强调实现京津冀协同发展,是面向未来打造新的首都经济圈、推进区域发展体制机制创新的需要,是探索完善城市群布局和形态、为优化开发区域发展提供示范和样板的需要,是探索生态文明建设有效路径、促进人口经济资源环境相协调的需要,是实现京津冀优势互补、促进环渤海经济区发展、带动北方腹地发展的需要,是一个重大国家战略,要坚持优势互补、互利共赢、扎实推进,加快走出一条科学持续的协同发展路子来。

　　筚路蓝缕,以启山林。在过去的五年里,《京津冀协同发展规划纲要》及相关规划印发实施,基本建立起规划体系的"四梁八柱";河北雄安新区和北京城市副中心规划建设正按高标准、高质量要求稳步推进;交通、生态、产业协同发展率先实现突破。五年以来,天津自觉打破自家"一亩三分地"的思维定式,按照"一区三基地"的功能定位,积极融入京津冀协同发展大局,勇于承接北京非首都功能疏解,有力有序有效推进京津冀协同发展——轨道上的京津冀越跑越快,蓝天下的京津冀刷爆朋友圈,产业转移链条上的京津冀越加紧密,"1+16"产业承接平台相继建成,人才一体化发展取得新进展。这是一个历史性激荡时刻,铭刻着天津推动三地携手并进的成绩。

　　在京津冀协同发展战略提出五周年之际,习近平总书记在2019年1月16日至18日,用三天时间先后视察了雄安新区、天津和北京,并在北京市委办公楼主楼会议室主持召开京津冀协同发展座谈会,发表了重要讲话,明确指出,京津冀协同发展进入了新的发展阶段。"过去的 5 年,京津冀协同发展总体上处于谋思路、打基础、寻突破的阶段,当前和今后一个时期进入到滚石上山、爬坡过坎、攻坚克难的关键阶段,需要下更大气力推进工作。""京津冀协同发展是一个系统工程,不可能一蹴而就,要做好长期作战的思想准备",过去五年所做的工作和取得的成绩,还只是打基础,更加艰巨的任务还在后面,需要用更大的力度推动工作。

因此,在京津冀协同发展走过五周年之际,我们有必要系统总结过去五年的工作,在此基础上展望未来发展趋势。

此时此刻,天津社会科学院京津冀协同发展研究中心推出此书,既包含对习近平总书记京津冀协同发展丰富思想精髓的深刻解读,也包含对京津冀三地五年间成绩的总结,更集结了各位专家学者向天津未来"问路"的真知灼见,内容丰富,具有启发性——此书从京津冀交通基础设施协同、环境协同、产业协同三个方面对京津冀协同发展进程进行了回顾与展望。其中,交通基础设施协同部分又分为京津冀交通一体化和京津冀城市群发展两个部分对京津冀交通基础设施协同发展进程进行了系统总结和展望。未来,创新城市群发展形态、培育形成新的增长极和发展动力、优化城市布局、推动非首都功能疏解、建设雄安新区,京津雄联动协同发展是推进京津冀城市群建设的突破口。环境协同部分从大气污染协同治理和京津冀水资源保护协同两个部分进行总结和展望,并指出要从根本上提升三地政府的协同治理能力,就必须建立区域常态化的协同治理机制,健全和完善法律法规与政策制度,建立区域利益补偿机制,推动区域科技联动机制,协调区域政府间的利益公平,实施区域同步治污,构建区域相关主体协同治理机制,从而实现地方政府间污染信息的沟通、交流与共享,全面推动协同合作,协同治理,实现生态环境的可持续发展。产业协同部分从战略新兴产业协同发展和服务业协同发展两个方面进行系统分析,指出京津冀产业协同发展要以改变目前竞争大于合作的局面为目标,以三地统一发展的思维来梳理产业链发展中的关键问题,以合作的思维来解决产业链中的难题,以系统论的思想来确立三地产业协同发展体系,以空间演化的视角推动产业链的转移。

　　对天津来说，一方面，推进京津冀协同发展既是政治之责，也是发展之要，更是天津承担的历史使命。要深刻领会京津冀协同发展的深刻内涵，始终紧紧牵住疏解北京非首都功能这一"牛鼻子"，解决北京"大城市病"，积极服务雄安新区建设，为京津冀协同发展做出应有的贡献。另一方面，对地处海河两岸、渤海之滨，占据优越区位优势的天津来说，更要抓住京津冀协同发展新机遇，利用好京津冀三地资源优势互补，实现天津的大跨越发展。

　　百舸争流，奋楫者先。在天津负重前行、滚石上山战略性调整的关键时刻，我们要不辜负党中央对天津工作的高度重视，对天津发展的殷切期望，对天津人民的关怀厚爱，稳扎稳打，保持埋头苦干，久久为功的定力，让改革创新潜力释放，让开发开放优势凸显，将京津冀协同发展的天津贡献写入史册，让一座座丰碑伫立在天津的大地上。

目　　录

交 通 篇

环 保 篇

产 业 篇

交 通 篇

京津冀城市群建设方向与路径选择

董微微

城市群作为一个国家经济综合实力在空间形式上的集中体现,日益成为国家参与国际分工和竞争能力的标志,尤其是世界级城市群之间的分工、合作和竞争直接决定着全球经济乃至政治格局。

推进京津冀协同发展,是以习近平同志为核心的党中央审时度势、深谋远虑做出的重大决策部署,是贯彻落实新发展理念的伟大实践,是实现区域协调发展战略的重要载体之一。随着《京津冀协同发展规划纲要》《河北雄安新区规划纲要》等国家层面规划纲要的出台,京津冀协同发展持续推进,在交通一体化、产业对接协作与生态联防联控等方面取得显著成效。

随着京津冀地区发展步伐进一步加快,诸多困难和矛盾集中呈现,特别是北京集聚过多的非首都功能,"大城市病"日益凸显,人口过度膨胀,交通日益拥堵,大气污染严重,房价持续高涨,社会管理难度大,引发一系列经济社会问题。加之京津冀区域整体功能布局不够合理,城镇体系结构失衡,地区之间发展差距悬殊,公共服务水平落差明显。因此迫切需要应对区域发展不平衡、资源环境压力加大等一系列挑战,要有序疏解北京非首都功能,加快转变经济发展方式,培育经济增长新动力和新的增长极,优化区域发展格局。

建设具有竞争力的世界级城市群,完善京津冀区域城市群形态,合理布局城市空间,优化提升首都核心功能,破解首都发展长期积累的深层次矛盾和问题,是京津冀协同发展的必然选择。京津冀提出建设以首都为核心的世界级城市群,能够推动北京非首都功能有序疏解、培育形成新的经济增长极和发展动力,对京津冀协同发展具有重要的战略意义,标志着京津冀协同发展战略进入新的发展阶段。

京津冀协同发展经历了起步阶段、快速发展阶段、全面深化阶段和跨越式发展四个阶段。五年来,京津冀城市群建设在交通一体化、生态协同、产业创新发展与社会共建共享等领域均取得了较大进展,极大地推动了京津冀各城市之间的协同联动,为京津冀世界级城市群建设奠定了基础。

然而,京津冀城市群建设也面临着一些问题,包括整体经济发展水平有待提高,与长三角、珠三角相比仍有一定差距;核心城市北京、天津对周边区域的带动作用不够明显;城市群内部城市之间尚未形成分工协作的产业结构体系;基础设施和公共服务建设存在差距,生态环境治理任务依旧艰巨。

未来,京津冀城市群发展方向是创新城市群发展形态,培育形成新的经济增长极和发展动力,优化城市布局,推动非首都功能疏解,建设雄安新区。京津雄联动协同发展成为推进京津冀城市群建设的突破口。

一、京津冀城市群发展沿革与现状

"十二五"时期,以城市群为主体的竞争模式已然成为我国区域发展的新特点。改革开放以来,正是长三角、珠三角、京津冀等跨省域城市群的集体发力,有效地带动了区域经济的增长,助推了我国经济规模迅速扩大、经济结构加速调整,创造出世界瞩目的"中国速度"。"十三五"期间,城市群成为中国区域经济发展的重要引擎,推动经济结构转型调整和实现新型城镇化,尤其是京津冀城市群,发挥其战略作用和区域协同功能,更是国家层面统筹谋划的重大发展问题。

(一)发展沿革

1. 起步阶段(1980—1995 年)

20 世纪 80 年代,京津冀区域合作开始启动。1981 年 10 月,成立了我国第一个区域经济合作组织,即由京津冀晋蒙组成的"华北经济技术协作区"。1986 年召开"环渤海地区经济联合市长(专员)联席会议",并成立"环京经济技术协作区"。1988 年北京市与河北省环京地区的保定、廊坊、唐山、秦皇岛、张家口和承德六地(市)组建"环北京经济协作区",旨在推进京津冀区域经济合作。

2. **快速发展阶段(1996—2005 年)**

这一阶段虽然区域性整体规划尚未出台,但区域合作的脚步没有放慢,政府努力推进京津冀一体化发展。"九五"计划将环渤海地区列为全国七个跨省级经济区之一,同时北京提出建立以北京为核心的"首都经济圈",2004 年三地签订"廊坊共识",2005 年《北京城市总体规划》提出推动三地全方位合作。同期,天津滨海新区纳入国家战略,首钢获批搬入河北曹妃甸,三地主要铁路及高速公路等交通干线先后竣工通车,京津冀区域协同进入实质性快速发展时期。

3. **全面深化阶段(2006—2014 年)**

2006 年以来,京津冀协同进入细致化、全面化、系统化发展阶段,在政府主导下,大力推进区域一体化,尤其是 2008 年之后三省市之间互访频繁,多次签订合作备忘录,首都经济圈、河北沿海地区加快发展,并先后上升为国家战略。2013 年 8 月,习近平同志提出推动京津冀协同发展,2014 年 2 月,习近平同志发表重要讲话,就推进京津冀协同发展明确提出七点要求①,随后国务院成立京津冀协同发展领导小组,标志着京津冀协同发展进入全面深入的历史新阶段。

4. **跨越发展阶段(2015 年至今)**

2015 年 4 月 30 日,中共中央政治局审议通过《京津冀协同发展规划纲要》,京津冀整体定位为以首都为核心的世界级城市群,这意味在国家战略层面明确了京津冀城市群的发展方向和主导思路。2016 年 5 月 27 日,中共中央政治局部署北京城市副中心建设。2017 年 10 月 18 日,党的十九大报告指出,以疏解北京非首都功能为"牛鼻子",推动京津冀协同发展。京津冀协同发展布局、战略重点日渐清晰明确,京津冀协同发展进入跨越发展新阶段。

(二)京津冀城市群建设现状

五年来,随着京津冀协调发展战略规划不断推进,京津冀城市群在交通互联互通、优化城市空间格局、推动中等城市建设等方面取得了显著成绩。北京非首都功能有序疏解取得初步成效,北京城市副中心规划建设持续推进,雄安新区建

---

① 这七点要求具体为:一是着力加强顶层设计;二是打破自家"一亩三分地"的思维定式,抱成团朝着顶层设计的目标一起做;三是着力加快推进产业对接协作;四是着力调整优化城市布局和空间结构;五是着力扩大环境容量生态空间;六是着力构建现代化交通网络系统;七是着力加快推进市场一体化进程。

设稳步推进,交通环保与产业升级等领域取得实质性突破,这些均为京津冀世界级城市群建设奠定了基础。

1. 交通一体化稳步推进

在京津冀协同发展战略实施过程中,交通运输起着基础先导作用,实现交通一体化是京津冀协同发展的重要保障。

制定交通一体化发展规划。2015 年 12 月,国家发改委联合交通部等八部门共同发布了《京津冀协同发展交通一体化规划》,对京津冀交通一体化进行总体布局,推进"单中心放射状"通道格局向"四纵四横一环"网络化格局转变。到 2020 年,多节点、网格状的区域交通网络基本形成,城际铁路主骨架基本建成,公路网络完善通畅,港口群、机场群整体服务水平、交通智能化、运营管理进一步提升,基本建成安全可靠、便捷高效、经济适用、绿色环保的综合交通运输体系。

打造轨道上的京津冀,推动城际铁路互联互通。2015 年底,京津冀三地政府和中国铁路总公司共同成立京津冀城际铁路投资公司,负责统筹推进区域内城际铁路项目的规划、投资、建设、运营和资源开发,全力推进京唐铁路、京滨铁路、城际铁路联络线、石衡沧港城际、津承城际、京石城际和廊涿固保城际等重点项目建设的前期工作。2016 年 11 月,国家发改委正式批复了《京津冀地区城际铁路网规划》,提出以"京津、京保石、京唐秦"三大通道为主轴,以京、津、石三大城市为核心,将新建 24 条 3450 公里的城际铁路网,形成"四纵四横一环"的格局。

"四纵四横一环"的京津冀综合运输大通道路网格局初步形成。京秦高速北京段、首都地区环线高速(通州至大兴段)已于 2018 年 8 月通车,这两条"断头路"的打通,标志着京津冀之间实现高速互联互通,加快推进了京津冀交通一体化发展。

2. 生态保护协同发展

为解决京津冀大气污染问题,2017 年 2 月,环境保护部会同京津冀及周边地区大气污染防治协作小组及有关单位联合发布了《京津冀及周边地区 2017 年大气污染防治工作方案》,2017 年 8 月,环保部等多部委和京津冀及周边地区各省市联合发布了《京津冀及周边地区 2017—2018 年秋冬季大气污染综合治理攻坚行动方案》。

（1）大气污染联防联控方面

2013 年"大气十条"发布以来，京津冀三地全面落实党中央、国务院部署，紧密围绕空气质量改善目标，创新治污机制、提速治理进度、分解落实责任、严格执法执纪，2018 年，京津冀区域的细颗粒物（PM2.5）平均浓度为 60 微克/立方米，比 2013 年下降 43%，空气质量改善工作取得了积极进展。

同时，京津冀三地紧密围绕区域联防联控，强化区域协同治理，削减区域间污染传输影响。在重点时期区域空气质量保障方面，以天津为例，在亚太经济合作组织（APEC）会议和"9.3 大阅兵"期间，严格落实"七省联动、共同保障"的要求，圆满完成了亚太经济合作组织（APEC）会议和"9.3 大阅兵"空气质量保障任务，其间，全市细颗粒物（PM2.5）浓度分别同比下降 23.5% 和 48.1%。在深化区域空气质量联合会商方面，京津冀及周边七省区市建立了重污染预警会商平台，在重大活动空气质量保障和遇极端不利气象条件期间，每日开展实时联合视频会商，同步采取应急减排措施，减缓区域空气污染积累程度。在强化区域协同治理方面，天津与沧州和唐山签订联防联控合作协议，2015—2016 年天津每年分别对沧州和唐山支持 2 亿元，用于燃煤设施和散煤治理，并对两地大气污染治理提供技术援助。

（2）水资源、水环境保护方面

近年来，北京、天津、河北在区域流域水环境保护方面进行了一些有益的尝试。在中央和地方政府的推动下，先后实施了"京津风沙源治理工程""塞北林场工程""退耕还林还草工程""海河流域水污染防治规划"等项目。这些措施为保护京津冀水源地、改善区域水生态环境发挥了重要作用。

第一，建立引滦入津上下游横向生态补偿机制。早在 2008 年，为保护引滦水源，天津市与河北省签署了《关于加强经济与社会发展合作备忘录》，天津市在 2009—2010 年每年安排 2000 万元，2011—2014 年每年安排 3000 万元，专项用于引滦水源保护工程，支持河北省境内的污水和垃圾处理、清理网箱养鱼、尾矿治理、生态涵养及河道综合治理等工程项目。

2014 年 2 月，为加强引滦上下游生态环境保护，保障饮用水安全，财政部、环保部和河北省、天津市政府联合开展了引滦水源保护调研，天津市与河北省达成了共同承担引滦水环境保护责任、建立上下游水环境补偿机制的意向,并作为跨地区生态补偿试点纳入中共中央、国务院印发的《生态文明体制改革总体方案》。2017年6月,天津市与河北省签署了《引滦入津上下游横向生态补偿协议》,双方分别出资1亿元,中央投入奖励资金3亿元,专项用于引滦入津水污染防治工作。

第二,建立津承两地造血型生态补偿机制。2015年6月,中共中央、国务院印发《京津冀协同发展规划纲要》,明确"以张家口、承德地区为重点,坚持生态保护修复与脱贫致富相结合,加大对生态涵养功能区生态补偿和政策支持","加快在京津两市与河北张承地区之间建立横向生态补偿机制"。

2016年11月,天津市与河北省签署了《对口帮扶承德市贫困县框架协议》,天津市每年安排对口帮扶资金2亿元("十三五"期间共计10亿元),加强与受帮扶县的产业合作、教育合作、劳务协作、人才培训、生态保护、公共服务六大重点工作,重点开展对口援建高等职业院校、承德津冀六沟产业园区、推进旅游一体化、开展现代农牧业合作等工作,建立造血型补偿机制。

3. 产业创新发展

在全球经济一体化背景下,以具有国际竞争力的大都市为核心的经济圈和城市群,正成为区域间经济竞争的主要载体。抓住机遇,扩大和深化域内市场,加快区域经济一体化进程,实现互利共赢合作,构建区域合作纽带,推动天津与北京、河北三地协同发展。

京津冀共同制定《关于加强京津冀产业转移承接重点平台建设的意见》(以下简称《意见》),《意见》要求三地联合打造"2+4+46"现代化产业体系,以北京城市副中心和雄安新区为核心,以曹妃甸、北京大兴国际机场、天津滨海新区和张承生态区为合作战略区,利用46个协同发展平台,构建京津冀现代化产业版图。[1]

(1)京津冀合作框架不断完善

京津冀经济与社会合作框架方案不断出台,区域合作不断推进。京津冀区域经济发展经历了从区域竞争合作到区域协同发展再到一体化发展的过程。随着北京—河北、北京—天津、天津—河北合作框架协议的颁布,北京、天津、河北

---

[1] 岳志春、张晓蕊:《京津冀产业协同发展的障碍及对策》,《人民论坛》2018年第29期。

的合作关系不断深入。交通、旅游、共同治理环境成为京津冀一体化发展的切入点,区域交通网络体系、一体化旅游体系与环境联防联控成为合作重点,金融、科技和港口物流是京津冀共同发展的重点领域,跨省市产业合作与共建产业园区是区域产业发展的主要载体。

京津冀协同发展上升为国家战略高度,这是三地共同发展的机遇,有利于推动京津冀一体化进程的快速突破。京津冀协同发展的全新规划,将带来产业的发展、城市空间布局的调整、交通网络体系、环境治理能力的提升,有利于实现京津冀优势互补,促进环渤海经济区的发展,形成新的经济发展增长极。天津在京津冀协同发展中明确自身定位,科学谋划与布局产业方向,通过打破行政区域限制,加快推进产业对接协作,理顺产业发展链条,优化城市布局和空间结构,促进城市分工协作,提高城市群一体化水平,努力寻找天津、北京、河北三地的利益契合点,齐心协力、一体化发展,共同推进京津冀协同发展,实现多方共赢。

(2)制造业及创新协同不断深化

形成跨京津冀科技创新产业链,构建"京津冀大数据走廊",三地创新资源和成果开放共享,成立"京津冀开发区创新发展联盟",建设产业促进、企业服务、创新创业三大平台。

充分发挥中关村国家自主创新示范区、北京服务业扩大开放综合试点、天津滨海国家自主创新示范区等发展基础,将其建设成为引领全国、辐射周边的创新发展战略高地。

2018 年 1—7 月,京冀企业来津投资额达到 727.12 亿元,占实际利用内资比重的 46.13%。其中,京企在津投资额达 676.23 亿元,占比 42.91%;河北企业在津投资额为 50.89 亿元,占比 3.23%。

(3)现代农业协同发展

在现代农业领域,京津冀三地形成了《推进现代农业协同发展框架协议》,突出大城市农业功能定位,共同探索都市农业的多种实现形式,发挥各方优势,在推进农业现代化和农业"走出去"方面开展交流合作。

三方围绕特大型城市消费市场的特点,积极推进农产品产销对接合作,适应三地"菜篮子""米袋子""果盘子"需求,加强农产品生产加工基地和市场流通体系建设,推进农批对接、农超对接、农社对接,促进农产品的品牌建设,保障农产品质量安全。

4. 社会共建共享

一是为推动社会领域共建共享,北京与河北省签署《京冀两地教育协同发展对话与协作机制框架协议》及教育合作框架协议;北京工业大学、天津工业大学、河北工业大学携手成立京津冀协同创新联盟;京津冀三地签署疾病预防控制、卫生计生综合监督交流合作框架协议;三地签订《加强人才工作合作协议》《推动人社工作协同发展合作协议》和《医疗保险合作备忘录》,实现三地参保人员社会保险信息相互核对及协查。

二是京津冀三地配合财政部、税务总局制定出台《京津冀协同发展产业转移对接企业税收收入分享办法》,推动迁出地与迁入地之间建立财政利益共享机制。通关一体化改革持续深化,已有超过85%的北京企业选择以京津冀跨关区一体化方式通关。旅游"一张图、一张网、一张卡"加快推进,北京、天津及石家庄、唐山、沧州五地多条旅游直通车正式开通。

二、京津冀城市群建设面临的问题

京津冀城市群发展中存在的主要问题有以下几方面:

(一)京津冀城市群整体经济发展水平有待提高

虽然京津冀城市群的经济总量比较大,但反映区域经济发展水平的人均地区生产总值远低于长三角城市群和珠三角城市群的人均地区生产总值。

京津冀城市群的经济密度①远低于长三角和珠三角城市群的经济密度。2013年京津冀城市群的经济密度分别为长三角、珠三角城市群经济密度的32.24%和15.68%,还不到长三角经济密度的三分之一和珠三角城市群经济密度的六分之一。同其他世界级城市群相比,京津冀城市群的差距更大。

在京津冀三地中,尽管河北地区的生产总值较高,但是由于人口基数大,河北的人均GDP不足北京、天津人均GDP的一半,处于明显弱势。在社会发展中,地方财政发挥了关键性作用,而京津冀三地的地方公共财政收入规模有较大的

---

① 经济密度,是指区域国民生产总值与区域面积之比。

差异,北京的公共财政收入规模比天津、河北的公共财政收入规模高出将近一倍。反映京津冀居民生活状况的关键性指标是人均可支配收入和家庭人均消费性支出,从统计数据看三地的差距也十分明显,2018 年河北省的人均可支配收入为 2.34 万元,以此为基数计算(河北人均可支配收入 =1),京津冀三地的人均可支配收入比为 2.7∶1.7∶1。按照相同的方法计算,京津冀三地的家庭人均消费性支出比为 2.4∶1.8∶1。京津冀三地经济发展的不平衡对区域社会发展的"分异"作用巨大。

表 1　2018 年京津冀主要经济指标

地区	地区生产总值（亿元）	人均 GDP（元）	年末人口数（万人）	地方一般公共预算收入（亿元）	人均可支配收入（元）	人均消费性支出（元）
北京市	30319.98	140211	2154	5785.92	62361.2	39842.7
天津市	18809.64	120711	1560	2106.24	39506.1	29902.9
河北省	36010.27	47772	7556	3513.86	23445.7	16722.0

数据来源:国家统计局编:《中国统计年鉴 2019》,中国统计出版社 2019 年版。

(二)核心城市对区域发展的带动作用不够明显

中心城市的发展水平影响着整个区域的经济发展水平,要在对外竞争中获得竞争优势,核心城市国际化是京津冀区域产业发展的必然选择。尽管现在北京、天津两市的经济实力在国内很强,但与国际性大都市相比,仍存在很大的差距。京津冀区域一体化进程之所以缓慢,发展落后于长三角和珠三角地区,一个重要的原因就是没有形成类似上海、广州这样的"龙头"。

中心城市的带动作用不强,2013 年,北京 GDP 达 1.9 万亿元,天津 GDP 为 1.4 万亿元,相差不大,不像上海 GDP 达到 2.33 万亿元,比杭州等城市要高出许多,完全具备资源配置枢纽的功能。在此情况下,北京或者天津,无论谁做"龙头",在经济规模和功能上都达不到。

京津冀区域在传统行政区划的影响下,协作的意愿、动力不足,没有形成产业互补互利互助。区域内,京津两大中心城市难以发挥辐射带动和整合地区经济的作用,难以成为区域内资源要素配置的枢纽,未能辐射和带动周边地区的经济发展,不利于京津冀一体化的发展。

(三)京津冀城市群的城市体系结构不合理

根据国务院发布的《关于调整城市规模划分标准的通知》(国发〔2014〕51号),以城区常住人口为城市规模划分依据,京津冀城市群内常住人口在1000万以上的超大城市,包括北京、天津、保定、石家庄4个,人口在500万以上的特大城市有4个,分别为邯郸、唐山、沧州、邢台,人口在300万到500万之间的大城市为5个。

1. 京津冀区域整体功能布局不够合理

在京津冀4个超大城市中,北京、天津两个核心城市过于发达,保定、石家庄两个次级中心城市的发展水平与京、津之间的差距较大,两市生产总值之和为北京的40%、天津的56%,两市人口规模总和与北京相近。同时,特大城市与大城市的发展水平有待进一步提升,人均地区生产总值处于较低水平,城市网络发展需要进一步完善,其辐射带动力仍需进一步强化。中小城市的支撑功能相对较弱,制约了其对区域内产业、人才和资源的承接能力。京津冀都市圈尚未形成合理的劳动力分工与市场分工的多中心城市结构体系。

2. 城镇化发展状况与差距

从北京、天津以及河北各地级市的综合统计看,京津冀的城市发展存在一些需要进一步认识的问题。京津冀协同发展的主要目标是疏解首都的各项非首都功能,减轻北京过于密集的人口压力。但是从城市相关指标分析,这个过程也会遇到一些城市发展上的问题,如从城市人口密度看(以城市建成区面积为标准),人口密度最高的是天津,其次是河北,而北京的城市人口密度反而较低。天津、河北的城市人口也面临饱和的问题,在未来的城市发展中,城市人口的压力也会越来越大。因此说,疏解首都的人口压力不能采取从北京向天津、河北城市进行人口转移的方式,而是要大力开辟城市化发展的新路子,雄安新区的建设符合以上实际情况。就河北而言,不断加快推进城镇化建设,不仅是疏解北京压力的需要,也是消除城乡差别的需要,河北城镇化建设的大发展,是京津冀区域社会协同发展的重要一环。

表2　2018 年京津冀城市发展主要指标

地区	城市人口密度 （人/平方公里）	城市建成区面积 （平方公里）	城市生活用水年供应量 （万立方米）	城市人均日生活用水量 （升）
北京市	1136	1469.1	134986	198.7
天津市	5016	1077.8	47178	100.4
河北省	3210	2126.7	83198	120.4

数据来源：国家统计局编：《中国统计年鉴 2019》，中国统计出版社 2019 年版。

3. 城乡差距显著

京津冀地区二元经济特征明显，城乡收入差距依然较大。城乡收入是表征城乡关系最直接的指标，经济发展水平越高，城乡收入比越低，城乡协调发展水平就越高。一般认为，城乡收入比达 1.4∶1，则城乡关系为最优状态。2018 年，河北省城镇居民人均可支配收入分别约相当于京津的 48.50% 和 76.73%，河北省农村居民人均纯收入分别约相当于京津的 52.97% 和 60.83%。从京津冀大区域城乡差距来看，河北省农村居民人均纯收入分别相当于京津城镇居民人均可支配收入的 20.64% 和 32.65%，城乡收入分别达 4.85∶1 和 3.06∶1。由此可见，京津冀城乡不协调最突出的表现是京津发达的城市与河北落后的农村之间的差距。

从城镇来看，京津冀三地的就业人员平均工资差别较大，北京就业人员平均工资是河北的一倍多，在岗职工平均工资也差不多是一倍。但是即使存在这样的差距，京津冀三地的城乡居民消费水平再一次"分野"。2018 年，河北省城镇居民人均消费支出分别相当于京津的 51.55% 和 67.76%，河北省农村居民人均消费支出分别相当于京津的 56.36% 和 67.50%。从京津冀大区域城乡消费差距来看，河北省农村居民人均消费支出分别相当于京津城镇居民人均消费支出的 26.52% 和 34.86%。河北的城乡消费差距，反映出河北经济发展的内部不平衡，这种不平衡也是制约河北经济社会发展的重要因素之一。另外，从京津冀三地的城乡低保状况观察，也可直接看出其中的差距。在北京和天津，城乡低保人口水平较低，农村低保人口少于城市低保人口。河北的情况则相反，城乡低保人口不仅规模较大，而且农村低保人口很多，城乡之间的社会发展极不平衡。为此，我们根据 2018 年的数据进行了统计,京津冀三地低保人数(城市低保居民和农村低保居民之和)占年末人口数的比例,北京为 0.50%,天津为 0.94%,河北为 1.93%。以上数据表明,京津冀三地社会发展的各种不平衡因素较为复杂,协同发展的难度较大。

表3　2018 年京津冀城乡居民状况主要指标

地区	城乡收入水平对比(农村居民 =1)	城乡消费水平对比(农村居民 =1)	城镇单位就业人员平均工资(元)	城市居民最低生活保障人数(万人)	农村居民最低生活保障人数(万人)
北京市	2.57	2.13	145766	6.88	3.79
天津市	1.86	1.94	100731	8.27	6.34
河北省	2.35	1.94	68717	24.00	121.51

数据来源:国家统计局编:《中国统计年鉴2019》,中国统计出版社 2019 年版。

(四)城市群内部城市之间尚未形成分工协作的产业结构体系

多年以来,京津冀三地各自为战,城市发展目标极为相似,在产业政策上往往追求大而全,存在严重的"地方保护主义",三地之间争资源、争项目、争投资等过度竞争和封闭竞争严重,导致重复建设、产业结构趋同,尚未形成分工协作的产业结构体系。

1. 产业结构趋同

京津产业结构趋同。在产业发展中,京津两地各自为战,主导产业均分布在电子通信设备制造业、黑色金属冶炼及交通运输设备制造业、电器机械与器材制造业、石油加工及炼焦业、化学制品业等领域。"十一五"时期,京津两地均把汽车、医药、装备制造业列为重点发展产业,京津之间的产业结构趋同化程度一直处于 90% 左右。当前,京津产业合作格局也没有完全启动,以京津塘高速公路沿线高新技术产业带为例,这里分布着中关村科技园区、北京经济技术开发区、廊坊经济技术开发区、天津新技术产业园区、天津经济技术开发区、天津港保税区六大园区,是京津两地发展高新技术产业的高地所在。但从各开发区所开发的现有产品类别、品种和发展规划上看,大多集中在电子信息、机电一体化、新材料、生物医药等几个大方向上,严重的产业同构,使得京津两中心城市出现了经济学中的"囚徒困境"现象,不仅严重恶化了双边经济关系,造成产业间恶性竞争,资源利用分散,产业难以做大、做强,而且严重制约了京津两地经济的发展。

河北省内部各城市之间产业结构趋同。多年来,河北省内部各城市产业趋同现象明显,近年来各地在不断积极调整产业结构,也取得了一定成效,但大部分城市产业比重变化不大,并呈现出浓厚的重工业化色彩。据统计,在承德、秦皇岛、唐山、张家口、廊坊、保定、沧州、衡水、邢台、邯郸、石家庄 11 个城市的核心区中,选择将化工作为支柱产业的高达 72.7%,选择机械的占 54.5%,选择建材的占 63.6%,选择冶金的占 45.5%,选择电子的占 36.4%,选择机电和纺织的均为 27.3%。产业结构的相似性,不仅造成资源浪费、同业间内耗明显,而且各城市的产业特色难以体现。

以石家庄、衡水、沧州与静海为例,三次产业结构具有一定程度的相似性,都处于产业发展过程中第二产业比重相对较高的阶段。尽管石家庄市的第三产业比重超过第二产业,但服务业在地区生产总值占比尚未达到 50%,天津静海第三产业比重刚刚超过 50%,服务型经济仍处于发展中。

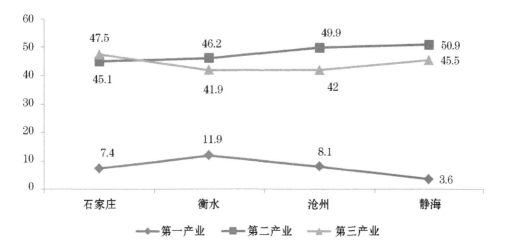

图 1　2017 年石家庄、衡水、沧州与静海三次产业结构比较

产业相似度较高导致区域间产业的同质化竞争。衡水、沧州等中小城市产业基础薄弱,在环保压力下,钢铁、纺织等传统产业面临转型升级压力。天津静海也同样面临钢铁产业转型压力。新旧动能转换期,产业替代和更新过程中,新兴产业和高新技术产业的支撑作用尚未形成,具有较强创新能力的产业集群和高端产业链的形成需要一定的时间,即便一些进入国际产业链的部分产业,也由于创新能力有限,仍处于"微笑曲线"的低端。

2. 尚未形成产业链分工协作

产业链是带动区域经济发展的主要纽带,有产业链的地方,区域经济的联动发展不仅会十分活跃,还有助于形成有效率的经济圈。而京津冀区域产业结构的趋同,使得经济圈内的各城市之间无法形成合理的产业链条,长期以来的各自为政导致该地区产业关联度较低,产业链联系不够紧密,产业配套能力差。以汽车制造业为例,京津两地是我国重要的汽车生产基地,与汽车发展配套服务的零部件生产有很大的市场需求,但京津两地汽车产业发展所需的汽车零部件,有80%左右要由京津冀以外的地区供给,其中绝大部分来自长三角地区,如北京现代汽车与国内40家配套厂建立了联系,其中20家在北京,另外20家在上海和浙江,而河北没有一家。

目前,京津的重要产业都在南方完成配套,如北京的科技研发成果大多在上海、深圳和苏州转化,并没有在京津冀区域内形成产业链。因此说,京津冀区域合作目前仅以物资协作和浅层次的垂直分工为主,深层次合作较少,而区域经济发展中的产业关联,归根结底是不同技术间的相互支持关系。一个生产部门的技术以产品为载体传递向其他部门,与那里的生产技术相结合,从而形成新的产品。如果一些环节水平太低,使生产部门转向区域外部寻求合作伙伴,技术传递的链条就会断裂,进而降低产业关联程度,这些都严重地削弱了京津冀地区的区域经济合作的有序开展,导致三地经济增长的相关性降低。京津两地与河北之间尽管在第一产业有一定的合作关系,但大多仅限于围绕"菜篮子""米袋子"工程的合作,即便"菜篮子"也不一定是河北,山东寿光是全国蔬菜集散地,北京采购商到寿光去采购,甚至河北生产的蔬菜先运到寿光,转一圈再运到北京。在第三产业,京津两地多为本地区服务,对河北的影响不大。而京津两地的第二产业整体层次并不高,再加上三地各自为政,片面追求地方财政收入增长等诸多原因的存在,导致京津的发展并不能对河北产生强大的拉动作用。

(五)基础设施和公共服务建设存在差距

京津冀不同城市之间基本公共服务落差较大,特别是农村地区,脱贫攻坚任务依旧艰巨。在农村交通基础设施建设、农村人居环境、生态环境等方面,河北省仍存在很多不足,农村适龄儿童教育支出在农民消费支出占比较高,推进城镇化建设、提升农民收入、改善农民生活的任务依旧艰巨。

1. 居民收入与消费水平的结构性差异

(1)居民人均收入结构的分析。在京津冀居民人均可支配收入差距较大的背景下,三地居民可支配收入也存在结构上的不同。从统计数据看,京津冀三地居民的工资性收入占比基本相同,北京略高一些,但是在经营净收入方面,河北占比很高,高出北京 12.6 个百分点,实际规模也大大高于北京;在财产净收入方面,北京则高出河北 8.8 个百分点,实际规模比天津、河北之和还要高出一倍。以上现象说明,北京、河北的居民收入在工资性收入之外出现较大的分异倾向,这种倾向的发展在一定程度上对三地未来的居民收入状况产生重要影响。如北京财产净收入很大程度上取决于房产的租金价格,未来房租价格的变化将会影响居民的收入变化,而河北的经营净收入主要来源于工农业产品的加工制造及经营,产业结构的调整、产品制造水平以及经营模式的变化也会直接影响当地居民的收入。

表4 2018 年京津冀居民人均可支配收入结构

单位:%

地区	工资性收入	经营净收入	财产净收入	转移净收入
北京市	60.4	1.9	17.0	20.6
天津市	63.6	8.5	9.1	18.9
河北省	60.5	15.1	15.1	17.5

（2）居民人均消费结构的分析。在京津冀居民家庭人均消费性支出差距较大的背景下，三地居民的消费支出结构也存在一定的差别，这种消费结构的差别反映出三地居民的生活水平及消费倾向。如在食品烟酒消费方面，天津居民的消费支出占比最高，北京最低；在衣着消费方面，天津、河北高于北京；在居住消费方面，北京明显高于天津、河北；在生活用品及服务消费方面，河北明显高于京津；在交通通信消费方面，天津、河北略高于北京，但差别不大；在教育文化和娱乐消费方面，天津较高，北京最低；在医疗保健消费方面，河北较高，北京较低。总的看来，京津冀三地居民的消费性支出基本与当地社会生活水平相适应，一些结构性差异与地区经济发展水平和生活习惯有密切的关系。

表5　2018年京津冀居民人均家庭消费支出结构

单位：%

地区	食品烟酒	衣着	居住	生活用品及服务	交通通信	教育文化娱乐	医疗保健	其他用品及服务
北京市	20.2	5.5	35.4	6.0	12.0	10.0	8.2	2.7
天津市	28.9	6.7	21.4	6.1	14.3	10.7	9.0	3.0
河北省	25.5	7.5	24.2	6.8	14.1	10.4	9.2	2.2

2. 社会保险水平及差异

社会保险是社会保障的基础性内容，随着京津冀的发展，三地居民的社会保险水平不断提高，抗风险能力不断增强，但三地的社会保险规模存在一定的差别。在失业保险方面，北京的基金收入高于天津与河北之和，而且累计结余较多，说明北京的就业活力强于天津、河北；在工伤保险方面，河北的基金收入水平最高，但河北的累计结余相对北京较低，说明河北的工伤保险支付高于北京，反映出在安全生产方面存在一定的区域差别；在生育保险方面，北京的基金收入非常高，其规模是天津、河北之和的一倍，说明北京在落实职工保险政策方面强于天津、河北，用工制度的规范性较强；在城镇医疗保险方面，北京的基金收入远远高于天津、河北，较高的基金收入为北京城镇居民的医疗保障提供了较好的支撑。

表6 2018年京津冀社会保险基金主要指标

单位:亿元

地区	社会失业保险基金		社会工伤保险基金		社会生育保险基金		城镇医疗保险基金	
	基金收入	累计结余	基金收入	累计结余	基金收入	累计结余	基金收入	累计结余
北京市	104.7	270.3	40.2	52.0	76.1	22.6	1209.0	805.9
天津市	27.0	82.2	14.3	17.4	12.1	4.8	308.1	242.8
河北省	32.5	170.8	54.2	45.1	22.8	17.7	416.9	688.5

3. 医疗卫生服务水平及差异

医疗卫生是公共服务的主要内容,是衡量社会发展水平的重要标志。京津冀区域的社会协同发展,应当将医疗卫生服务的区域平衡作为重点工作。从2018年的数据统计看,京津冀三地的医疗卫生服务存在一定的差距,以每千人的卫生技术人员数为例,北京高出天津、河北一倍左右。从需求的角度看,无论是入院人数还是病床使用率、平均住院日数等指标,反映出城乡居民对医疗卫生资源较高的需求。就整体而言,京津冀三地的医疗卫生资源都处于相对紧张的状态。但在高质量诊疗、医疗方面,北京、天津在三地中相对较好,特别是北京一些医院,每年就诊治疗的河北患者很多,反映出患者对高质量医疗资源的需求十分迫切,需要通过三地合作办医,满足区域内居民就诊医疗的需求和愿望。

表7 2018年京津冀医疗卫生发展主要指标

地区	医院（个）	每万人卫生技术人员(人)	床位数（万张）	医院病床使用率（%）	入院人数（万人）	平均住院日数（天）
北京市	648	11.88	12.36	83.4	353.6	10.1
天津市	420	6.70	6.82	77.5	162.5	9.2
河北省	2108	6.10	42.2	82.7	1215.2	9.0

4. 教育服务水平及差异

教育同样是公共服务的重要内容,京津冀的教育服务水平差异反映在小学、初中、高中及高等教育各个阶段。从小学、初中、高中教育看,各教育阶段的生师比河北都是最高的,小学阶段的生师比河北比北京高3.24,初中阶段的生师比河北比北京高4.96,高中阶段的生师比河北比北京高5.62,即河北的每名教师比北京教师多教3~6名学生。在高等教育方面,教育供给的差异更为突出,如河北的人口是天津的4.78倍,是北京的3.44倍,但是河北的普通高等学校数是天津的2.15倍,是北京的1.29倍。就普通本科招生数而言,河北总量上尽管高出北京、天津,但由于河北的报考人数较多,机会明显小于京津,形成了京津冀三地间的"苦乐不均"。

表8　2018年京津冀教育发展主要指标

地区	普通高等学校数（所）	普通本科招生数（人）	普通小学生师比①	初中生师比	普通高中生师比
北京市	92	130060	13.65	7.83	7.44
天津市	56	89100	15.03	10.20	9.63
河北省	122	200178	17.32	14.17	13.37

5. 其他社会发展状况比较

在京津冀社会发展的诸多领域中,三地间发展的不均衡现象不同程度地存在。有些社会发展的不均衡是由于经济发展水平所致,有些是公共管理的差异所致。以几方面为例:①婚姻方面:2018年北京、天津当年的结婚对数与离婚对数基本上是2∶1的比例,离婚率非常高,而河北基本为3∶1,说明河北在家庭稳定性上明显高于京津两地;②交通事故发生数方面:天津、河北较高,北京较低,这种现象与京津冀三地的道路交通及管理有直接的关系,北京外来车辆限制较多,车辆管理严格,由此交通事故发生相对少些;③养老床位方面:河北的千人养老床位数高出北京、天津许多,说明河北在发展养老产业方面有一定的优势;④人均公共图书方面:北京、天津均高于河北,表明河北在发展公共文化事业方

---

① 普通小学生师比和初中生师比、普通高中生师比重,均以教师人数＝1为基准。

面还有较长的一段路程。当然,消除或减少京津冀社会发展的差异并不是区域
社会发展的目的,京津冀社会协同发展最根本的是促进本地区社会融合,共同改
善和提高区域居民的生活水平和生活质量,为京津冀的协同发展提供持久的动
力支撑。

表9　2018年京津冀社会发展相关指标

地区	结婚登记对数（万对）	离婚登记对数（万对）	离婚率（‰）	交通事故发生数(起)	养老机构床位数（张/万人）	人均公共图书（册/人）
北京市	13.78	7.41	3.43	3242	53.16	1.34
天津市	9.75	6.41	4.11	6223	31.95	1.20
河北省	45.87	23.45	3.11	4923	23.17	0.36

三、未来几年京津冀城市群发展趋势与方向

（一）创新城市群发展形态

京津冀城市群作为典型的"双核驱动型"城市群,其突出特点为双核发展结
构,城市群区域范围内除了中心城市外,均有一个经济发展规模较大的港口城市
或直辖市,即北京和天津两个核心,在双核城市周围还拥有十几个大中城市和一
批小城镇,目前京津冀地区城镇集聚了6347万人。这种类型的城市群受双核复
合驱动,发育程度、对外开放程度、产业结构层次明显高于其他区域,是中国城市
群发展的主要引擎,对新型城镇化发展格局的形成至关重要。① 京津冀城市群虽
然具备区域地缘相接、人缘相亲、地域一体、文化一脉、历史渊源深厚等绝对优
势,但是长期以来一体化程度滞后于长三角、珠三角城市群,尚未形成统一的城
市群发展规划和协作机制,因此建设京津冀城市群将有助于加快区域转型发展,
形成"双核驱动型"城市群的特色经验,探索不同形态世界级城市群发展的有效
路径。

---

① 黄金川、陈守强:《中国城市群等级类型综合划分》,《地理科学进展》2015年第3期。

（二）培育形成新的增长极和发展动力

京津冀城市群的经济密度远低于长三角和珠三角城市群的经济密度,2013年,京津冀城市群的经济密度分别为长三角、珠三角城市群经济密度的32.24%和15.68%,京津冀城市群的经济密度还不到长三角城市群的1/3和珠三角城市群的1/6。建设以首都为核心的京津冀世界级城市群,通过城市群内各城市的合理分工与合作,实现优势互补,充分激活这一区域的活力,大大降低区域内的交易成本,有利于形成中国经济第三增长极,引领北方进一步对外开放,更好地参与全球竞争。① 随着经济全球化与区域一体化的发展,世界级城市群在国际政治、经济和文化等方面的影响力更加深远和广泛,在经济体系中的地位更加举足轻重,这些城市群的中心城市,如东京、伦敦等成为对世界产生全球性经济、政治、文化控制的大城市。京津冀城市群中的核心城市北京既是首都又是区域大都市,而且中国的崛起也使北京在国际政治、经济、文化活动中的影响力日益提升,建设京津冀世界级城市群作为京津冀协同发展的首要目标,既有效解决了北京"大城市病",积极疏解非首都功能,又突出强化了北京的首都功能,积极发挥北京重要中心的作用,对于未来促进京津冀区域协调发展和培育区域增长动力意义重大。

（三）优化城市布局

京津冀世界级城市群建设的主要支撑和关键环节是合力打造高效集约的区域空间架构,实现多元化、立体化的协同布局。从地理位置上说,京津被河北环抱,京津冀区域关系可以形象描述为"两核一环",或"北京为核心、天津为一翼、河北为腹地"的"一核、一翼、一环",三者是不可分割的有机整体。从经济联系和产业布局上看,京津冀城市群还涉及核心城市功能定位、城市群功能分工与产业定位、区域产业布局调整、生态环境的综合治理和一体化的综合服务体系建设等诸多经济结构的重调,除此之外,还涉及政治、社会、文化、生态环境以及生活的各个方面,因此京津冀城市群建设是关系到以首都北京为核心的京津冀地区经

---

① 薛惠娟、田学斌、高钟:《加快推进京津冀世界级城市群建设——"加快京津冀城市群建设"专家座谈会综述》,《经济与管理》2014年第4期。

济社会和生态环境现代化发展整体大布局调整的巨大而复杂的系统工程，其结果必然带动优化生产力布局和区域空间结构，提升京津冀在国内乃至更大范围内的区域竞争力。①

（四）推动非首都功能疏解

北京作为复合功能首都，承担着政治、文化、国际交往、科技、教育、经济等多重功能，尤其是经济功能过于强大，必然发展成为行政、经济、文化、科教等各种功能集中的综合性城市，再加上首都独特的资源优势和经济社会发展水平对生活性服务业的需求日益旺盛等多重因素的作用，直接导致北京的常住人口增长过快。再者，北京"单中心"格局未能突破，综合承载能力不足，城市规划在引导城市由单中心格局向多中心格局演变中的作用没有充分发挥出来。解决城市规模扩张和发展问题只能依赖于经济和产业来发展。城市基础设施需求增加、公共服务需求增加、能源消耗加大以及生态环境的压力等困境，还需通过发展更大规模的产业来解决，通过建设京津冀城市群，为北京非首都功能疏解提供调整空间，才能解决交通拥堵、环境污染等"大城市病"无法在自身行政区划空间内破解的问题，使北京更好地发挥政治、文化、国际交往、科技创新中心的功能。

2017年6月27日，习近平同志在政治局常委会上指出：把握好"舍"和"得"的关系，抓住疏解北京非首都功能这个"牛鼻子"，优化城市功能和空间结构布局，构建超大城市有效治理体系。

抓住非首都功能疏解这个"牛鼻子"，北京正在从"聚集资源求增长"向"疏解功能、优化结构谋发展"转变。非首都功能疏解是整个战略的核心，其进程、时序和走向主导着京津冀协同发展的节奏和步伐。

四、推进京津冀城市群建设路径选择

推进京津冀协同发展的总体目标是打造以北京为核心的世界级城市群，应立足各自优势，按照现代产业分工要求，秉持优势互补与合作共赢理念，以资源环境承载能力为基础，加快京津冀世界级城市群建设。疏解北京非首都功能，建

① 许文建：《关于"京津冀协同发展"重大国家战略的若干理论思考——京津冀协同发展上升为重大国家战略的解读》，《中共石家庄市委党校学报》2014年第4期。

设雄安新区,提升河北,缩小三地落差,调整三地功能分工、优化布局,消除壁垒,加强合作,是推动京津冀协同发展的必由之路。

（一）加强顶层设计,充分发挥规划引领作用

坚持问题导向,将《京津冀协同发展规划纲要》作为编制各成员城市发展规划的重要基础和主要依据。在此基础和框架下,从京津冀三地区域发展面临的体制、机制障碍和约束出发,充分考虑京津冀城市群总体规划的要求,给地方更多的自主权,进一步明确京津冀一体化区域发展功能定位,体现全局意识,指导各成员城市的相关规划,实现京津冀城市群作为一个整体发展效益的最大化,并使所有的成员城市都能分享这种整体发展所带来的效益。目前,应遵循《京津冀协同发展规划纲要》的基本要义,切实打破"一亩三分地"的思维定势,从京津冀区域发展全局谋划,疏解北京非首都功能,加强战略设计,推进布局调整,增强京津冀的整体性,明确实现总体目标和重大任务的时间表、路线图,研究制定科学的实施方案,分阶段、有步骤地加以推进。同时,推动京津冀抓紧出台各自贯彻落实《京津冀协同发展规划纲要》的实施方案和支持政策,协调加快编制土地利用、城乡、生态环境保护等相关专项规划,力求地方规划及各专项规划之间实现良好衔接,立足现实基础和长远需要,把握好疏解北京非首都功能、推动协同发展的步骤、节奏和力度,对已达成共识、易于操作的领域率先突破,选择有条件的区域率先开展试点示范,发挥引领带动作用。

（二）发挥核心城市功能,优化京津冀城市群结构体系

保障各城市获得平等的发展机会,在核心城市功能扩展的基础上高效合理的配置城市资源,推动城市群合理分工融合是世界级城市群发展的又一重要经验。因此,一方面,京津冀城市群各成员城市应切实消除产业发展中存在的各类行政壁垒,让产业遵循市场规律实现优胜劣汰和优化配置,按照产业链、价值链的发展模式,从全国生产力整体布局出发,明确京津冀三地的产业发展定位,理顺产业发展链条,加快产业转型升级,打造立足区域、服务全国、辐射全球的优势产业集聚区,实现产业发展的互补互促。重点是明确产业定位和方向,加快产业转型升级,推动产业转移对接,加强三地产业发展规划衔接,制定京津冀产业指导目录,加快津冀承接平台建设,加强京津冀产业协作。另一方面,北京和天津

在京津冀城市群中的核心作用非常强,因此要充分发挥核心城市的引领功能,进一步强化京津的枢纽型地位,发挥其在京津冀城市群中的核心带动作用,促进城市的合理分工。发挥京津冀城市群"两核带动"的同时,积极壮大石家庄的枢纽地位,逐步强化石家庄在京津冀城市群中的枢纽型作用,形成多极支撑和网络化的空间形态。发挥秦皇岛、唐山、沧州等其他成员城市的支撑作用,进一步深化其与北京、天津的分工协作,在双核的引领下,共同打造京津冀城市群的滨海隆起带。廊坊和保定由于毗邻北京,是北京对外交通通道上的重要节点,要充分发挥其区位优势和交通优势,承接来自北京的要素转移,使其成为北京的重要功能区。发挥张家口和承德的生态屏障作用,建设京津冀城市群中重要的水源涵养区和生态屏障区。

优化京津冀城市群空间结构,加大中小城市建设步伐,构建大中小城市群结构体系。打造世界级城市群是京津冀协同发展的总体定位和总体目标。京津冀城市群超大城市和小城镇之间,缺乏中等城市的连接和支撑,城市断层带来城市群的两极分化,弱化了超大城市的辐射带动作用,使得中小城市的发展缺乏后劲。优化京津冀城市群结构,促进城市群发展质量的提升,推动京津冀区域协同发展,关键在于重点发展中等城市。中等城市同时具有大城市和小城市的优点,既可以防止"大城市病"的产生,也利于解决小城镇过于分散的缺点,有利于集中利用资源。

在《京津冀协同发展规划纲要》的基础上,细化城市间的具体分工,积极发展中等城市,以建设京津冀世界级城市群为目标,积极整合区划,优化城镇空间布局,拓展沿河沿海发展空间,倡导集约发展,构建核心城市、中等城市、特色乡镇为主体的多层城市体系。对京津冀而言,面临河北的历史性发展与北京的非首都功能疏解的双重机遇,既要加强利用首都的科技、人力资本资源,又要加强同河北在城市开发、中等城市建设等领域的合作,提升京津冀腹地载体能力,激活整个城市群的经济发展,实现区域整体价值的提升。围绕雄安新区的开发建设,深化京津、京雄、津雄等合作,推动中关村、滨海新区与雄安的深度合作,在高端产业、科技创新共同体、港路联运、自创区合作和自贸区外溢等方面,形成京津冀区域的良性互动发展格局。

（三）实现空间合理布局，构建多层次网络格局

京津冀城市群应依据"功能互补、区域联动、轴向集聚、节点支撑"的布局思路，推动形成以"一核、双城、三轴、四区、多节点"为骨架，以重要城市为支点，以战略性功能区平台为载体，以交通干线、生态廊道为纽带的网络型空间格局。其中，"一核"即指北京，重点是有序疏解北京非首都功能，优化提升首都核心功能，解决北京"大城市病"问题。"双城"是指北京、天津，作为京津冀协同发展的主要引擎，要进一步强化京津联动，全方位拓展京津合作的广度和深度，加快实现京津同城化发展，共同发挥其高端引领和辐射带动作用。"三轴"指的是京津、京保石、京唐秦三个产业发展带和城镇聚集轴，"三轴"是支撑京津冀协同发展的主体框架。"四区"分别是中部核心功能区、东部滨海发展区、南部功能拓展区和西北部生态涵养区，每个功能区都有明确的空间范围和发展重点。"多节点"包括石家庄、唐山、保定、邯郸等区域性中心城市和张家口、承德、廊坊、秦皇岛、沧州、邢台、衡水等节点城市，重点是提高其城市综合承载能力和服务能力，有序推动产业和人口聚集。立足于京津冀的比较优势和现有基础，通过实现定位清晰、分工合理、功能完善、生态宜居的城市群空间布局，释放城市群发展潜能，提升整体发展层次。

（四）贯彻新发展理念，推动形成高质量发展产业体系

贯彻落实新发展理念，构建高质量发展产业体系。加快推进创新驱动战略，构建京津冀面向高质量发展的创新驱动机制，打造市场导向的京津冀协同创新体系。加强区域产业互动，积极引导区域产业梯度转移，利用绿色金融、财政补助、政策扶持等多种手段，实现各地产业结构的优化升级与低碳发展，推动京津冀地区新能源产业发展，加快建设低碳城市、低碳建筑、低碳社区。加快区域的开放融合发展，加快产业协同发展的步伐，协同建设自贸区与自贸港，协同实施"一带一路"建设。坚持共建共享共治，提升京津冀城市群发展获得感，构建政府为主导、企业为主体、社会组织和公众共同参与的生态治理体系。

构建错位发展、功能互补的产业结构体系。改造提升传统产业，大力发展新兴产业，积极发展现代服务业，构建高质量发展产业体系。通过产业链的合理分工，发挥各自优势，推动区域经济深度融合，才能夯实世界级城市群的微观基础。

因此北京应主动"瘦身",真正"舍得",积极调整疏解转移一部分功能,发挥好科技、人才、国际交往的优势,提高新技术的研发能力和水平,构建世界级城市群核心城市应具备的现代化发达经济结构。天津要充分利用港口、商贸优势,通过产业链上、中、下游的分工,为京津冀协同发展夯实产业基础。河北则利用好地域空间、资源环境、人力资源等优势,实现京津两地科研成果的产业化。

完善京津冀产业协同合作机制,强化发展顶层设计。加快推进京津冀产业协同发展,负责京津冀地区协调发展战略的制定和实施,对协同发展过程中面临的问题逐一解决。在强调领导专门化时,要逐步完善京津冀产业协同发展合作机制,制定具有针对性的优惠政策,吸引市场主体积极参与协同发展,以"政府想、市场做"的方式寻求京津冀产业协同发展的突破口。京津冀产业的协同发展要强化顶层设计,依照国家的政策法规,加快京津冀产业转型升级,注重协作过程中的分工,优化不同产业布局,让京津冀地区在统一指挥下构建现代化产业体系,依赖现代化产业体系实现京津冀产业协同发展。

推动科技创新与产业发展,优化产业结构与布局。京津冀产业协同发展应鼓励科技创新企业加入,构建互利共赢的成果分享机制,避免科技创新的重复性,利用不同产业的科技创新,促进整个区域科技水平的提升,并在内部实现资源共享。在科技创新的优势下,京津冀地区需进一步优化产业结构和布局,通过"改造—提升—引进"的方式,加快传统产业的现代化转型,让传统产业融合更多的科技创新元素,提高传统产业的市场竞争力。基于京津冀区域产业的现状,应重新规划产业布局,北京地区应以科技创新产业为主,将一般制造业、物流运输业外迁;天津地区应以航空航天、生物制药、新能源产业为主,通过兼并重组的方式提高市场竞争力;河北地区应完善非首都承载建设,主要承接首都外迁产业,建设新型的工业化产业基地,不同区域有着不同的分工,更便于达到京津冀产业协同发展。

(五)推进基础设施领域合作,实现基础设施的互联互通

交通一体化作为解决日本东京"大城市病"的一剂良药,也推动了日本新就业方式出现引发的产业创新。京津冀城市群作为相互之间联系紧密的经济区,各城市之间的基础设施建设和便利通达性对区域经济增长和一体化深化的影响

不言而喻。因此,应以世界级城市群的交通基础设施发展经验为指导,以基础设施互通互联作为协同发展的突破点,从整个京津冀城市群范围考虑基础设施的互联互通问题,为实现整体效益的最大化奠定坚实的基础。加快京津冀城市群交通一体化建设,按照网络化布局、智能化管理和一体化服务的要求,构建以轨道交通为骨干的多节点、网格状、全覆盖的交通网络,提升交通运输组织和服务的现代化水平,建立统一开放的区域运输市场格局。重点是建设高效密集的轨道交通网,完善便捷通畅的公路交通网,打通高速公路"断头路",全面消除跨区域国省干线"瓶颈路段",加快构建现代化的津冀港口群,打造国际一流的航空枢纽,大力发展公交优先的城市交通,提升交通智能化管理水平,提升区域一体化运输服务水平,发展安全绿色可持续交通。① 同时,北京大兴国际机场的建成也为三方空港经济的协同发展提供了契机。在港口建设方面,虽然天津和唐山之间似乎存在着竞争,但随着顶层设计的推进,津唐可以化竞争为合作,共同推动临港经济成为城市群新的经济增长点。

(六)推进生态环境领域的合作,实现生态环境的共治共享

良好的生态环境是世界级城市群的重要特征,也是城市群发展的立身之本。京津冀城市群的自然空间分异非常明显,因此更需要实施差别化发展战略,促进生态空间、生产空间、生活空间的协调发展。京津冀城市群作为我国重要的城市群之一,其所面临的生态环境问题也非常突出,比如近几年十分凸显的大气污染问题和跨行政区的流域水污染问题,这些问题靠单个城市是难以从根本上解决的,需要各成员城市平衡自身利益,通力合作,共同参与到生态保护和治理的行动中来,实现生态环境的联防联控,确保整个区域内的生态环境治理取得成效。京津冀城市群的生产空间和生活空间主要集中在城市化地区,而且相互交织在一起,应按照人口、资源、环境相均衡,经济、社会、生态效益相统一的原则,打破行政区域限制,控制开发强度,调整空间结构,推动能源生产和消费革命,促进绿色、循环、低碳发展,加强生态环境保护和治理,扩大区域生态空间,促进生产空间集约高效、生活空间宜居适度、生态空间山清水秀。对于生态功能区,要坚持

---

① 薄文广、陈飞、张玮:《促进京津冀协同发展的四"点"建议》,《中国国情国力》2015 年第 1 期。

保护为主,合理选择发展方向,发展特色优势产业,加快建设重点生态功能保护区,探索推进横向生态补偿机制建设,确保生态功能的恢复和保护,逐步恢复生态平衡。

(七)推动体制机制创新,打破区域协同发展的壁垒

京津冀协同发展必须解决好体制机制问题,通过加强区域之间的合作打破行政壁垒,在更大的空间范围内解决区域经济发展中出现的问题,形成区域经济发展的合力和新动力。在推动京津冀区域发展过程中,由于目前的体制机制仍然存在着问题,导致区域发展出现了一些不协调的现象,建立有效激发各地发展活力和动力的体制机制是京津冀协同发展进入快车道的保障。

打破区域协同发展的壁垒,突出京津冀城市群的整体性。明确北京作为核心的引领和带动作用。《京津冀协同发展规划纲要》明确提出,北京作为京津冀协同发展的核心,应不断提升其辐射带动能力,更加注重经济发展质量,优化产业结构,加快向高端化、服务化、集聚化、低碳化、融合化的方向发展,努力形成创新引领、技术密集、价值高端的经济结构,建立一体化的市场机制和制度保障。

要减少行政配置资源,鼓励企业跨行政区的购并。通过成立跨区域管理机构,统一规划,采用政府引导、市场化运作的方式构建城市产业体系,协调各区域产业发展,是国际城市群发展的重要经验。从区域协同发展的大局出发,设立跨区域的产业指导委员会,根据各城市的区域条件和产业结构特征,实施差别化和动态化的产业政策,调整产业布局和发展方向,形成错位发展与高效协同相融合的新型产业分工体系。

加强相关协同发展体制机制的建设。建立产业转移协作利益共享机制,构建法治化的多元利益主体参与协商机制。特别是要推进市场一体化和公共服务一体化的改革,促进要素资源充分自由的流动,实现最优配置。

京津冀交通一体化问题研究:现状、问题与对策

贾玉成

一、京津冀交通一体化现状

(一)交通一体化的概念、实践背景和主要特征

1. 交通一体化的概念

交通一体化指的是各种交通设施在区域内有机结合而形成的交通网络,以达到提高区域资源交换和配置效率,降低社会成本和改善整体福利水平的目的。关于交通一体化是的概念可以从广义和狭义两种维度定义。广义的交通一体化指的是实现交通运输、土地规划、生态保护、经济发展、社会和谐等方面的统筹规划一体化,以期实现经济社会可持续性发展、和谐共生的终极目标。狭义的交通一体化是以交通运输业领域的具体特征为主体,通过合理的交通规划和科学决策,满足交通实践的时效性,通过构建包括公路、铁路、港口、航空等多类型的交通运输形式的连接网络,实现多样化交通形式间的有机关联和高效率转换。

本文研究的对象建立在狭义的交通一体化概念的基础上,以京津冀交通设施的现状和交通制度安排为出发点,实现区域交通系统的有机集合和良性自生发展能力,以为京津冀协同发展提供内部的"骨架支撑"为落脚点。

2. 京津冀交通一体化的实践背景

京津冀交通一体化发展战略建立在以城市群为形式的区域发展背景下,属于区域协同发展大战略的一个重要组成部分。进入 21 世纪,中国城镇化发展方针呈现出由之前的个别区域、中心城市为主向强调以特大型城市为核心的都市

圈、城市群为主导的发展模式。《国民经济和社会发展第十一个五年规划纲要》以及《国家新型城镇化规划(2004—2020年)》均明确提及以城市群作为当下推进中国城镇化建设的主体形态。目前,中国的城镇化在实质上已进入一个转型和崛起的关键时期,需要若干能够对世界经济具有影响力和控制力的世界级城市群的支撑。由此出发,京津冀协同发展成为党中央、国务院在新的历史发展阶段提出的重大国家战略。在京津冀协同发展这盘"大棋"中,交通一体化扮演着"排头兵"的角色。

首先,京津冀区域的自然和社会条件,决定了该区域的世界级城市群的发展潜力以及交通一体化的发展空间。京津冀区域东临渤海,背靠太行,携揽"三北",是支撑和带动中国经济发展和北方区域经济增长的重要支撑,是体现国家竞争实力的重要区域。区域内涵盖北京、天津两个直辖市以及河北省的石家庄、承德、张家口、秦皇岛、唐山、廊坊、保定、沧州、衡水、邢台、邯郸11个地级市,地域面积约21.6万平方公里,南北跨度约700公里,在空间尺度上与美国东北部城市群(面积13.5万平方公里,南北跨度705公里)、日本东海道城市群(面积10.5万平方公里,南北跨度510公里)等世界级城市群相当。充足的地理面积满足了大规模交通基建项目实施的空间要求。更为重要的是,广阔的经济腹地保证了交通一体化设施在实际运营中拥有充足的消费群体。交通基础设施作为准公共产品,具有投资规模大、资金回收周期长的特点,不利于实现交通设施的可持续的经济运营。京津冀区域拥有北京、天津两个特大型城市以及一系列中等城市,广阔的经济腹地和充足的消费需求保证了交通公共产品在使用过程中的规模经济效应。另外,世界级城市群的发展特征体现为由一个核心城市及若干个都市圈连绵而成,多个城市圈之间的有机结合构成交通一体化建设的外部需求。例如以东京为核心的日本东海道城市群就是由新干线铁路网络将东京都市圈、名古屋都市圈及大阪都市圈串联而成。

其次,京津冀区域已有总量充沛、类型丰富的交通设施,成为构建交通一体化网络的物质支撑。区域内城市群地处华北、华东、东北和西北四大经济区域交汇之地,是环渤海区域的核心经济带。截至2014年底,京津冀轨道交通和公路交通线路总长度达225667.5公里,其中,铁路运营里程8508.5公里,占全国铁路总里程的 7.61%,公路里程 217159 公里,占全国公路总里程的 4.86%。京津冀区域的交通设施种类齐全,交通技术装备具有高水平特征,能够较好地承担和完成区域内庞大的客货运数量,实现综合性运输。另外,作为国家重点交通枢纽,京津冀区域具备构建交通一体化网络的物流运输需求。轨道和公路交通设施在满足区域内客货运输需求的同时,更是作为连接四大经济区主干运输通道的关键节点。作为我国交通基础的综合交通枢纽,京津冀交通网络的基本特征是以渤海湾西岸港口为龙头,铁路运输为骨干,公路运输为基础,航空运输相配合的综合交通网络体系,对服务地方资源要素流动,推动区域经济一体化发展做出重要贡献。

最后,京津冀区域内部在人口、经济和城镇化水平方面存在较大的差异,资源流动和优化配置的需求构成交通一体化发展的必然要求。从人口分布上看,北京、天津、石家庄及保定成为区域内人口集聚"重地",从经济发展程度上看,北京、天津与周边区域(河北省)的经济发展水平差距较大,显著表现出"断层落差"状态,相比而言,长三角、珠三角区域内的收入差距的"分化程度"更小,表现为"梯度落差"。从城镇化程度看,京津冀区域的整体城镇化水平超过 60%,属于城镇化发展的中后期阶段。但城市群内部的城镇化水平差异明显:北京、天津两个超大型城市城镇化率超过 80%,属于高度城镇化阶段,而河北省城镇化率仅为 48%,甚至低于全国平均水平(53.7%)。缩小区域贫富差异,实现共同富裕的发展目标,成为完善区域交通一体化网络,推动资源要素有效流动,实现要素禀赋的优化配置的题中之义。

3. 京津冀交通一体化实践

(1)交通一体化实践概述

京津冀交通一体化的政策安排,是在区域发展实践中不断充实和完善的结果。党的十四大报告明确指出,把促进环渤海地区的经济发展作为重要任务,而改善上述区域的交通网络布局成为促进经济发展和改善民生的重点任务。2004年,国家发改委在河北廊坊主持召开"京津冀地区发展战略研讨会",会上首次正式提出"京津冀都市圈"的概念,并于后一年启动"环渤海京津冀城际铁路规划",从提升交通基建存量上推进京津冀地区经济发展,然而,受限于区域经济和社会发展现状,上述规划并未得到切实落实。2009 年,北京、天津、河北三地再次在廊坊召开协同发展会议,会后签署《关于建立京津冀两市一省城乡规划协调机制框架协议》,对区域资源共享和协同发展做出统筹,与此同时,还成立了协调小组,为京津冀协同发展协议的落实提供组织保障。2011 年,京津冀区域协同发展被提升到国家战略高度,国家"十二五"规划中明确提出"打造首都经济圈""京津冀一体化""首都经济圈"等一系列概念。2014 年,国务院《政府工作报告》明确提出要加强环渤海及京津冀地区的经济协作。随后获中央批准的《京津冀协同发展规划纲要》进一步明确了京津冀三地的发展定位,其中,具有基础性和先导性的区域交通网络一体化系统构建成为 2015 年工作的重点。2014 年,习近平总书记在北京市考察工作时发表重要讲话,并就推进京津冀协同发展提出七点要求,强调"把交通一体化作为推进京津冀协同发展的先行领域,加快构建快速、便捷、高效、安全、大容量、低成本的互联互通综合交通网络",这意味着将京津冀协同发展作为一个重大国家战略,在京津冀协同发展中,交通一体化要率先突破。2015 年 12 月 8 日,国家发改委、交通运输部联合发布了《京津冀协同发展交通一体化规划(2014—2020 年)》(以下简称《规划》),《规划》着眼于"一核、双城、三轴、四区、多节点"的总体空间布局,提出到 2020 年基本构建完成多节点、网格状的区域交通网络体系,具体包括基本建成城际铁路主干构架,完善公路网络的通畅,提升港口群、机场群运营效率和技术管理水平,形成安全可靠、便捷高效、经济适用、绿色环保的综合交通运输体系。着眼具体实践,提出以打造"轨道上的京津冀"为途径,将轨道交通作为京津冀交通一体化发展的核心和重中之重。

(2)对京津冀交通一体化的理解

京津冀交通一体化的具体内涵是建立在区域交通一体化本身和区域协同发展两个维度,前者包括交通系统网络发展以及对区域经济资源的流动效率提升的要求;后者体现为对中心—外围区域发展格局的优化,即表现为对首都交通拥堵的疏解以及建立"多中心"交通枢纽的需求。

首先,从交通系统本身来看,交通一体化是现代交通发展到一定阶段的必然产物,是适应社会经济发展的必然要求。现代交通模式具有经济意义上的成本最小化和效率最优的要求。交通一体化以交通基础设施建设为载体,缩短城市内部间和城乡区域之间的时空距离,形成不同交通类型互连互通的网络化格局。进一步看,在现代交通规划中,重点关注将点对点的交通连接扩展到点、线、面三者结合,突出交通枢纽的节点分布及交通网的密度化趋势,实现时空之间的可达性和便捷性。交通产业是经济社会发展的基础条件,是促进经济起飞的有效平台,需要"超前"的产业规划布局。完备的交通基础设施网络,可以促进区域内外资源要素的流动与合理化配置,提升地区分工合作的效率,指引区域社会和经济协调发展。基于已有综合性交通网络框架特征,加速构建交通一体化系统,实现区域间"交通同制、道路同网、乘车同卡",消除城市"孤岛",扩大城市群的"同城效应",是区域协同发展战略下交通行业的当务之急。由于交通网络的丰富化有利于区域社会资源的优化配置,所以交通系统协同发展更容易取得各方政府共识,为相关政策落实奠定基础。打通交通运输动脉,完善交通一体化网络,可以起到突破区划界限,打破行政壁垒,强化资源整合,促进区域协调发展的作用。

其次,从区域协同发展来看,交通一体化是实现京津冀协同发展战略的内在基础和必然步骤。一是以交通一体化为先行,实现三地基础设施相互连通,构建现代化交通网络系统,是京津冀协同发展战略的内在要求。成熟、高效的交通网络体系,可以推动区域资源流动和提高配置效率,如区域间生产资料、劳动力要素的自由流动和配置效率的优化,加深了三地间的经济、社会交往,有助于实现协同发展战略的有效性和可持续性。二是交通一体化战略是缓解区域发展带来的经济矛盾和社会矛盾的重要方式。京津冀三地的经济矛盾集中体现为资源配置的"极化",以及随之带来的社会矛盾。一方面,北京地区过多的集中了各方面的资源,客观上加剧了京与津冀之间的贫富差异;另一方面,资源过度集中加重了社会运行的成本,带来诸如污染、拥堵、公共服务短缺等社会矛盾。以此为背景,以交通一体化为通道,实现非首都功能的疏解和分化,不仅可以缓解社会发展矛盾,而且有助于"过剩资源"的区域再配置,推动区域的创新和发展。

(二)交通一体化现状

由国家发改委和交通运输部于 2015 年联合发布的《京津冀协同发展交通一体化规划(2014—2020 年)》(以下简称《规划》)是京津冀交通一体化建设的纲领

性文件。《规划》指明,京津冀交通一体化建设的总思路是三地交通运输发展的网络化、智能化特征,建成多节点、网络状为基本形态特征的区域交通运输体系。从具体任务看,就是着力建设完善京津冀三地的城际铁路骨架网络,实现公路运输网络的通畅与衔接,提升港口群和机场群的服务管理水平,不断推进京津冀区域综合交通运输体系的便捷化和绿色化,为建设打造世界一流的城市群提供物质保障。《规划》颁布至今,区域交通一体化已经走过四年多的实践历程,从具体交通方式的一体化建设实践看,主要包括铁路、公路、航空以及港口四方面。

1. 铁路——"轨道上的京津冀"

京津冀交通一体化规划的重点就是以完善和丰富区域间的轨道交通网络为手段,打造"轨道上的京津冀",实现三地间不同类型轨道交通方式的互联互通。轨道交通网络包括四个分支,分别是干线铁路、城际铁路、市郊铁路和城市地铁。随着《规划》的出台和实施,京津冀轨道交通的发展取得显著的进展,在一定程度上实现了区域轨道交通的规模化、网络化和关联化。

首先,"轨道上的京津冀"集中体现为区域间铁路线路和里程的增加以及区域铁路网络的丰富化。京津冀区域铁路建设项目是在已有干线铁路的基础上,增加了多段城际高速铁路和市郊铁路(崇礼),这大大丰富了原有的铁路网路。另外,近期建设项目总里程突破 1000 公里,以构建"京津冀一小时生活圈"为口号,从高速铁路、城际铁路、市域铁路方面完善了区域轨道网络。

其次,京津冀轨道交通规划串联了三地城市内部的城市铁路网络和关键性交通枢纽。与以往独立性轨道交通建设不同,现有的交通一体化方针,实现了关键节点城市和大型交通枢纽的串联。作为已建成的标志性高速铁路网线,京津城际铁路的运行实现了两个城市间"一小时通勤",带动了两地以及沿线武清地区的经济增长。另一方面,正在建设中的城际铁路更多将雄安、廊坊、石家庄等河北省内城市纳入一体化铁路网线,缩短了上述城市与北京、天津等区域的空间距离。

最后,市郊铁路的规划建设主要体现为以北京为中心向外放射状结构,辐射到河北省部分关键性城市,并部分实现了与城际铁路的对接换乘。以北京为中心的外向辐射线路,主要延伸至北京副中心区域,有助于缓解主城与副中心之间的通勤压力。如已建成通车的石景山至通州段成交铁路、怀柔至密云段城郊铁路,以及地铁6号线东小营车辆段等将极大地疏解主城区与副中心区之间的交通压力。另外,连接雄安新区的京港台高铁京雄段、京张高铁、京沈高铁,京唐城际、京滨城际铁路建设全面提速,实现了北京与雄安新区、滨海新区以及周边重点城市的连接。上述城郊铁路将进一步实现与北京站、北京西站等关键节点的连接,从而打通干线铁路与城郊铁路之间的通道,实现两者的贯通。

2. 公路——"打通断头路"

所谓"断头路",就是高速公路网中相邻省(自治区、直辖市)间,一方竣工通车、一方还未修建(里程在200公里以内),这一段就是"断头路"。京津冀区域公路一体化建设实践特征体现为以"打通断头路"为重点任务,推进"四纵四横一环"的区域公路运输通道布局。表1概括了上述公路一体化建设的具体内容,从中发现,京津冀区域间高速公路一体化网络已初步形成,依次串联了北京城区与副中心城区,北京与河北境内包括石家庄、保定、衡水在内的重要节点城市。截至2017年,上述"四纵四横一环"的公路规划已经完成,打通了区域内大部分的"断头路",初步实现了三地之间交通通道的贯穿通畅。

在具体任务的分配上,北京承担了重点任务,天津和河北省采取对应性举措。截至2018年7月,北京方面已打通域内包括京台高速北京段、京秦高速北京段、首都地区环线高速通州大兴段的"断头路",率先完成任务。

河北省方面谋划了"二环八通四连八港八枢纽"为主骨架的综合交通运输网络布局。"二环"分别指北京大外环通道和京津冀区域环线通道。"八通"和"四连"指的是京石、沿海、京津、京(北京大兴国际机场)衡4条纵向和张京唐秦、涿(北京大兴国际机场)廊津、保津、石衡沧4条横向及承唐、石津、邢临、邯济4条重要复合型综合运输通道,以图构建"东出西联""疏内通外"的区际和国际运输通道。"八港",分别指秦皇岛港、唐山港、天津港、黄骅港4个海港和首都国际机场、北京大兴国际机场、天津滨海国际机场、石家庄正定国际机场4个空港。"八枢纽",指北京、天津、唐山、石家庄、邯郸、承德、张家口、保定8个全国性综合交通运输枢纽城市,以实现河北交通枢纽对首都交通流量的分化和疏解。

以上述公路建设工程为标志,京津冀内部所有县城均已纳入国内高速公路网络,形成了"北京—天津—石家庄一小时通勤圈"以及"北京—天津—唐山一小时交通圈"。与此同时,打造京津冀三地之间的便捷通勤网络,推出"京津冀交通一卡通",天津取消对北京牌照车辆的通行限制,都极大地便捷了三地间的通勤效率。

表1 京津冀区域"四纵四横一环"公路布局

形态	名称	节点	高速公路
四纵	沿海通道	秦皇岛、唐山、天津(滨海)、沧州	沿海(G0111)、长深、唐港
	京沪通道	北京、廊坊、天津、沧州	京沪(G2)、京台(G3)、京津塘、京津、天津绕城南段(G2501)
	京九通道	北京、北京新机场、衡水	大广(G45)、北京城区经新机场至霸州、新机场北线高速
	京承—京广通道	承德、保定、石家庄、邢台、邯郸	京港澳(G4)、京昆(G5)、大广(G45)
四横	秦承张通道	秦皇岛、承德、张家口	首都环线北段、秦承
	京秦—京张通道	秦皇岛、唐山、北京、张家口	京藏(G6)、京新(G7)、宣大、京哈(G1)、京秦
	津保通道	保定、廊坊、天津(滨海)	荣乌(G18)、津石(G0211)、天津绕城北段(G1811)
	石沧通道	石家庄、衡水、黄骅(沧州)	石黄(G1811)
一环	首都区域环线	承德、廊坊、固安、涿州、张家口	首都城区环线高速(G95)、涞水—涞源高速(G9511)

数据来源:据《关于推进京津冀交通一体化率先突破的实施方案》自行整理。

3. 航空——"区域航空枢纽"

京津冀区域现依次存在首都国际机场、天津滨海国际机场、石家庄正定国际机场、北京大兴国际机场、秦皇岛机场、邯郑机场、张家口机场、唐山机场、承德机场,总计 9 个民用运输机场,以及远期规划有衡水机场和渤海湾海上机场。

从区域内现有主干机场分布看,京津冀三地形成了首都国际机场—滨海国际机场—正定国际机场的"三角状空运网络",北京、天津和石家庄依次成为各自省会内的空运中转中心,同时配备有如南苑机场、秦皇岛机场等吞吐量较小的客运和货运机场。截至 2019 年底,形成了以北京、天津、石家庄三个中心城市为核心,以北京首都机场、北京大兴国际机场(南苑机场并入)、天津滨海国际机场和石家庄正定国际机场为主,其他机场为辅的机场群体系。

在 2014 年《京津冀三地机场协同发展战略合作框架协议》中已阐明了三地航空枢纽的具体定位:北京首都机场定位为完善首都核心功能,优化国际航线网络,提升国际航空综合竞争力;天津机场的定位在强化连接枢纽能力,培育航空物流中心;河北的定位是将石家庄培育成为区域枢纽机场,降低航空运营成本。根据协议要求,三方机场将在航线航班网络优化、运行资源整合等方面加强合作。在机场管理方面三地也实现了一体化。三地机场管理均纳入首都机场管理体系,有利于推动京津冀区域机场管理及运营的一体化,提升资源配置效率。

关于三地航空协同发展的整体方向,在 2017 年 12 月《民航局关于推进京津冀民航协同发展的意见》(以下简称《意见》)中定义为"构建快速、便捷、高效、安全、大容量、低成本的京津冀民用航空一体化系统,全面提升京津冀地区航空保障能力和运输服务水平,全力推动京津冀民航与区域经济协调发展"。从具体措施看,区域间实行 144 小时过境免签政策,提升外国商务和旅游人群的入境效率,优化航空资源配置,提升免签地吸引力。简化"三地四场"24 小时直接过境程序,实施京津冀 144 小时过境免签。地方政府积极协调口岸检查检验机构和税务、金融机构等部门,联合提升航空口岸服务水平,实现航空货运"7 × 24"小时通关服务,实现京津冀空港通关一体化,提升口岸通关效率。

从长期着眼,京津冀区域有望形成一个"世界级机场群",航空系统的整体服务、运营管理力争接近国际先进水平,为三地协同发展提供物质支撑。根据《意见》,北京大兴国际机场投入使用后(2020 年)将促进首都机场的国际旅客占比提高 2 个百分点至 3 个百分点,北京"双枢纽"机场与天津机场、石家庄机场之间将实现轨道交通方式的有效衔接,完善航空系统统一管理、差异化发展的格局。

4. 港口——"世界级港口群"

京津冀港口分布在我国港口布局较密集的渤海湾西岸地区,共包括天津港、秦皇岛港、唐山港和黄骅港四个港口。截至 2014 年,天津、唐山和秦皇岛港口的吞吐量在全国中排名分别为第三、第四和第九名;按照集装箱吞吐量排名,天津港为第五位,其他港口排名更为靠后。基于地理分布和所属腹地经济和社会发展的差异化特征,京津冀港口的具体功能有所差异,详见表 2。

表 2　2014 年京津冀区域主要港口特征

名称	区位	港口吞吐结构	其他	吞吐量(亿吨)
天津港	海河下游、渤海入口处	金属矿石、煤炭、石油天然气、机械设备	北方集装箱干线港、综合性业务港口	5.4
秦皇岛港	河北省秦皇岛、渤海西岸	煤炭、原有、其他杂货	世界最大的煤炭输出港之一、中国最大的煤炭枢纽港	2.74
唐山港	京津塘港曹妃甸港	煤炭、钢铁、矿石、原油、煤炭	距离渤海湾出海口最近的北方深水大港	5.008
黄骅港	包括杂货港、煤炭港、河口港和综合港四个港区	煤炭、钢铁、水泥	冀中南区域最主要的港口	1.76

2014 年 8 月,天津、河北港口在协同发展方面率先破题。由天津港集团和河北港口集团共同出资设立了渤海津冀港口投资发展有限公司,并在天津东疆保税港区完成注册,成为两地打破区域壁垒、优化港口产业合理布局的标志性事件。津冀港口群的协同发展,抛弃了简单的错位发展路径,而是根植于京津冀协同发展战略,着眼于提升港口服务功能、丰富港口服务内涵、满足区域经济发展和转型升级需求等目标。伴随港口协同发展的深入,2016 年 6 月,天津东疆海铁

换装中心建成运营,将丝路经济带综合资源平台与京津冀地区,尤其是天津自贸区功能创新平台相连接。目前,该中心已累计发送国内集装箱班列155列,12000标准箱。2017年,天津港集团和唐山港集团合资成立的津唐国际集装箱码头有限公司正式挂牌,负责京唐港区集装箱码头的建设、运营和管理,实现了两港在集装箱业务上的优势互补、互利共赢、协同发展。与此同时,天津港还在北京朝阳、平谷,河北石家庄、张家口、保定、邯郸、邢台、唐山(丰润)、霸州(胜芳)和衡水布局建设了10个内陆无水港,将区域通关、联检一体化模式辐射三地,共享政策红利。数据显示,截至2017年,天津港已同世界180多个国家和地区的500多个港口有贸易往来,其120条集装箱班轮航线覆盖东北亚、东南亚、欧洲、美洲、波斯湾、地中海、非洲等国家和地区。2016年,该港货物吞吐量5.5亿吨,集装箱吞吐量1450万标准箱,其中超过70%的港口货物吞吐量来自京津冀区域。

随着京津冀协同发展战略的推进,三地港口协同发展被纳入区域协同发展的大格局之中,并从制度层面加以强化。2017年7月18日,交通运输部、天津市人民政府、河北省人民政府联合印发《加快推进津冀港口协同发展工作方案(2017—2020)》,对京津冀港口的布局与分工进行了梳理,明确要求加快京津冀港口资源整合,明确了以天津港为核心,以河北港口为两翼,布局合理、分工明确、功能互补、安全绿色、畅通高效的世界级港口群的建设目标。《河北省人民政府关于加快沿海港口转型升级为京津冀协同发展提供强力支撑的意见》中明确提出,河北省将强化与天津港的业务合作,开展津冀港口协同发展,力争到2020年,津冀港口群吞吐量突破22亿吨,集装箱吞吐量突破3000万标准箱。

二、京津冀交通一体化存在的问题

我们的研究是基于狭义上的交通一体化定义[①],从上述定义出发,对交通一体化发展存在的问题的分析就是基于京津冀交通一体化存在的问题,可以从区域间单一交通系统的经济效率和多样化交通系统之间的资源优化配置两个方面

---

① 狭义的交通一体化,即以期通过交通规划的合理性、相关政策的科学性以及交通实践的时效性,建立包括公路、铁路、港口、航空等不同交通运输方式之间的有机关联和高效率转换。

展开。总体而言,区域交通一体化问题集中体现为交通系统一体化程度的低水平以及资源配置低效,两个维度下的具体问题又有所区别。

(一)单一交通系统一体化问题

此处的单一交通系统研究,指的是依次从铁路、公路、航空以及港口四方面出发,研究交通系统在京津冀区域内部的协同关系的程度以及对要素流动、配置的影响。目前,京津冀交通一体化实践的重点表现为强调单一交通系统在区域间的有机连接及其网络化特征,降低物流运输成本,提升人员和要素流动绩效。

1. 轨道一体化存在的问题

轨道交通包括国有铁路、国企干线、城际铁路、城市轨道交通(地铁、轻轨等)等形式。轨道交通一体化存在的问题主要有三点:轨道交通发展规模的"极化"现象严重,区域内轨道交通类型较为单一,不同类型间的换乘效率较低。

京津冀轨道交通的规模化程度与区域经济和社会发展程度呈现显著正相关的关系,轨道交通线路和网络过于集中于北京、天津以及石家庄中心城区,周边欠发达区域的轨道线路和站点设置较为有限。较其他交通方式而言,轨道交通的修建与运行对地方财政能力、城市经济和社会发展水平有着更高的要求。随着时间的推移,三地存在经济、政治和文化发展水平的不平衡和要素禀赋差异化。作为国家政治、经济中心的北京建成了以干线铁路、城际高速铁路、地铁以及城郊铁路为代表的多样化轨道交通体系,集多种交通枢纽功能于一身,成为全国规模最大的交通枢纽中心。上述实际不仅加重了北京需要承担的客货中转任务以及区域内部的交通压力,而且加重了客货运分流不畅,中转缓慢,极大地抑制了外围城市综合交通枢纽的建立,尤其抑制了河北省中心城市交通枢纽功能的发挥。如河北省南部地区与北部廊坊、张家口、承德、唐山、秦皇岛等地的铁路、公路运输大多需要在北京中转,降低了河北省内部交通枢纽的使用效率。

进一步看,轨道交通的规划和建设中,较多关注高速铁路的建设,忽视了将高铁、城际、都市区快线、城市轨道等多种交通方式与区域内部经济和社会客观实际相结合,实现因地制宜的交通建设理念。与北京相比,天津、河北的城市地下铁路,特别是连接主城区与外围城区之间的城郊铁路规模十分匮乏(在区域内各省市规划中,截至2020年,京津冀三地的城郊铁路长度分别为901公里、512

公里和 59.6 公里)。再者,在京津冀区域中,连接中心城市与周边区域的轨道交通资源严重匮乏,建成的城郊轨道线路大多以北京、天津为始发地,线路中途的站点设立较为单一。如表 3 所示,包括试运行在内的城郊轨道交通项目,基本还是以北京、上海、广州以及江浙等经济发达省份为主导,对连接天津与周边城郊地区的轨道线路支持明显缺乏(只有新设的蓟州和于家堡站点),对宝坻、塘沽以及滨海新区等城市的支持不足。另外,在河北省境内只有一条正在建设中的北京至雄安新区的城际铁路,在省内只有廊坊、霸州等有限站点,难以满足省内其他区域的民生需求。另一方面看,高速铁路网络的修建和运营需要充足的腹地经济实力为保障,而河北省内的多数城市无法满足高速铁路运营的经济条件,因此可以考虑因地制宜的发展如轻轨等中低速轨道项目。

表 3　2017 年城郊铁路试点项目统计

项目名称	所在区域	项目类型	备注
副中心线(北京西站至通州站)	北京	利用已有线路开行列车	正在推进
S5 线(黄土店站至怀柔北站)	北京		正在推进
金山铁路(莘庄站至金山卫站)	上海		试运营
天津至蓟州	天津		试运营
北京至蓟州	北京		正在推进
天津至于家堡	天津		试运营
诸暨至杭州东	浙江		试运营
宁波至余姚	浙江		试运营
福田至深圳坪山	广东		试运营
温州 S1 线一期工程(温州南至半岛)	福建	利用已有通道新建铁路	国家批复规划,已开工
虹桥机场至浦东机场	上海	新建铁路	报拟入城市轨道交通建设规划

2. 公路一体化存在的问题

京津冀公路一体化发展存在的问题表现为"对而不接、进而不通、通而不畅",体现为"断头路""瓶颈路"现象的存在,公路等级标准在区域内部存在较大差异,公路的通勤和物流运输压力过大。

第一,区域内"打通断头路"工程以高速公路建设为主,且以北京、天津为主要推动者,高速公路外的"断头路""瓶颈路"问题改善缓慢。从现有资料中看,区域内的高速公路网络基本解决了"断头路"问题,如随着京秦高速北京段、首都"大外环"正式通车,京津冀三地的高速"断头路"全部打通。由北京牵头推进的重点工程——京秦高速项目完成从小庞各庄桥以北的京秦高速向东延伸,穿越宋庄镇 7 个行政村,跨越潮白河止于京冀界,与京秦高速河北段连接,缩短了北京东六环与河北省三河市的通行时间。而首都地区环线高速项目,起自通州区西集镇赵庄村北侧京冀界,连接已经建成的首都地区环线高速河北香河段,止于大兴区采育镇韩营村南侧京冀界,连接已经建成的首都地区环线高速河北廊坊段。除北京外,天津也不断推进城区内道路建设工程。作为"通武廊"区域合作的"小京津冀"框架的重点任务之一,高王路北延线实现了武清区(高村镇、王庆坨路)与通州觅西路之间的连接,成为改善民生和区域协同发展的标志。

可以发现,在"打通断头路"工程中,更多是以北京和天津等发达城市为"先行者",覆盖了上述区域内的高速公路。与之相对,区域内低等级公路的建设依旧面临严峻的挑战。据河北省交通运输厅统计,河北通往京津两地的"断头路",总里程超过 2300 公里,严重制约了经济和社会的发展。如作为连燕郊与北京城区的重要通勤道路,总长约 10 公里的徐尹路,规划从朝阳区皮村一路向西横穿六环,跨过潮白河市界与河北燕郊相接,自 2010 年招标完成 8 年后仍未通车。又如河北涿州的 4 个乡镇,其中有 95 个村与北京房山区的 4 个乡、28 个村接壤,两地农村人口往来频繁,而从北京进涿州,只能通过 107 国道和京石高速,次干线及低等级的道路几乎没有。类似的情况也出现在通州、承德等地。

第二,区域间经济发展差异导致区域间不同等级公路配置不合理,高低等级公路之间缺乏有机结合,降低了区域间的物流转化和运输效率。区域间经济水平的差异决定了不同等级公路建设的标准和具体需求,但不同等级道路之间的连接、转换效率较差,加重了通行成本。如天津武清以及廊坊连接京津唐高速的道路等级过低,道路质量较差,加重了这条进京线路的通行时间和成本。另外,就算是京津塘高速本身也因为修建时间过久(距今超过30年),已经无法满足当下庞大的运输需求。另外,作为"毛细血管"的低等级公路在区域间的联通程度较差,造成了进京高速路拥堵的现状。京津冀区域内部的县城之间缺乏直通道路,一些国道和高速的支线、分支线较为匮乏,交通微循环不够畅通,客观上加重了主干线路的通行压力。理想状态应该是跨境车辆不用全部依赖高速路,而是以区域间省道和分支线路进行运力分流,更多地依赖交通微循环,降低道路拥堵概率。

第三,物流和人员流动过多依赖公路运输,加重了道路承载压力和环保压力。从数据上看,京津冀地区的公路货运量占货运总量的八成以上,加剧了这一区域的环境污染问题。2016年,京津冀全年铁路货运量为2.5亿吨,而公路货运量为24.3亿吨,二者相差9.7倍,并且区域内公路货运以重型柴油车为主,其氮氧化物排放占区域氮氧化物排放总量的1/5。京津冀区域呈现以北京(生产生活必需品)为中心,河北、天津(煤炭、钢铁、矿石等大宗能源类、机械制造类商品)半环绕的反"C"型布局,聚集性特征显著,加剧了区域内核心城市车辆穿行导致的尾气污染。在此布局下,作为核心经济城市的北京、天津和石家庄被周围工业性城市环绕,成为多条放射性或环绕性货运通道的主要聚集点。再加上环中心城区运输车辆以重型柴油货车为主的特性,加重了道路承载能力和环境污染双重压力。

3. 航空一体化存在的问题

从国家规划和商业机遇出发,京津冀航空一体化成为区域一体化发展的率先布局和重点推动对象。尽管京津冀三大机场的定位已经确立,相关航站楼工程也正在推进,但实践中依旧存在协调困难、发展不均衡、资源配置效率低下等问题。

第一,机场间缺乏统一的管理组织,彼此沟通和协调困难。源于2002年国家对93个机场的托管体系展开属地化制度改革,机场所有权中的经营权从中央政府下放至地方政府和相关部门,实现了机场管理主体的地方化转变。从京津冀多机场系统的特点出发会发现,首都机场和天津机场由北京机场集团统一管理,南苑机场是军民两用机场,河北机场集团则参与管理石家庄机场和秦皇岛机场,上述不同类型和区域的机场存在隶属关系差异,进而衍生出发展路径的各机场隶属不同、发展战略不同、利益不同,对多机场区域系统协调统一发展造成影响,无法做到资源的统一配置,竞争关系较为紧张。

第二,区域内机场之间发展不均衡,集中表现为"北京吃不了、天津吃不饱、河北吃不着"的困境。从北京机场地面现有设施条件看,自 2005 年起,首都机场的运营能力就达到超负荷状态,且溢出现象日益严峻,制约了机场发展。相比之下,天津机场的地面设施长期得不到充分利用。天津机场容量在 2014 年完成二期扩建,1 号航站楼(T1)与 2 号航站楼(T2)的设计容量达 2700 万,而 2017 年天津机场的总吞吐量仅为 2100 万,低于设计容量。总体而言,京津冀机场行业的市场集中度较高,首都机场占比 80%,虽近几年有向天津机场和石家庄机场分流的态势,但区域发展不平衡的问题仍长期存在。

第三,机场间航班班次和数量的资源配置不合理,服务水平较为有限。对于航空运输的时刻(时间)资源的分配,依旧受限于中国民用航空局的行政配给手段。虽然上述方法有利于确保航班时刻的稳定,推动航空公司发展建设的可规划、可预期性,但也引发诸多资源配置不合理的难题。例如,京津冀机场的航班时刻资源主要被四大航空公司,特别是基地航空公司占用和囤积,造成即使航班运营较差也不放弃时刻资源的现象,加重了有效航空资源的浪费和虚耗,部分航空公司甚至将时刻资源作为控制市场准入的工具,凭借其垄断优势,建立市场进入壁垒,加重不公平竞争。

伴随京津冀协同发展战略不断推进,区域协同发展步伐逐步加快,民航业发展成绩斐然,但也面临服务水平滞后于现实需求的问题。2017 年,首都机场旅客吞吐量为 9578.6 万人次,占全国机场旅客总吞吐量的 8.34%,天津机场和石家庄的旅客增速分别为 24.5% 和 32.8%,远高于全国的平均旅客率 12.9%。与之相伴,空域供需矛盾问题日益突出,加重了空管保障的压力。机场航班延误、信息告知不及时等问题频发,严重影响了旅客对机场服务的体验。根据民航旅客服务测评(CAPSE)发布的 2017 年第一季度、第二季度机场服务测评报告显示,北京首都国际机场、天津滨海国际机场的综合得分位于所选 32 个样本的中等水平（石家庄正定机场不在样本范围内）。

4. 港口一体化存在的问题

环渤海区域作为世界大型港口密集分布地区之一，包含三大子港口群，即中心的以天津港为核心的津冀沿海港口群，向北的以大连港为核心的辽宁港口群，向南的以青岛港为核心的山东沿海港口群。由于港口群密集和行政隶属关系的交织，导致港口竞争呈现多元化和复杂化特征。既有如天津港、青岛港、大连港三大港口之间的区域内与区域外各大枢纽港之间的竞争，又有次级港口与枢纽港口之间的竞争。在区域协同发展战略中，就提及关于天津港与河北境内的三大港口——秦皇岛港、唐山港、黄骅港之间的竞争，制约其一体化发展的因素集中体现为区域间和区域内复杂的竞争关系，港口管理体制滞后，临港产业结构过度重合。

第一，由于区位邻近和资源禀赋的相似性，津冀港口之间以及各自区域内部港口之间存在根深蒂固的竞争关系，极大地降低了资源配置效率。天津与河北省在港口发展方面呈现出重复性建设与同质化竞争的特征，而且由于行政隶属关系的不同，导致两地间的竞争表现出复杂化和多元化的特点。具体而言，津冀区域港口竞争体现为不同区域间港口竞争与同一区域内不同港口之间的竞争。

一方面，津冀两地港口存在严重的重复建设和资源浪费现象。随着港口在区域发展中战略地位的日益上升，在体制改革推进中，涉及港口规划、建设、管理、运营等大范围的权力下放，在地区利益的驱动下，各地建设港口的积极性普遍高涨，即使一些普通层级港口，也不再满足于原有的支线港、喂给港定位，转而追求港阔规模化，将"区域航运中心""枢纽港"作为发展和长远规划目标，体现为投资规模的扩张与港口吞吐量提升。在此背景下，无可避免地加剧了港口群之间的重复建设与同质化竞争。尽管天津港与河北境内的三大港口在发展实力、政策环境、设施规模等软硬件方面存在着诸多差异，但由于区位相近、腹地交叉、航线重合、岸线资源有限以及产业结构的领域重叠，使得四大港口的竞争日益激烈，争抢货源现象时有发生，以至于两地内支航线的相互喂给了。在当下世界经济环境低迷的背景下，涌现出包括港口间无序化竞争、港口有效需求下滑以及产能过剩等诸多结构性难题,造成极大的资源浪费。港口间的过度竞争大大伤害了港口群的综合竞争力。据 2015 年数据显示,与长三角、珠三角港口的集装箱吞吐量增速 3.65% 和 4.87% 相比,环渤海港口群集装箱吞吐量增速为 -4.89%。

出于缩小区域经济发展差距的动机,河北省大力推进省内港口的规模化与集群化建设,然而由于缺乏与天津港口之间的"错位发展"和"功能互补",造成河北省港口发展中的资源浪费和营运效率低下。在缺乏有效认清津冀港口发展的禀赋差异以及比较优势的前提下,河北省投建三大港口项目,一方面造成重复建设和大量基建资金的消耗,另一方面,缺乏合理的规划、运行以及管理经验,导致诸如港口服务配套设施不完善、新航线数量有限、软性服务水平缺失、港口整体竞争力不足等一系列问题。由此进一步导致河北省错失以天津港这个北方国际航运中心和重要对外贸易口岸为基础,实现自身港口经济对省内经济有效拉动的契机。以京唐港与天津港为例,尽管两者在自然禀赋、港口基建设备方面差异明显,港口运营模式和经济结构各具特点,但两个港口在实际功能中存在很多相似与重合,造就了两者的先天竞争局面。早在 2008 年国务院批复的《曹妃甸循环经济示范区产业发展总体规划》中,已经就天津港和曹妃甸港的职能归属和分工特点明确划分:将天津港定位为国际航运中心、中国北方最大的散货主干港、国际物流和资源配置枢纽港,曹妃甸港定位于以能源、矿石等大宗货品为主的集散疏流港口。尽管港口功能在定位中有所区别,但行业的相似和产业功能的复合特征难以避免,加之港口群的地理邻近,导致港口重复建设严重,涉及港口业务运营中又缺乏关于必要关联与联动协作的机制。例如,天津港的主体建设方针着力于建设深水航道以及铁矿石、煤炭码头,与曹妃甸港口功能高度重合;而作为天津港远期重点项目的南港港区又与黄骅港的石化码头形成功能"再度重合"。贸易市场复苏乏力的背景下,上述港口竞争愈演愈烈。虽然当地政府都曾试图打破港口经济的恶性竞争,谋求实现统筹规划的有序运营,但现实表现依旧不如人意。

另一方面,河北境内港口群也呈现出过度竞争的局面。河北境内 487 千米的海岸线上,分布有秦皇岛、唐山(包括京唐港、曹妃甸港)和黄骅三大港口,资源禀赋各具特点:曹妃甸港的航道线路、深水泊位以及码头的自然资源、土地资源等自然禀赋条件优越;京唐港具有重要的地理区位以及完备的基础设施条件,肩负着北方重点物资运输的重任;秦皇岛港以煤炭和能源运输为主,是中国"北煤南运"的重要通道,是当今世界较大规模的煤炭输出港和干散货港;黄骅港码头具有完备的基础设施和高质量的临港产业发展空间,是我国"西煤东运"最便利的出海口。从上述内容可见,地理区位重合以及港口运营历史相近,造成了河北省港口功能过于单一的局面:集中在煤炭、铁矿石、石油化工等为数不多的几个能源产品上,集装箱业务占比过低,港口产业结构与腹地经济之间的关联较少,港口经济的主动外向发展意向不足,港口运营中的信息化管理水平较低,物流交换技术匮乏,相关基础设备重复建设率较高,造成港口运营效率低下,资源浪费严重。

另外,区域之间的行政规划和权责归属体制,人为地提高了港口之间的运营成本。虽然河北港口集团在名义上具有统筹开发、建设并运营管理河北省新增港口资源的职责,但受限于秦皇岛、唐山、沧州行政属地的差异化,带来的三处港口的管理权限、运营策略的"各自为政",使得港口之间的资源优化配置难以实现。地方经济和社会发展的竞争要求加重了三港四区之间的同质化竞争,港口之间的信息共享、联动发展、优势互补等功能难以实现。与此同时,与发达地区相比,河北省港口运营的综合能力,尤其是港口管理水平和服务能力依旧薄弱,港口的利润点主要依靠装卸、仓储保管费用维持,行业竞争依旧徘徊在低端价格竞争上,缺乏向上游价值链攀升的途径。另外,金融危机爆发导致的贸易增速下滑,严重降低了集装箱(中转)货源规模,加剧了港口间的"内部消耗"。

第二,受历史及体制改革滞后等因素的影响,津冀港口的管理体制依旧落后。港口管理牵扯到安全监管、城市规划与建设、消防等多部门的权责关联。现行"属地管理"模式下,职权重叠、多头管理、权责不明、缺位错位等短板日益凸显。同时,由于大型港口对经济发展具有举足轻重的影响,在地方经济发展中扮演着愈发关键的角色,由此强化了港口经济"政企合一"的特性,无形中弱化了港口自身应有的市场地位和经营决策的自主权。上述因素共同导致了行政划分下的垂直部门利益与地方利益的冲突,增加了推进港口一体化进程中的体制成本与行政壁垒。

第三,由于行政区划的分割和属地管理的刚性壁垒,导致两地临港经济发展模式、基础设施建设及运输货类结构高度雷同。津冀临港产业长期表现出"各自为政"的"独立化"发展状态,港口产业之间缺乏功能的有机对接和资源互补,导致港口经济发展模式、基础设施建设及产业结构的高度重复。港口主营货物类别都集中于煤炭、石油和铁矿石等大宗商品和原材料,港口之间多处于货源争夺的无序竞争局面。具体来看,两地港口的设计承载量远大于实际运营数量:在煤炭运能方面,截至2016年末,两地煤炭码头总通过能力超过9亿吨,而实际煤炭下水量共计不到8亿吨,实际运输需求远低于理论设计容量;从矿石通过能力看,2014年两地铁矿石进口运输能力的供求比为1.19∶1,过剩供给严重;从原油通过能力看,2014年两地油品港口设计通过能力达7827万吨,而同期原油外贸进港吞吐量仅为2386万吨,过剩供给缺口达5441万吨。供求失衡造成了港口资源浪费和优化配置效率的损失。

(二)区域多种交通系统间的一体化存在的问题

交通系统间的一体化体现为各种类型的交通方式会在规划和发展中形成相互关联的关系,具体表现为以各种交通枢纽和中转点为"连接点",将不同交通类型连接起来,形成一体化的交通网络和系统。从上述角度出发,京津冀交通系统之间存在的主要问题包括:交通设施连接不畅,交通布局的综合性程度较低,不同交通方式间缺乏协作共赢实践,综合性交通枢纽建设缓慢,现代化交通服务水平较低。

1. 多样化交通设施互联互通、一体化水平有待提高

交通一体化在功能疏解、产业转移等方面具有关键作用,是区域协同发展的基础和骨骼系统。然而,出于历史规划遗留、区域间政治和经济竞争关系、交通系统间缺乏统筹机制等原因,使得不同交通设施的互联互通推进困难,交通一体化网络的构建、协调和运行举步维艰。

首先,现有的单中心、放射状交通网结构造成区域交通运输布局严重集中于某个节点,交通压力的分配严重失衡。从京津冀区域交通运输设施的布局特点看,包括公路、铁路在内的多种交通形式均呈现出以北京为中心,向外部放射状

的布局结构。北京不仅集聚多条放射式高速路,还有如高速铁路网、机场等复合型交通运输网直连津冀区域内所有地级市(11 个)。相比之下,区域内其他城市与中心城市之间的互联互通方式过于单一且严重不足,如天津与北京和河北的地级市之间的直连方式只能依靠低等级公路,河北省会石家庄与省内 3 个地级市之间还缺乏直连通道。区域内点对点直连通道的匮乏加重了多种交通枢纽在北京的集聚,不仅降低了交通运输效率,更是加重了北京的运输转换压力。放射式路网格局强化了北京在区域交通中的核心地位,但更加剧了交通资源配置的不均衡。例如,由于聚集过多的交通功能,频繁的道路返修以及基础设施更新加剧了北京道路的拥堵。铁路运输也显示出交通枢纽集聚的特征,冀中南与冀东、冀北之间的铁路运行速度较慢,速度较快的直达型列车班次较少,铁路枢纽的功能较为单一,缺乏与区域内其他交通方式的"串联",更多转乘需求依旧通过北京完成。数据显示,从 2012—2017 年,北京铁路局累计发送旅客超 12 亿人次,相较而言,天津和石家庄的旅客发送量不足北京的 1/3 和 1/5。

2. 综合交通运输方式布局有待进一步优化

京津冀交通运输形式过于单一,对公路运输的过度依赖加重了运输供求矛盾。区域内公路运输规模占比过大,货物和人员的双重压力与日俱增,使得公路压力不堪重负。与之相对,运量更大、费用更低的铁路运输资源较多配置于客运需求,剩余的运力难以满足庞大的货运需求。与此同时,限于区域地理特征,区域内水运供给严重不足,和目前区域内人流、物流现状不匹配,加重了客货运输的供求矛盾。

区域内不同运输方式之间的枢纽对接质量较差、转换效率较低,加重了物流成本以及单一运输方式的压力。津冀港口群集疏运网络结构不合理,对接铁路的节点能力较差。连接港口的大秦线、朔黄线铁路为运煤专用通道,对省内其他物流存量的"分担"效应忽略不计。港口至铁路沿线运输主要依靠公路完成,缺乏高速度、大运量的物流途径,加重了沿线公路的承载压力。另外,作为城镇化实践的产物,卫星城区与中心城区之间的交通连接形式过于单一,大多依赖原有的公路线路,而城郊之间的通勤压力难以化解。虽然京津冀区域高铁、客运专线等快速铁路里程和网络密度较高,但以过路为多,面向中短途旅客的城际铁路存量较为稀缺。高速客运专线站点之间的距离较远、转换枢纽较少,客观上加大了客运时间成本。环京津县市如三河、涿州、香河等县市与北京的交通连接基本以公路为主,且公路等级较低,客货运输混杂,公路运输效率不佳。已有的城际铁路,较多集中在京津之间(126 公里),且运力压力极大,缺乏其他快速、高效的客流分担方式,区域内快速客运网络尚未形成。例如,城市地下铁路与主干铁路间的接驳点过少,换乘枢纽内部的人流疏解通道过于单一,人为地加重了运输节点内部的拥堵,降低了换乘效率。

3. 机场、港口市场一体化协作机制、合作共赢思想有待进一步加强

目前,京津冀地区共有民航机场 9 个,其中河北省通航运输机场 5 个,受限于腹地经济发展水平和运输消费结构差异化以及机场间资源流动和配置效率低下,导致机场运力差距明显,出现"过饥过饱"现象。近年来,首都国际机场旅客吞吐量超过 8000 万人次,而设计运量仅为 6000 万人次,常年处于超负荷运营状态,上述局面还有进一步加强态势。相对而言,天津滨海国际机场旅客年吞吐量虽然也已超千万人次大关,但与天津经济腹地的发展规模相比,依旧有不小的差距,特别是滨海国际机场缺乏足够的中转型班次,极大地降低了航空资源的配置效率。河北省 5 个民航机场全年合计输送旅客不超过 700 万人次,严重低于机场设计容量。现有航班的运营规模、辐射范围、航线网络幅度和航班密度都远低于京津地区,如石家庄正定国际机场理论运力仅发挥了四分之一,且航空货运资源极为有限。上述航空资源与客流过度集中于北京区域的现象,在加重首都航空承载压力的同时,无疑造成其他机场运营的资源浪费和效率损失。

4. 综合交通枢纽建设滞后,"陆、海、空"立体交通网络有待完善

区域内交通枢纽功能过于集中于中心城市,且多种交通方式的转换效率不尽如人意,一体化交通网络有待完成。多年来,由于政治中心地位、经济发展积累以及地理位置优势等因素的独特性,北京作为全国的政治、经济、文化中心,集聚了大量的交通资源,实现了多种复合型交通枢纽于一身的基础设施现状。北京成为全国公路、铁路、航空的关键性交通枢纽中心。北京的"交通中心化"趋向尤为表现在公路和铁路等交通方式中。从公路网方面看,"条条大道通北京"的理念得到充分实施。北京地区已经建成了公路两环加 11 条放射性干线公路的

网络结构布局,配合以"72334"为建设目标的国家高速公路网规划,已经建成以北京为中心,形成7条放射性国道主干线。北京市内公路环线已经基本实现过境交通和城市交通的分流,主要过境交通流大部分集中于西北地区与渤海湾沿海地区之间以及冀中南地区与冀东地区之间的客货流,上述两大交通流在通过北京境内时,普遍采取沿放射线—环线—放射线的进出方式,加重了北京环线局部路段的交通压力。另外,上述区域内缺乏连接西北与东南方向的下海公路直达通道以及东北与西南方向的过境公路通道。

在铁路方面,作为全国最大的铁路枢纽,北京铁路枢纽由京广、京沪、京哈等10条干线所组成呈放射状布局铁路网络,同时还包含市区内客运环线和外围货运环线。上述交通枢纽呈现出高速线仅引入北京市内枢纽而不另设过境线的特点,在实际运营中存在着诸多弊病。如北京站和北京西站作为华中、华南、华东与东北之间众多旅客列车的始发或终到站,其他过境列车也必须经停或通过该枢纽,进而需要列车提前降速或限速运行,如京广、京哈线之间的跨线由东向西贯穿整个北京西站、北京站及规划中的北京东站(通州站),全程延时至少超过40分钟。由于高铁存在约6小时非出行时间带,以至于高速列车通过北京站及北京西站时的经停站的时间控制成为运行图编制的制约因素,限制了许多途经线路车次的设置。另外,市内枢纽的多站点安排依旧存在途经铁路枢纽中转的旅客需要在不同站点间换乘的便捷性问题。

北京"交通中心化"趋势,不仅加重了交通压力,也极大地降低了周边区域的综合性交通枢纽建设的必要性,尤为明显的制约了河北省交通枢纽功能的发挥。如连接河北省南部与北部廊坊、张家口、承德、唐山、秦皇岛等地的铁路、公路大部分需要从北京通过。然而,河北省内部中心城市综合交通枢纽数量较为匮乏,转换效率过低,特别体现为水运和空运之间连接、转换效率上。中心城市交通枢纽与铁路、公路的衔接性较差,港口、机场的客运疏解通道单一,与城市中心的连接形式极为有限,不利于客流疏解。交通站点之间距离较远,公共交通班次时刻设置不合理、运营效率低下的现象普遍存在,这些都极大地制约了各种交通方式之间联动优势的发挥。已有的综合类交通枢纽的低效率主要表现在交通中转过程中的时间和货币成本增加上,造成"中间快、两头慢"的局面。现有综合交通转换体系距离"零距离换乘""无缝隙转换"的运输目标的达成存在极大的差距。

5. 区域交通服务质量较低,运输现代化水平有待进一步提高

作为衡量现代化交通体系程度的重要指标,京津冀交通服务水平较低,服务意识有待提升。由于京津冀运输市场固有的行政分割和市场壁垒,区域内交通政策的制定"各自为主",加重了重复性建设等资源浪费的现象。各自独立的交通政策,加剧了交通行业标准和具体内容的"相互排斥",构成人为区域性交通壁垒,阻碍了交通一体化实践的推进。区域内交通运输服务一体化合作程度不够,合作机制尚未建立,突出表现为跨区域运输市场、管理、服务分割,如公路和铁路运输在不同城市间出现对货物运输规格、承运人资质以及运输时间的不同规定,提高了物流运输的成本。各类交通运输方式的信息化、智能化水平依旧较为低端,对交通信息管理和整合的技术手段较为落后。区域间交通管理部门以及企业主体内部对各种运输方式的信息收集和整合基本只限于系统(政府、企业)内部,缺乏独立、客观的第三方中介完成对交通信息的整合和发布,以供城市管理机构对交通状况的实时掌控。限于交通信息资源整合能力的匮乏,无论是政府管理机构还是交通运输企业,都难以满足旅客出行的多样化运输方式的需求。交通物流专业化程度不高,运输服务水平和标准有待提升。港口物流经济效益不高,服务水平较差,公共信息平台不完备,平台内物流企业的规模化、集约化、组织化运营水平不足。重型货车、专用运输车辆的数量较为有限,运力需求缺口明显。公铁联运、小件快运、城市物流快速配送等网络化运输模式仍处于起步阶段,发展模式单一,交通集约化程度较低。从交通设施利用效率看,存在运输通道资源整合不足,运输发展不科学,运输系统供给能力不足等问题,集中表现在运输过程的能源消耗较高,有违生态保护和可持续发展理念。

三、制约交通一体化发展的原因分析

从京津冀交通一体化实施中面临的困境出发,在具体表象之外,我们总结出制约交通一体化的内在因素,并将其概括为体制机制约束,区域经济发展差异,经济发展观念束缚,土地、资本和劳动力要素约束。

(一)体制机制约束

现有行政区划体制是困扰京津冀交通一体化发展难以取得突破的最大障

碍。京津冀三地中,河北省的交通基础设施最为薄弱,在交通一体化建设中的位置较为尴尬。从区域规划看,河北省会石家庄本应定位于省内的经济、社会以及交通中转核心,然而,京津两大城市把河北的 11 个地级市区人为地割裂为南北两部分,除了邯郸、邢台,河北有 9 个市环绕京津,且半径距离都在 300 公里以内,而作为首都的北京以及直辖市天津对周边腹地经济具有极强的"虹吸效应",但经济资源的辐射扩散能力较差。上述现象,直接导致区域交通网络呈现从京津向外部的中心—外围的放射状结构,交通枢纽过度与经济中心重合,阻碍了河北省内部交通网络的发展。受限于行政区划带来的影响,京津冀三地始终处于利益割裂状态,随之而来的深层问题至今仍然困扰着区域交通一体化规划的实施。河北省的经济基础较为薄弱,对京津地区的先进制造业产业配套能力差,制约了相关中间品的物流路径。另外,无论是物流通道建设还是物流服务质量,河北省交通方面的软硬件条件与长三角和珠三角等地相比差距明显。受困于"诸侯经济"的发展路径,区域间资源要素整合存在诸多制度障碍,统一的要素市场难以形成。我国交通领域大部制改革的实施始于 2008 年,已经滞后于之前的经济社会发展需求。交通一体化的战略制定、具体交通规划以及配套政策安排都属于新兴领域,缺乏实践积累和经验。由于交通设施管理归属不同的市政部门,而区域间管理机构缺乏统筹交通规划的政治动机和激励机制,所以城市圈关键性交通基础设施无法实现统筹规划、统一安排。区域内和区域间交通基础设施规划不统一、建设标准不对接、施工周期快慢不一等情况普遍存在。从公路标准看,限于区域经济发展条件不同,京津多为六(八)车道,而河北依旧为四(六)车道,如在京沪高速沧州段,河北是四车道对接天津的十车道,车道的容纳量变化必然加重道路拥堵,客观上降低了交通一体化的成效。不仅如此,同一地区、同一部门也存在建设与管理职能不清、责任不明的问题。以河北省铁路部门为例,除河北省铁路管理局外,还有铁路建设管理办公室、河北省铁路道口安全管理委员会以及下属办公室等多个铁路管理机构。上述铁路管理机构又分属于不同的厅局,多部门交叉的行政体制造成多头管理、重复管理的状况,人为地降低了交通协同发展的政策安排效率。各地政府在推动交通产业发展方面,彼此竞争的招商引资制度,加重了市场分割和竞争。为吸引和鼓励交通运输相关企业投资,现有的管理模式赋予地方政府较大的自主性,体现在交通管理政策的制定上,特别在税费征收方面,拥有一定程度的政策自主权。交通税费征税的标准不一,造成区域间交通费用和优惠程度的差异,进而形成各城市间规费政策和运输管理上不一致的现象,甚至引起种种政策规制争议。在具体交通设施建设的资金支持标准上差别明显。以路网沿线绿化为例,造林至少需一年种植、三年补植,需要造林资金的持续投入。要达到成活标准,成年树木每亩至少需投入 1500 元,北京郊区县的财政补助标准为 5500 元/亩,而河北张家口、承德等地区则不超过 500 元/亩,资金补助相差悬殊,最终的交通建设成效自然相去甚远。不仅如此,部门之间也存在标准不统一的现象,拿交通"一卡通"来说,国家就有两套标准。一套在住建部手里,住建部从 2008 年开始推动全国"一卡通"建设,2012 年主导编制了"一卡通"标准。另一套在交通部手里,交通部门在 2014 年提出建设全国公交"一卡通"时间表。各个城市对"一卡通"的开通时间以及具体操作选择不一,"一卡通"的主管部门和应用标准不尽一致。另外,在推进京津冀三地交通"一卡通"的工作中,三地交通管理部门对"一卡通"推行成本与带来的经济效应之间的成本—收入比也存在较大的分歧。

综上所述,交通建设所需的统筹规划、统一合作的协作机制未能有效建立是造成区域交通一体化缓慢的主要原因。京津冀三地虽然早在十年前就达成了旨在推进区域经济一体化的"廊坊共识",但始终未能建立起一个正式、完整、科学的高层协调合作机制。"一亩三分地"的本位主义导致利益关系"盘根错节",松散的跨区域合作机制难以破解行政藩篱带来的难题。虽然相关政策已经出台,但受限于区域间竞争关系和利益分割,包括协商对话机制、协作交流机制、沟通反馈机制始终难以由纸面落入现实。行政区划的隔离、经济条件的差异以及地方保护主义等因素致使区域交通一体化规划设计不协调、道路建设不同步、交通管理信息不共享,这些都极大地降低了政策实施的效果。

(二)区域经济发展差异

物质基础决定上层建筑,区域经济发展水平直接决定了交通基础设施建设的物质基础。由于经济发展的差异,区域间交通设施保有量以及交通基建质量存在显著差异,对交通一体化工程的推进产生了重要影响。

区域交通一体化的最终目的是深化各城市间的交流合作,促进城市圈经济贸易往来,推动社会发展与文化交流。但圈内各城市往往在经济发展水平和交通运输发展规模效益上都存在差距,这种发展水平的差异性会不同程度地阻碍交通一体化的实现。京津冀三地收入水平、城乡发展质量差别巨大。河北省区域面积占京津冀区域总和的80%以上,人口占比约65%,但其城镇化率不超过50%(2014年),此外河北省还有38个国家级贫困县和9个省级贫困县(截至2014年底),整体经济状况不容乐观。京津冀三地的GDP总量分化态势明显,GDP总量之比为0.7∶0.5∶1,人均GDP方面,北京和天津依次为河北省的2.4倍和2.6倍。北京和天津的人均财政支出规模更是高达河北的近4倍和3倍。从产业结构上看,北京已经实现了产业结构向第三产业的升级,其中教育金融、文化产业、信息技术等服务业在GDP中的占比超过了80%,天津经济发展结构以第二、三产业并重,特别是高端制造业和服务业呈现较好的发展潜力。与之相对,河北省的发展模式依旧体现在第二产业方面,以粗放型能源和钢铁制造业为代表,资源消耗巨大,产业附加值较低。而其服务业比重不超过四成。由于区域间产业结构的差异,影响了城市内部的交通布局规划,对于处于城市化中高级阶段的北京和天津等中心城市,新增交通设施以满足城市居民的日常出行便捷化为主,基础设施具有服务化、信息化和智能化的特点;对于经济结构以第二产业为主导的区域,交通设施的主要功能依旧是满足工业化发展需求,城市内部的交通网络粗放式发展,无法实现与经济发达区域之间的交通网络对接。由于整体经济发展结构不合理,带来了区域间公共服务资源配置差异:教育、医疗卫生等资源向北京高度集中。高质量公共服务资源引致高技能劳动力要素集聚,满足了交通规划、建设和管理工作所需的高素质人力资本供给。相反,在公共设施供给匮乏的地区,人力资本外流严重,尤其是一些高技能人才十分匮乏,以致交通设计部门、管理机构的相应能力都无法达到交通一体化建设的要求。

(三)经济发展理念束缚

一个区域的经济和社会发展理念对于社会发展实践具有重要的影响,而社会和经济的客观现状以及历史遗留等问题都会对发展理念的构建和执行具有深远的影响。

从京津冀区域特征出发,计划经济和小农经济的影响根深蒂固,干部群众的思想观念不够解放。协同发展、合作共赢的发展思路多停留在口头,缺乏将交通一体化落到实处的有力行动。受本位主义及现有财税体制的约束,长期以来,京津冀三地对招商引资过于依赖,各种类型的产业园区纷纷设立,加剧了区域间的市场竞争。过分强调区域竞争的结果是忽视了对区域要素禀赋特征的审视,缺乏以长远的发展眼光推进合作、包容、共赢式发展实践。区域间经济的过度竞争加剧了产业分散化的趋势,难以实现规模经济效应以及产业集聚和溢出效应,区域间经济"分化"效应愈发明显。再者,北京具有的政治、经济中心属性,加剧了各类经济资源的集聚。受限于行政分割带来的政治绩效竞争,北京的城市发展定位过分强调"自我为中心",缺乏对京津冀整体发展布局的考量。北京和天津的经济发展体现出对周边生产要素的"虹吸"效应,随之而来还进一步强化其"筒式封闭管理"特征,竭力阻止辖区核心利益外流,不惜画地为牢、以邻为壑,以行政手段来限制甚至阻碍经济要素的自然流动。在交通管理上突出表现为北京和天津对外地车辆进入城区都有严格的限制。虽然北京外围的环线公路已经延伸至河北省境内,但相关的城市轨道交通却仅限于北京周边区域,人为地加大了进京工作人员的通勤成本。

(四)土地、资本和劳动力要素约束

经济"新常态"环境使得资金、土地制约愈加明显,这成为建设交通一体化的瓶颈。京津冀立体交通、互联互通形成"一盘棋"的规划方针是影响区域交通一体化实现的关键。虽然京津冀都市圈区域协同发展规划已经出台,但落实到具体内容层面的各项任务和分工依旧存在较多的矛盾,尤其是涉及交通一体化建设的工作,启动十年以来虽已实现了各个区域内部交通网络的丰富化,但区域间交通线路的有机联合还任重道远。具体而言,京津冀地区在交通基础设施建设上缺乏协同合作,三地各自推进自身的交通设施建设,缺乏富有成效的统一规划,建设不统筹、发展不协调日益明显,区域内各种运输方式自成体系,缺乏统一规划和管理,未能达成有效衔接和信息共享,无法实现交通资源的分工合作和优势互补,这些都极大地阻碍了区域内互联互通立体交通网络的成型。

资金方面,河北省仅靠自身力量难以实现向京津地区的交通投资规模及建设标准对齐。在经济下行压力下,融资难度和成本不断上升,建筑材料及征地费用持续上涨,公路建设成本提高,所需地方配套资金比例越来越高,且一、二级公路取消收费使得部分前期投资难以收回,挫伤了地方公路建设的积极性,公路基础设施的修建面临更大的困境。与公路相比,地铁等轨道交通具有前期建设投入巨大、投资回收期长、后期运营维护费用高等一系列困难,即使在运营中,也需要持续投入大量资金进行补贴。受困于此,京津冀区域的大部分县市难以独立承担城市轨道交通项目。土地方面,随着城市化率攀升,京津周边县市的建设用地高度紧张,加之已有地面交通设施的高密集特征,可供新设交通设施的空间极为有限。区域内许多县市建设用地指标首要配给基本的民生用地和工业用地,进一步压缩了新建公路或改扩建公路的土地供给。交通建设项目实施举步维艰。由于交通设施建设涉及多个部门的职能权限,具体工作的落实往往存在用地指标与项目规划不能同期下达,非高速公路用地指标难以批复等问题,导致施工周期的延误。另外,跨境对接公路项目审批涉及两地十余个部门,烦琐的手续导致前期运作时间过长,阻碍了交通互联互通的推进。此外,地区交通规划水平、施工资质和能力以及相应的服务管理体系的滞后也直接影响区域之间交通设施的对接、联网以及智能化管控。作为京津冀交通一体化建设的短板,河北省交通系统在内部资源整合,铁路、公路、城市轨道交通规划、建设、管理等方面与京津之间存在较大的差距,综合交通枢纽项目数量较为有限,高等级公路比例较低,城区轨道交通欠缺,县区间及县域内未形成完善的交通网络体系。河北省交通体系的"短板"直接影响了京津冀交通一体化方案在实践中的对接效果。

四、推动京津冀交通一体化的对策和政策建议

真正的交通一体化,重点在于打破行政区划藩篱,强调发展观念、交通规划、物流政策、市场培育、管理体系、信息等方面的一体化建设,突出以交通网络紧密化优化区域交通资源配置,实现人流、物流双向无阻碍流动,以支撑和带动区域社会经济的跨越发展。交通一体化的具体实践,就是不拘泥于交通本身,而是以更高的站位、更广的视角、更实的举措、更新的理念来指导交通一体化。从具体措施上看,就是要注重强化协作机制、创新合作模式,化解深层次体制机制障碍,构建安全、便捷、高效、大容量、低成本的互联互通综合交通网络。

（一）高屋建瓴，强化顶层设计

京津冀交通一体化建设必须要打破"自家一亩三分地"的传统观念，强化"一盘棋"意识。由于现有行政壁垒严重，三方城市很难主动放弃自己的主张，融入协同发展的框架中。因此，实现交通一体化发展的前提是从顶层机制上确立如下原则：京津冀一体化的问题，不是三方关系，而是中央与京津冀之间的关系。只有从中央层面明确上述原则，才能从宏观上把握区域协同发展的方向。通过中央的政策统筹和实践中的适度放权，激发地方政府参与区域交通协同发展的活力和主动性意识。建立交通一体化建设中的政治和经济激励机制，使地方政府出于自身利益的考量而愿意突破固有行政区划的羁绊，主动参与到区域交通一体化建设中来。

加快推进京津冀交通一体化进程，需加大高层协调力度。加快成立京津冀交通一体化领导小组，以国务院为主导协调两市一省的交通设施投资和建设工作。在具体的交通建设工作中，要着眼区域整体资源禀赋特征，系统考察三地功能定位、产业分工，从优化城市的空间布局和空间结构出发，统筹构建现代化、立体化的综合交通系统。更为重要的是，建立有效的政绩考核和经济激励机制，确保交通一体化规划得到有效贯彻和长期推进。

（二）推进资源自由流动和信息化共享机制

京津冀区域交通规划要将趋于禀赋特征与国际化先进经验相结合，因地制宜的推进交通设施的规模化、网络化特征。从国际经验出发，充分借鉴东京、伦敦及其他发达经济圈的先进经验，高起点、高标准地完成交通一体化规划。在规划中，要突出资源自由流动和信息共享化特征，降低要素流动成本，提高资源配置效率。建立统一的信息服务平台和技术标准，实现部门间关于交通建设相关信息的共享，推进圈内城市之间的信息沟通，降低交通建设中的协调成本，提高政策实施的针对性。在交通建设的合作协调机制中，通过平台发布、信息共享、定期协商等形式，对各地交通基础设施的规划布局、项目对接、具体技术标准等方面展开全面对接，统筹推进跨省市重大基础设施项目审批和立项工作，确保工程的前期推进以及区域间关于合作分工的共识，共同争取国家层面的政策、资金支持。同时，完善区域内道路运输经营许可审批流程的协商机制，实现区域交通执法标准的透明化,从建设、管理、服务等过程全方位推进交通一体化进程。在交通建设中要始终树立可持续发展观念,强调紧抓生态环保要求,谨防盲目过度建设和环境污染。通过上述措施,实现区域中心城市与外围城区间的物流职能分工和协作,构建疏密相间、协作互补、和谐共生、集约化发展的京津冀区域交通一体化发展地带,带动区域协同发展。

(三)以创新引领发展,突破传统观念的束缚

创新协作模式,以外向型视角应对交通合作发展中的挑战。为了推进京津冀经济和社会协同发展进程,增进三地间经济和社会交往,开拓区域发展空间,需要打破惯性思维的束缚,以区域包容性发展理念创新交通协作模式,加快推进区域交通一体化建设。从具体方法上,可以尝试通过市场化手段组建京津冀联合交通运营服务公司、港口管理公司和机场管理公司,采用共同出资、合作经营的方式,实现利益共享、风险共担。在公司框架下对区域内机场、港口、地铁等交通基础设施运行进行统一管理,在市场化竞争中寻找交通协作的商业机会,培育企业竞争力,实现京津冀海、陆、空交通体系一体化发展。如对于港口发展和管理,政府逐步减少在其中的决定性因素,引入职业团队和社会资本,探索社会化经营管理道路。与此同时,政府"有形之手"的重点要放在优化市场营商环境、提高制度规范的稳健性和长期性上面,不断创新政府行政管理理念和方式,做好市场经营的"服务者"。从具体实践中可以从如下方面进行考虑:一是创新轨道交通发展投资融资方式,构建多渠道、多元化的资金吸纳体系,降低资本费用。抓住铁路规划建设及运营权限下沉的良机,探索在一些地区开放部分市场准入制度,逐步放开对民间资本投入的限制。在保证基础设施使用权、管理权不变更的前提下,扩大交通基建项目对民营资本的吸纳,提升民营企业家在交通服务领域的话语权。进一步提升基建用地的商业化运作水平,提高项目的市场吸引力,达到民间投资与政策良性互动,实现投资融资渠道多元化。二是完善交通设施运营中的可持续性发展问题。在区域内协调解决地铁、城际铁路的建设投资、运营组织、票价补贴的分担机制。探索建立交通设施运营的多元化投入—补偿—分享体系,充分考虑地区经济发展水平的前提下,合理分担交通基础设施建设、运行和维护来的经济成本。同时,在积极争取中央财政投入之外,按照"谁投资、

谁受益"的原则合理承担建设投资,可以仿照欧盟"凝聚力基金"做法,对部分经济落后地区的交通基建项目进行资金补贴,以项目后期的运营收入作为借贷资本利息。鉴于京津冀区域交通一体化建设对区域协同发展具有重大意义,从国家层面应当给予三省市关于交通项目发展更多的政策倾斜和优惠举措。与此同时,对于涉及土地、资金以及税费方面的优惠政策,交通建设主体区域应该平等享有相关权利。另外,可以考虑对部分落后地区提供优惠政策。以期降低区域间公共品供给差异,缩小收入差距。对纳入京津冀协同发展规划的产业转移和综合交通网络项目用地,可以考虑由国家统筹解决资金和用地指标等问题。由于河北的经济社会发展水平远低于京津,且在京津冀交通一体化进程中承担着更加繁重的基础设施建设任务,国家应对河北交通基础设施建设给予倾斜性支持政策,以利尽快补齐"短板"。比如,国家铁路发展基金优先支持本区域铁路建设;对于完善国家铁路网布局和功能具有重要作用的城际铁路,应由国家铁路部门统一建设和运营;参照公路补助模式,对地方建设的城际铁路给予资金和政策支持。再比如,对于区域公路建设,国家参照中西部政策给予资金补助,对于革命老区的公路建设,国家参照西部政策给予资金补助;国家适当提高政府还贷高速公路建设资金补助标准,并对经营性高速公路建设给予资金补助。

(四)构建"多中心"体系下的交通一体化网络

构建京津冀交通一体化网络的当务之急,就是要疏解首都交通物流的运输压力。着力点应该放在疏解首都过分集中的交通枢纽功能上。因此,构建多中心交通枢纽体系,分解首都交通功能,是推进交通一体化建设的"抓手"。具体而言,就是要结合区交通资源禀赋优势,合理分配各种类型的交通枢纽。

首先要提升天津的交通枢纽规模和集聚化程度。目前,天津铁路旅客发送量仅为北京的三分之一,天津滨海国际机场的客货吞吐量均不足首都机场客货吞吐量的12%。作为我国北方综合性的大港,具有区位优势的天津港,其优势远远没有得到充分发挥。从区位特征看,京津相距不过120公里,天津具有承接非首都疏解功能的先天地理优势,可以为京津冀区域提供陆海空联运设施和服务保障。当前,亟须大力提升天津在京津冀区域交通运输网络格局中的中心地位。为此,需要完善天津的对外通道,完善京津冀路网,增加天津航线航班和始发列车班次,提高列车在天津的停留和中转比例,有效疏解首都的交通压力。

其次是发挥石家庄的铁路交通中转优势,强化石家庄与外围城市圈之间的交通节点功能。除了产业结构方面的优势,石家庄一直是华北地区重要的铁路枢纽,铁路运距远至山西、山东区域,是京、津、冀区域外联内承的重要交通节点。依托石家庄现有的枢纽地位,京、津、石三个交通中心之间可以建立快捷的综合交通通道,并依托三个中心,连接相邻的其他重点城市,最终形成多中心互联互通的网格式路网结构,有效疏解首都的交通压力。

最后要构建"多中心"的交通枢纽网络,强调交通建设的高标准对接。京津冀是全国交通布局中的重点地区,枢纽地位至关重要,首都机场、天津港等交通资源更具有国际意义。推进京津冀交通一体化,应该按照现代交通模式,高起点、高标准、高规格的规划设计和建设,集中应用最新的现代科技成果,着力完善交通信息化、智能化特征,具体包括交通数据智能采集、数据智能融合以及数据智能决策。利用车辆上的传感器和摄像头,拓展数据采集的及时性和准备性,以此为基础,建立数据分析、转换、集合的一体化处理流程,最后利用已有信息为管理者提供综合解决方案,主要体现为交通设备安全运行决策、运输调度决策、轨道交通安全保障决策等方面,为交通系统安全化运行提供保障。

环保篇

京津冀水资源保护协同发展的现状与趋势

杨 志

党的十八大以来,党中央高度重视社会主义生态文明建设,开展了一系列根本性、开创性、长远性工作,推动生态环境保护发生历史性、转折性、全局性变化。京津冀协同发展是习近平同志亲自谋划、部署、推动的重大国家战略。五年来,京津冀三省市全面落实《京津冀协同发展规划纲要》,在生态环保领域实现率先突破,以大气治理为首的生态保护协同发展取得了有目共睹的进展。接下来,三地的生态协同发展既要巩固大气治理的成果,更要发力于流域水资源的保护工作。

流域的脉络记载着社会发展的历史与变迁,海河流域血脉相连,京津冀水资源保护需要更广泛的着眼于整个海河流域的水环境问题,三地联防、联控、联治水污染,协同保护水资源是海河流域建设的核心与立足点,要从全局角度寻求新的治理之道,水资源保护和水污染治理工作迎来"扎实区域协同、迈向流域共治"的关键阶段。

纵观京津冀三地及海河流域内的诸多水资源保护和水环境治理工程,其治理效果在时间上和空间上均存在局部性,对流域水体整体性和长效性的改善存在局限性。同时,三地在水资源保护工作中存在立法供需冲突、权责关系与财政分配不平衡、碎片化行政等问题,在水资源规划配置、保护目标、生态补偿和产业结构等方面缺乏系统性,合作不彻底导致海河流域的水资源保护工作缺乏长效的保障。因此,探寻京津冀在海河流域水资源保护工作中的整体性协作措施和系统性保障机制,对海河流域的水生态文明建设具有重要意义和价值。

本课题在深入调查海河流域及京津冀的水资源及其污染的变化趋势,梳理海河流域及三地的水资源保护历程与成效的基础上,从资源禀赋、产业结构、区域管理、治理措施四个方面,分析海河流域水资源保护工作的瓶颈,并提出了"五个协同"和"六个重视"。"五个协同",即京津冀需从资源配置、提升目标、转变结构、整体性管理、流域化治理五个方面,协同开展海河流域水资源保护工作;"六个重视",即三地在流域水资源保护工作中应重结构、重规范、重长效、重效率、重交流、重特色,建立保障、约束、补偿、发展、交流、提升协作机制,旨在为海河流域及类似跨区域水资源保护工作提供一些思路与参考。

一、京津冀水资源保护协同进展

水是生命之源,流域的脉络记载着社会发展的历史与变迁。五年来,以大气治理为首的生态保护协同发展取得了有目共睹的进展,如果说干净的空气沁入肺腑,那么清洁的河流则注入血液,接下来,三地的生态协同发展既要巩固大气治理的成果,更要发力于流域水资源的保护工作。梳理京津冀在水资源保护方面做出的不懈努力,可喜的成果背后,存在三地分治在时间和空间上的局限性。五年来,在京津冀协同发展的大背景下,三地打破地域藩篱,以前所未有的决心、力度和铁腕治理环境污染,水资源保护和水环境治理工作取得明显成效。然而,海河流域血脉相连,京津冀水资源保护,需要更广泛的着眼于整个海河流域的水环境问题,三地联防、联控、联治水污染,协同保护水资源,是海河流域建设的核心与立足点,水资源保护和水污染治理工作迎来"扎实区域协同、迈向流域共治"的关键阶段。

(一)三地分治局限性分析

梳理 2006—2017 年京津冀在海河流域内开展的河湖水系治理、库区水源地保护和近岸海域污染防治等系列水资源保护工作所取得的成果,从中分析三地分治带来的局部性特征和区域共治的必然性需求。

1. 北京市水资源保护工程及措施

根据北京市环境保护局 2008—2017 年的工作总结及相关文献,继 2008 年紧紧围绕奥运期间空气质量保障工作以来,大气污染防治一直是北京市环境保护工作的重中之重,至 2015 年,北京市将水污染防治作为专项工作予以高度重视。北京市的水资源保护工作主要围绕五个方面展开。

一是推进污水处理和再生水利用设施建设。2015 年,"大城市病"治理全面展开,制定实施污水处理设施建设三年行动计划。全市污水日处理能力达到 672 万吨以上,污水处理率提高到 90% 以上,再生水日生产能力达到 33 万吨以上。先后累计治理上千家规模化养殖场,完成 131 个村镇的污水治理和 370 个建制村的水环境综合整治。

二是严格保护饮用水源。先后在饮用水水源地建设 78 条清洁小流域,开展密云水库、怀柔水库和官厅水库库区综合整治工作,并于 2015 年开始开展加油站埋地油罐排查和整治工作。已调整划定饮用水水源保护区 321 个,累计有 957 座加油站达到防渗漏标准。南水北调中线一期工程通水,北京水资源保障能力明显增强。

三是污染源的排查与监管。已建立水污染源排放清单,实现 25 家工业园区污水排放的实时监控。先后取缔了 36 家废旧塑料粉碎加工、小造纸、小印染企业,严厉查处了北运河、潮白河流域以及辖区内的数百家违法企业。

四是河流水污染综合治理。先后开展北运河、潮白河、妫水河、大清河水污染综合治理工程,以及引温入潮水质改善工程,现已完成 57 条河段黑臭水体的治理。2009 年沿永定河打造"五湖一线",2014 年运行十年的黑土洼湿地扩建,改善了北京市的河湖水系水量水质及其流动性。①

五是推动区域协同治理,落实水环境区域补偿机制。2010 年支持承德市编制了潮河流域(承德段)水污染防治规划,2014 年制订发布《北京市水环境区域补偿办法》,2016 年牵头建立京津冀及周边地区水污染防治协作机制,会同河北省制订实施潮白河下游水质改善方案。2017 年完善水环境区域补偿机制,组织通州区、廊坊市共同治理潮白河下游污染。此外,北京市积极推进"河长制"。组织制订实施了"河长制"工作方案,督促落实水质改善责任。

2. 天津市水资源保护工程及措施

根据 2006—2017 年天津市环境状况公报及相关文献,天津市的水资源保护

---

① 李瑶:《14 年间的三张治水图》,《北京日报》2018 年 2 月 25 日。

工作主要围绕七个方面展开。

一是主要污染物质的控制与削减。在 2010 年以前紧紧围绕化学需氧量减排工作,在 2010 年以后重点防治重金属污染。2014 年大幅度提高排污收费标准,倒逼企业减排。近年来,对 1152 家工业废水直排企业实行关停、迁入园区、接入污水处理厂、升级改造,现已全部完成治理。①

二是污水处理厂建设、管理及提标改造。已完成 14 个市级及以上工业集聚区污水处理设施整改,建立 60 个市级及以上工业集聚区水环境管理"一园一档"。完成 50 座污水处理厂提标改造,实施合流制改造工程 67 项,城镇污水集中处理率达到 92.5%。

三是加强饮用水水源地保护。主要包括引黄济津、引滦水源、于桥水库水源、尔王庄水库水源、宜兴埠水源和宁河北水源等。

四是加强河湖水系和污染源的排查与监管。全面推行"河长制",已建成地表水水质自动监测站 83 座,全市水质自动监测网络基本形成,并实现了占全市废水排放总量 95% 的 112 家废水重点源在线监控。

五是河道综合治理。2008 年启动中心城区河道和大沽排污河治理计划,2011 年支持引滦上游取消网箱养鱼。2013 年启动"美丽天津一号工程",持续推进"四清一绿"和清水河道行动,实现中心城区水系循环流动,水环境质量得到明显改善;通过实施人工打捞、换水补水、曝气增氧、生态浮床和恢复河岸植被、建设滩涂湿地等措施,还河流生态系统健康和天然流域面貌。2014 年引江入津摆脱缺水困局,加强七里海、北大港、大黄堡、团泊湖湿地生态涵养,实施中心城区活水工程,适时向海河实施生态补水,逐步改善海河及中心城区二级河道水质。②2017 年已整治完成 25 条(段)黑臭水体,增强了河道生态修复能力。

六是着力实施近岸海域的综合治理。完成近岸海域环境功能区划调整和入海排污口整改,加强海岸线使用管控。

七是津冀落实引滦入津生态补偿机制。自 2014 年天津市与河北省开始积

---

① 张鸣岐:《四清一绿》,《天津日报》2017 年 5 月 8 日。
② 《京津冀生态共建 天更蓝水更清心更爽》,《天津日报》2018 年 2 月 25 日。

极推动,并于 2016 年初步达成引滦入津水环境补偿机制,2017 年两地积极落实引滦入津上下游横向生态补偿机制,引滦入津三条河流(沙河、黎河、淋河)水质稳定达到三类。此外,天津市政府积极推进地方水污染防治立法,于 2016 年正式施行《天津市水污染防治条例》;深化落实再生水回用工程,建成滨海新区营城、独流减河橡胶坝和赤龙河治理等再生水工程,全市再生水利用率达到 35%。

3. 河北省水资源保护工程及措施

根据 2008—2016 年河北省环境状况公报,河北省的水资源保护工作主要围绕六个方面展开。

一是污水处理厂建设和提标改造。2012 年完成全省所有县级以上城市、县城污水处理厂建设,44 个省级工业园区建成独立污水处理设施。2016 年 155 家省级工业园区完成污水集中处理设施建设,21 座城镇污水处理厂完成提标升级改造任务。

二是加强饮用水水源地保护。先后完成饮用水水源环境状况评估和违规项目排查,完成 300 多个乡镇水源保护区的划分,取缔排污口 98 个,整改违规项目 670 个。2014 年全面启动水资源保护行动方案,白洋淀、衡水湖被列入国家湖泊生态修复试点,先后制定了官厅水库、衡水湖和白洋淀综合整治实施方案,并在石家庄岗南水库和黄壁庄水库、沧州大浪淀水库、保定西大洋水库、王快水库启动水源地一级保护区隔离试点。

三是加强污染源的排查与监管。已建成 31 个水质自动监测站(含 3 个国家级站),先后针对子牙河等重点流域、白洋淀等重点区域和皮革行业重点领域开展排河企业整治。2015 年组织开展历史上规模最大、查处最严的"利剑斩污"专项执法行动,查处环境违法企业 3300 多家,有效震慑了环境违法行为。2016 年辛集市 108 家制革企业开展全流程清洁生产工艺改造。率先完成省以下环保机构监测监察执法垂直管理改革,出台生态环境保护责任规定和责任清单,实现省级环保督察全覆盖。

四是流域河湖库水环境综合治理。2008 年提高七大水系水环境质量,推进水资源保护工作取得积极成效。2009—2010 年狠抓河流断面水质和入河排污总量控制,全面落实"两控"。2013 年整治汶河、鲍丘河和滦潮河流域成效明显,多年的排污水渠重现清流。2014—2015年黑龙港流域49个县地下水超采综合治理国家试点启动实施,593座病险水库完成加固改造,针对七大水系14条重污染河流,坚持"一河一策",完成治理项目41项。2016年开展水污染防治百日会战,通过白洋淀网箱网栏清理,衡水湖整治,滹沱河"原位修复、泥水同治",一湖九河重点流域污染整治等65个重点治污工程,潘家口、大黑汀水库网箱养鱼清理工作取得明显成效,累计有39条城市黑臭水体得到整治。

五是做好近岸海域水质安全保障工作。先后落实"渤海碧海行动计划""北戴河及近岸海域污染防治与生态修复实施方案",以及减河、饮马河、排洪河、新河、新开河等入海河流水质督导检查,现已完成近岸海域环境功能区划调整和入海排污口排查整改,北戴河及相邻地区近岸海域水质持续好转。

六是落实完善全流域生态补偿机制。2008年,子牙河试行扣缴生态补偿金,次年七大水系201个断面全面实行生态补偿机制,至今全流域扣缴生态补偿金逐年上升,有力地改善了重点流域水质;潘大水库网箱养鱼现已基本取缔,清理到位,水库水质好转。此外,秦皇岛、承德、唐山和沧州市自2016年开始实行"河长制",落实属地治污责任。

4. 京津冀水资源保护的局部性特征分析

京津冀水资源保护的局部性、阶段性治理带来治理效果的局限性和重污染的持续性。三地先后围绕河道水污染综合治理、水库库区综合整治、水源地保护与治理、湖泊湿地生态涵养、近岸海域污染防治与生态修复等,开展了一系列水资源保护工作。然而,海河流域综合治理侧重以防洪减灾为基础的水资源管理方面,京津冀现有水污染治理工程多针对各地水系问题进行局部治理,缺乏全局观念和流域层面的整体规划,导致治理效果也具有局部性,未能改变海河流域内水体近三分之一为劣五类水质的现状,整体的水污染问题仍然严峻。一方面,流域内各区域的水污染治理多针对特定河段在一段时期内开展防治工作,在空间上和时间上存在局部性和阶段性,对流域水体整体性和长效性的改善存在局限性。另一方面,河流局部性、阶段性治理带来治理效果的局限性,在海河流域内具有普遍性。加之河流的动态性特征,导致流域水质得到一定的改善,但水污染问题仍然十分严峻。

（二）区域协同五周年回顾

水环境问题是一个跨区域的系统性问题,打破行政区界线开展区域合作是水资源保护和水环境治理的必然要求,也是保障区域水生态安全和促进水生态文明建设的必由之路。回顾京津冀协同发展五周年来水资源保护方面的工作历程,总结京津冀紧密协作五周年来取得的成果,水资源保护和水环境治理工作取得明显成效,三地正在逐步构建起共建共享、标本兼治的生态保障机制。

1. 京津冀水资源保护协同发展五周年历程回顾

京津冀协同发展战略实施五年来,三地水资源保护从各自为政模式,逐步开始探索部分领域、局部区域和小流域协同治理模式,并且取得了一定成效。

2014 年是京津冀协同发展全面启动之年,三地签署并实施京津"5 + 1"、京冀"6 + 1"、津冀"4 + 1"战略合作框架协议,着力推进环保领域率先突破。2014年 2 月 26 日,京津冀协同发展工作座谈会上,习近平总书记的讲话首次将京津冀协同发展上升到国家战略层面,并要求在已经启动大气污染防治协作机制的基础上,完善水资源保护和水环境治理等领域合作机制。同年 7、8 月,三地双边合作签署了《关于进一步加强环境保护合作的协议》等 16 项协议,京津冀三地双边合作框架协议初步搭建完成,协同路线逐步清晰。2014 年 10 月,北京市环保局组织召开京津冀水污染突发事件联防联控机制第一次联席会议,京津冀环保部门主管领导共同签署了《京津冀水污染突发事件联防联控机制合作协议》,继大气污染联防联控之后,迎来水污染突发事件联防联控机制建立的开局之年。至今,三地已多次开展突发水环境污染事件联防联控联动工作部署和应急演练。

京津冀不断打破行政区划限制,推进流域生态补偿,北京市政府于 2015 年 1月颁布了《北京市水环境区域补偿办法(试行)》。2015 年 4 月 30 日,中共中央政治局会议审议通过的《京津冀协同发展规划纲要》指出,要在京津冀生态环境保护领域率先取得突破。2015 年 6 月 24 日,京津冀拟统一编制"十三五"规划,保证京津冀规划的系统性、整体性、协同性,在重构区域功能的基础上,对区域内城市重大生产力、交通体系和生态空间等进行统筹布局。2015 年 8 月,三地通过了《京津冀协同发展六河五湖综合治理与生态修复总体方案》,海河流域协同治理工作全面启动。2015 年 11 月,京津冀环保部门正式签署《京津冀区域环保率先突破合作框架协议》,明确以大气、水、土壤污染防治为重点,以联合执法、统一规划、统一标准、统一监测、协同治污等10个方面作为突破口进行联防联控。与此同时,首次京津冀环境执法与环境应急联席会议在天津召开,正式启动了京津冀环境执法联动工作机制。至今,已多次开展渔政联合执法行动,并形成联防联控检查小组,多次开展水污染防治联合督导检查,严厉打击了跨区域水环境违法行为,强化了三地对交界区域水体污染的全面防控。2015年12月,国家发改委和环保部发布的《京津冀协同发展生态环境保护规划》要求,到2020年,京津冀地区地级及以上城市集中式饮用水水源水质全部达到或优于三类,重要江河湖泊水功能区达标率达到73%,京津冀地区用水总量控制在296亿立方米,地下水超采退减率达到75%以上。

2016年2月,《"十三五"时期京津冀国民经济和社会发展规划》印发实施,这是全国第一个跨省市的区域"十三五"规划,明确了京津冀地区未来五年的发展目标。2016年2月19日,以京津冀区域协同发展为指导,北京市环保局、天津市环保局、河北省环保厅共同签署了《京津冀凤河西支、龙河环境污染问题联合处置协议》,正式建立京津冀凤河西支、龙河水环境污染联合执法机制,可有效预防与处置跨京津冀流域水污染突发事件,确保区域内的水质安全。协议在组织协调、联合预防、信息共享、联合执法、联合监测、联动处置等方面达成一致。此后,三地多次围绕供水水质保障、排水和污水处理技术开展交流活动。2016年6月,河北省与天津市就跨界断面、水质标准、监测指标、补偿方案、治理重点等内容基本达成了共识。经财政部、原环保部认可,决定在引滦入津流域(河北、天津)开展生态补偿试点。随即下达河北省奖励资金3亿元,正式开展生态补偿试点工作,试点期为2016—2018年,补偿资金3年,累计总规模为15亿元。通过生态补偿金的支持,彻底清除了困扰津冀两地多年的引滦用水主要污染源。2016年8月,河北省与天津市联合开展引滦入津考核监测断面水质监测,截至2018年4月底,除黎河、沙河交汇口下游500米监测断面单次化学需氧量超标20%外,其余均达到或好于三类水,水质改善效果突出。潘大水库(潘家口、大黑汀水库合称)网箱养鱼清理工作是统筹开展滦河流域水污染整治的基础。为切实加强滦河流域污染治理,改善潘大水库水质,河北省从2016年下半年开始,加快实施潘大水库库区网箱养鱼清理工作,加大引滦入津沿线污染治理力度。2017 年上半年,潘大水库库区网箱清理工作全部完成,共清理网箱近 8 万个、出鱼 8500 万公斤。一年来,流域水生态环境功能分区管理体系进一步健全,将京津冀三省市划分为 113 个单元加强管控,优先控制不达标水体单元和于桥水库、白洋淀等良好湖泊单元;加强渤海入海河流及排污口的环境治理,编制了《关于推进重污染入海河流环境综合整治工作的指导意见》《规范入海排污口设置工作方案》;持续加大海河流域、滦河流域综合整治及衡水湖、官厅水库生态保护和修复力度,已落实水污染防治专项资金 20.9 亿元。

2017 年以来,永定河等流域生态保护统一规划、协同治理工作取得积极进展,三地针对永定河、北运河等重点河流,开展水环境保护会议,并于 3 月启动了《永定河综合治理与生态修复总体方案》。于桥水库是 1600 万天津人的"大水缸",引滦入津工程引来的滦河水最终都汇聚到这里。但在 2017 年之前,于桥水库水质各项指标,尤其是总氮、总磷波动一直比较大,水质污染最严重达到劣五类。为解决这一问题,2017 年 6 月,河北省与天津市正式签署《关于引滦入津上下游横向生态补偿的协议》,确定了《引滦入津上下游横向生态补偿实施方案》,两地联手启动水源修复工程,重点对滦河上游的潘家口、大黑汀水库网箱养鱼等产业进行清理。治理后,水质监测显示,2017 年 11—12 月上述水域达到三类水标准,各项指标都比 2016 年同期优秀,现部分指标已达二类水标准,引滦入津水质明显改善。2017 年 7 月 11 日上午,中关村管委会、天津市科委和河北省科技厅在北京中关村展示中心会议中心联合发布了《发挥中关村节能环保技术优势推进京津冀传统产业转型升级工作方案》,重点任务中包含推进水污染处理,支持加大重污染行业工业废水深度处理和工艺技术改造,提高处理效果、降低处理成本,支持加快实施城镇集中污水处理厂的"提标改造"与"提效改造"工程。2017 年 8 月,京津冀环境联动执法工作联席会议在天津召开。按照联席会议部署,京津冀三地环保部门还将继续紧紧围绕区域性、流域性、普遍性环境污染问题,进一步拓展三地联合执法的广度和深度,加强联防、联查、联控力度,加强污染犯罪惩治力度,加强违法案件通报力度,从大气污染防治拓展到水和土壤污染防治,从"单打独斗"转变成"合兵一处",努力实现"1 + 1 + 1 > 3"的联动执法效果。2017 年 11 月,《京津冀能源协同发展行动计划(2017—2020 年)》正式印发实施,这是首个聚焦京津冀能源发展的行动计划,并首次提出 68 项项目清单,明确了时间节点。

2018 年 1 月 1 日起施行《中华人民共和国环境保护税法》,全国大部分省份已相继审议通过本地区环保税方案,为环保税开征铺平了道路,各地均统筹考虑本地区环境承载能力、污染物排放现状和经济社会生态发展目标要求,在法定幅度内确定了税额方案。京津冀和周边省份则普遍对大气污染物和水污染物确定了较高的具体适用税额。2018 年 2 月,京津冀水污染突发事件联防联控工作协调小组制定并发布了《京津冀重点流域突发水环境污染事件应急预案(凤河—龙河流域)》。为进一步深化京津冀多领域、深层次的务实合作,2018 年 6 月,河北省人民政府与北京市人民政府、天津市人民政府分别签署了《进一步加强京冀协同发展合作框架协议》和《进一步加强战略合作框架协议》。为有效推进框架协议重点事项的落实,2018 年 7 月,三地进一步制定了《落实京冀〈进一步加强京冀协同发展合作框架协议〉重点事项任务分解方案(2018—2020 年)》和《落实津冀〈进一步加强战略合作框架协议〉重点事项任务分解方案(2018—2020 年)》。

2. 京津冀水资源保护协同发展五周年成绩总览

京津冀,一衣带水、山水相连。京津冀协同发展战略实施五年来,从规划体系的"四梁八柱"基本形成,到交通一体化、生态环保、产业发展等重点领域率先突破,京津冀协同发展正在从蓝图变为现实。一是系列成果促水资源协同保护战略框架基本形成。历数京津冀水资源保护协同发展五周年来的数十项成果(见表 1),三地通过会议交流,签署制定系列协议、规划和方案,推动了水资源保护和水污染治理联防联控联治工作。二是逐步建立突发水污染联防联控机制,保区域水质安全。京津冀制定重点流域(凤河—龙河流域)突发水环境污染事件应急预案,多次开展突发水环境污染事件联防联控联动工作部署和应急演练,有效预防与处置跨京津冀流域水污染突发事件,确保区域内的水质安全。三是构建京津冀环境执法联动工作机制,强化跨界水污染全面防控。三地加强联防、联查、联控力度,多次开展渔政联合执法行动和水污染防治联合督导检查工作,严厉打击了跨区域水环境违法行为,强化了三地对交界区域水体污染的全面防控。

四是扎实区域生态补偿机制,促进水质明显改善。京津冀不断打破行政区划限制,推进流域生态补偿,通过生态补偿金的支持,彻底清除了困扰津冀两地多年的引滦用水主要污染源,清理潘大水库、于桥水库网箱养鱼后,引滦入津考核监测断面水质均达到或好于三类水水质目标要求,部分指标已达二类标准,引滦入津水质明显改善。五是重点河湖综合整治,标本兼治流域污染。京津冀多次围绕供水水质保障、排水和污水处理技术开展交流活动,持续加大海河流域、滦河流域综合整治及衡水湖、官厅水库生态保护和修复力度,已落实水污染防治专项资金20.9亿元,验收多项海河流域治理工程,主要包括永定新河、北运河等重点河流的整治工程,海河下游、漳卫南运河和大清河下游的除险加固工程,杨柳青、辛集、麻田等水文站的监测设施建设工程,右江百色水利枢纽和引黄穿卫枢纽的建设及修复工程。六是全面推行"河长制",实现水环境管理全覆盖。自2013年开始推行"河长制"至今,水环境质量得到改善,天津水质异常河道从211公里下降到34公里,环境卫生从53公里不达标变为全部达标,综合考评优秀河道从620公里提高到2503公里。此外,国家层面多措并举助力区域水资源保护协同发展,国务院办公厅先后发布《关于进一步推进排污权有偿使用和交易试点工作的指导意见》和《关于健全生态保护补偿机制的意见》等。

携手防治污染、守护碧水蓝天,是京津冀推进协同发展的重要基础,更是广受瞩目的民生工程。从预警会商到涵养水源,再到生态绿化,京津冀逐步构建起共建共享、标本兼治的生态保障机制。五年来,京津冀打破地域藩篱,以问题为导向,紧密协作,突出区域协同和长效机制建设,以前所未有的决心、力度和铁腕治理环境污染,协同发展红利日益显现,水资源保护和水环境治理工作取得明显成效。

表1　京津冀水资源保护协同发展五周年成果回顾

时间	名称	批准单位
2014 年 7 月	《共同加快张承地区生态环境建设协议》	京冀
2014 年 8 月	《贯彻落实京津冀协同发展重大国家战略推进实施重点工作协议》	京津
2014 年 8 月	《关于进一步加强环境保护合作的协议》	京津
2014 年 8 月	《加强生态环境建设合作框架协议》	津冀
2014 年 10 月	《京津冀水污染突发事件联防联控机制合作协议》	京津冀
2015 年 1 月	《北京市水环境区域补偿办法(试行)》	北京
2015 年 4 月	《京津冀协同发展规划纲要》	中共中央、国务院
2015 年 8 月	《京津冀协同发展六河五湖综合治理与生态修复总体方案》	京津冀
2015 年 11 月	《京津冀区域环境保护率先突破合作框架协议》	京津冀
2015 年 11 月	京津冀环境执法与环境应急联席会议	京津冀
2015 年 11 月	京津冀环境执法联动工作机制	京津冀
2015 年 12 月	《京津冀协同发展生态环境保护规划》	国家发改委、环保部
2016 年 2 月	《"十三五"时期京津冀国民经济和社会发展规划》	国家发改委
2016 年 2 月	《京津冀凤河西支、龙河环境污染问题联合处置协议》	京津冀
2017 年 3 月	《永定河综合治理与生态修复总体方案》	京津冀
2017 年 6 月	《关于引滦入津上下游横向生态补偿的协议》	津冀
2017 年 7 月	《发挥中关村节能环保技术优势推进京津冀传统产业转型升级工作方案》	中关村管委会、天津市科委和河北省科技厅
2017 年 8 月	京津冀环境联动执法工作联席会议	京津冀
2017 年 11 月	《京津冀能源协同发展行动计划(2017—2020 年)》	京津冀
2018 年 2 月	《京津冀重点流域突发水环境污染事件应急预案(凤河—龙河流域)》	京津冀
2018 年 6 月	《进一步加强京冀协同发展合作框架协议》	京冀
2018 年 6 月	《进一步加强战略合作框架协议》	津冀

（三）流域共治必然性选择

根据京津冀近十年的供用水特点及变化趋势,以及海河流域的水污染变化与现状,可知海河流域仍面临着资源型和水质型双重缺水的严峻考验。以京津冀协同推进水资源保护工作五周年所取得的成果为契机,海河流域水资源保护和水污染治理迎来"扎实区域协同、迈向流域共治"的关键阶段。

1. 资源型缺水现状

（1）供水分析

根据国家统计局2004—2018年供水数据,北京市供水情况如图1所示,主要供水水源为地下水,其供水量呈下降趋势,平均下降率为3.47%;地表水和其他水源供水量相当,均呈上升趋势,平均增长率分别为6.09%和13.31%;2018年三种水源供水量为地下水(41.37%) > 地表水(31.22%) > 其他水源(27.41%)。地表水供水量不足流域供水总量的三分之一,而地下水供水量历年占比最大,2018年地下水承担了将近一半的供水任务,说明该地区供水主要依赖地下水,由此也增加了地下水开采的压力,加剧了流域水资源短缺与区域水资源需求之间的供需矛盾。

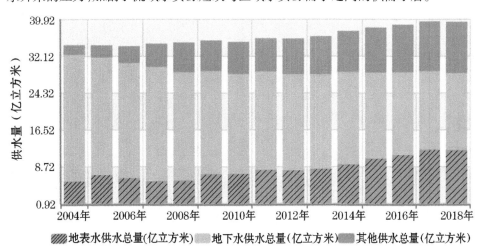

图1　2004—2018北京市供水情况

天津市供水情况如图2所示,主要供水水源为地表水,地表水和其他供水量呈上升趋势,平均增长率分别为2.07%和42.80%;地下水供水量逐年下降,平均下降率为 3.28%;2018 年三种水源供水量为地表水(68.42%)> 其他水源(16.14%)>地下水(15.44%)。天津市地表水供水量超过流域供水总量的三分之二,这有赖于天津市处于海河五大支流交汇口的特殊地理位置。天津对其他水源的依赖程度逐年增加,且 2009 年以后这种依赖呈显著上升趋势,这对雨污回用技术及其利用效率的提升提出了更高的需求。

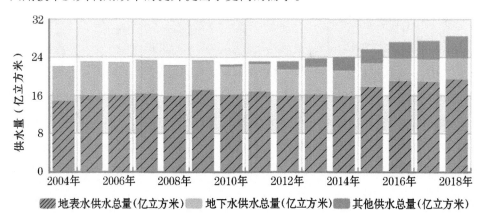

图 2　2004—2018 天津市供水情况

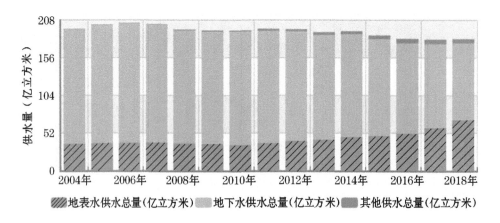

图 3　2004—2018 河北省供水情况

河北省供水情况如图 3 所示,地下水供水量呈下降趋势,平均下降率为2.74%;地表水和其他供水量呈上升趋势,平均增长率分别为 4.76% 和 22.89%;生态用水占比逐年显著提高;生活用水逐年攀升且历年占比最大,其用水量及带来的废水排放是河北省未来水资源利用与保护的一项重点工作。2018 年三种水源供水量为地下水(58.20%)>地表水(38.62%)>其他水源(3.18%)。该地区地下水供水量将近占流域供水总量的三分之二,且历年占比最大,增加了地下水开采的压力;其他水源利用程度低,亟待引入和发展污水处理、雨水收集、循环水和再生水利用等多水源利用技术,缓解地下水开采压力及其与地区发展之间的供需矛盾。

根据上述三地供水情况及趋势分析,可见长期以来河北省为三地水资源供需矛盾最为突出的地区,以牺牲涵养周期最为漫长的地下水资源为代价,补给地区的用水需求,并为京津地区提供水资源输送。2018 年河北省供水总量分别为北京市和天津市的 4.63 倍和 6.40 倍,而其他水源的利用程度最低,甚至其总量远低于北京地区,仅为其 53.70%,这说明河北地区的水源供给相对单一,其水资源利用技术的发展程度与京津两地有较大差距。因此,北京地区应以进一步控制地下水开采作为水资源保护的工作重点;天津地区作为水量相对丰富的交汇口区域,也同时面临着水体来源多样带来的污染类型复杂的风险,其水资源保护的关键在于对地表水资源质量的监控;河北地区的地下水开采控制迫在眉睫,是现阶段水资源保护工作的重中之重。三地面对水资源禀赋不足的情况,交流发展实施水资源利用的新技术是可行的手段,一方面提高京津两地自给自足的供水能力,缓解河北省的水资源压力;另一方面提升河北省的水资源利用效率,缓解其地下水开采压力。而长期有效的补偿机制是助力三地水资源利用技术发展的有力保障,技术创新和补偿机制是未来三地协同保护水资源工作的着力点。

(2)用水分析

根据国家统计局 2004—2018 年用水数据,北京市工业和农业用水量呈下降趋势,平均下降率分别为 5.55% 和 7.52%;生活和生态用水量呈上升趋势,平均增长率分别为 2.60% 和 21.57%;北京市用水总量呈上升趋势,其增加用水量主要用于生态用水,生态用水量涨幅显著。工业、农业、生活和生态用水量占用水总量的比例如图 4 所示,其中 2018 年用水占比关系为生活(47%)>生态(34%)>农业(11%)>工业(8%),生态用水占比逐年显著提高;生活用水逐年攀升且历年占比最大,其用水量和带来的废水排放是北京市未来水资源利用与保护的一项重点工作。

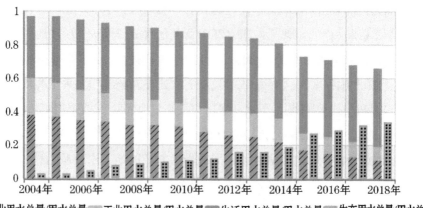

图4 2004—2018 北京市用水情况

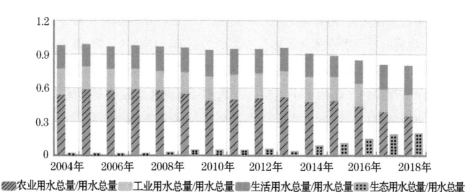

图5 2004—2018 天津市用水情况

天津市工业、农业和生活用水量略有波动,但整体变化不大;生态用水量呈明显上升趋势,平均增长率为 24.21%;天津市用水总量呈上升趋势,其增加用水量主要用于生态用水,生态用水量有一定提升。工业、农业、生活和生态用水量占用水总量的比例如图5所示,其中 2018 年用水占比关系为农业(35%)>生活(26%)>工业(19%)>生态(20%),生态用水占比逐年提升;农业是天津市的用水大户,该地区的农业水资源利用效率的提升及其污染控制,是未来的水资源保护工作重点。

　　河北省工业和农业用水量有一定程度下降,平均下降率分别为 1.84% 和 1.35%,生活用水量平均增长率为 1.94%;生态用水量呈上升趋势,平均增长率为 20.02%;河北省用水总量呈下降趋势,生态用水呈上升趋势,说明该地在水资源利用控制和生态环境保护方面取得一定成效。工业、农业、生活和生态用水量占用水总量的比例如图 6 所示,其中 2018 年用水占比关系为农业(66%)>生活(15%)>工业(10%)>生态(8%),生态用水占比略有提升;2016 年河北省用水总量分别是京津两地的 4.64 倍和 6.43 倍,而生态用水仅为两地的 1.08 倍和 2.59 倍;15 年中,河北省历年的农业用水量均占到用水总量的 70% 以上,说明河北省生态环境建设方面与京津两地尚有较大的差距,农业水资源利用的控制与保护是河北省水资源保护工作的关键。

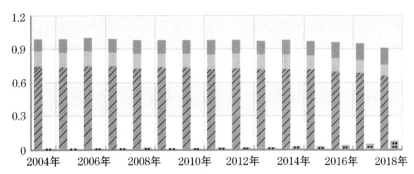

图 6　2004—2018 河北省用水情况

　　根据上述三地用水情况及趋势分析,北京地区生活用水占该地区用水总量比例最高,津冀两地均以农业用水为主;北京工业用水得到一定程度的控制,而河北地区工业用水量居高不下;三地生态用水占比均有所提高,但增幅为北京市>天津市>河北省。因此,北京地区有必要针对生活用水开展节水宣传工作,以及针对生活废水中 P 处理技术开展研发工作;津冀两地的水资源利用工作应围绕农艺、工程、管理三个方面,以及输水和用水过程中的水资源消耗,开展农业节水技术的研发与应用,提高水资源利用率,通过农业用水从粗放型向集约型的转变,降低水资源供需矛盾;而三地的水资源利用情况与地区的功能定位和产业布局密切相关,平衡区域间的产业布局和优化地区内的产业结构,是解决水资源利用失衡和供需矛盾的根本所在,也是河北省进一步加大生态用水投入的前提。

2. 水质型缺水现状

海河流域水资源短缺,水质污染严重,已经成为经济社会可持续发展的重要制约因素。以京津冀为核心带动海河流域的水资源保护,亟待实现消除劣五类的水质目标,且河网水系是三地协同水污染联防联控联治工作的重中之重。海河流域的水资源量仅占全国水资源总量的 1.3%,但孕育着全国 10% 的人口,承担着数十座大中型城市的供水任务,流域水资源承载能力及需求矛盾突出。[1] 同时,随着海河流域人口、经济、水资源利用程度和排污量的持续增加,水污染问题已危及流域水生态系统安全。[2] 海河流域是中国水污染最严重的流域,京津冀地区是其最主要的水污染来源。[3] 根据水利部和水利部海河水利委员会的水资源公报数据,2000—2016 全国劣五类水河长占比平均值为 17.5%,呈逐年下降趋势,而同期海河流域劣五类水河长占比平均值为 50.1%,且一直居高不下。

海河流域污染问题仍然严峻,天津作为海河流域的重要交汇区,污染问题尤为突出。根据 2017 年《中国生态环境状况公报》,全国地表水 1940 个水质断面(点位)中,一至三类水质占比 67.9%,四、五类占比 23.8%,劣五类占比 8.3%。2017 年海河流域为中度污染,161 个水质断面中,一类水质断面占 1.9%,二类水质断面占 20.5%,三类水质断面占 19.3%,四类水质断面占 13.0%,五类水质断面占 12.4%,劣五类水质断面占 32.9%。根据 2017 年天津市和北京市的环境状况公报,以及 2017 年河北省水质月报数据,京津冀三地一至三类水质比例分别为 48.6%、35%、45.3%,四至五类水质比例分别为 16.7%、25%、26.5%,劣五类水质比例分别为 34.7%、40%、28.3%。

---

① 陈利顶、孙然好、汲玉河等:《海河流域水生态功能分区研究》,科学出版社 2013 年版,第 26—57 页;张伟、蒋洪强、王金南:《京津冀协同发展的生态环境保护战略研究》,《中国环境管理》2017 年第 3 期。

② 郝利霞、孙然好、陈利顶:《海河流域河流生态系统健康评价》,《环境科学》2014 年第 10 期。

③ 孟丽霞:《京津冀地区水污染排放强度减排潜力分析》,载中国环境科学学会编《2015 年中国环境科学学会学术年会论文集》,2015 年版。

2018 年数据显示,三地水环境质量整体上有一定改善,但海河流域水环境污染问题仍未得到有效解决,三地协同带动整个流域的联防联控联治是下一步工作的重点。根据各月海河流域省界水体水环境质量状况通报数据,统计得到参评断面中,一至三类比例为 42.55%,四至五类比例为 25.80%,劣五类比例为 31.65%。根据京津冀环保部门数据,统计得到三地参评断面中(以河流断面为主)的一至三类比例分别为 54.5%、40.0%、48.2%,四至五类比例分别为 24.5%、35.0%、33.7%,劣五类比例分别为 21.0%、25.0%、18.1%。

3. 海河流域水资源保护的整体性需求分析

全国生态环境保护大会上,习近平同志强调,山水林田湖草是生命共同体,要统筹兼顾、整体施策、多措并举,全方位、全地域、全过程开展生态文明建设。治水包括开发利用、治理配置、节约保护等多个环节,要善用系统思维统筹水的全过程治理,从全局角度寻求新的治理之道。① 2017 年 2 月,中央全面深化改革领导小组第三十二次会议审议通过了《按流域设置环境监管和行政执法机构试点方案》,强调按流域设置环境监管和行政执法机构,要遵循生态系统整体性、系统性及其内在规律,将流域作为管理单元,统筹上下游左右岸,理顺权责,优化流域环境监管和行政执法职能配置,实现流域环境保护统一规划、统一标准、统一环评、统一监测、统一执法,提高环境保护整体成效。这是流域化治理的重要导引和良好开端。

京津冀水资源保护,需要更广泛的着眼于整个海河流域的水环境问题,三地联防联控联治水污染、协同保护资源是海河流域建设的核心与立足点。一方面,京津冀是辐射整个海河流域水生态环境质量全面改善提升的根本与关键。海河流域为我国七大流域之一,地跨 8 个省区市,京津冀约占据了海河流域控制面积的 60%。② 另一方面,流域生态具有整体性、连续性、全域性特点,③错综复杂的海河流域水系将京津冀三地紧密联结,三地协同的水污染联防联控联治是流域水生态文明建设的内在要求和工作重点。海河流域主要包括海河水系和滦河水

① 习近平:《在中央财经领导小组第五次会议上的讲话》,2014 年 3 月 14 日。
② 周永军:《我国跨界流域水权冲突与协调研究》,天津财经大学博士学位论文,2017 年。
③ 底志欣:《京津冀流域生态协同共治应实现三个转变》,《环境经济》2017 年第 15 期。

系,海河水系主要包括蓟运河、潮白河、北运河、永定河、大清河、子牙河、漳卫河,滦河水系包括滦河及冀东沿海诸河。① 北京地区河流属海河水系,主要有永定河、潮白河、北运河、拒马河(大清河支流)和沟河(蓟运河支流)。天津是海河水系五大支流(潮白河、永定河、大清河、子牙河、南运河)的交汇地,俗称"五河下梢天津卫"。河北省主要水系有海河水系的五大支流和滦河水系。

有关海河流域的水资源保护研究已广泛开展,尤其是在区域协同方面获得了长足的进展。有主张通过制定《京津冀区域生态环境协同保护条例》,推动京津冀生态环境的协同保护;②有建议实施"以水量城"的城镇化政策和"以水定产"的产业政策,完善水生态补偿政策;③也有提出针对省(市)级政府、地市级政府和企业三个层面,应该采取多层次水污染治理结构的制度。④ 此外,还有提出制定统一水资源保护规划、完善流域机构职能、统一设置污染物排放标准和限值、实施水污染物排放总量控制、建立环境无退化的污染物排放标准、充分发挥市场机制扩大环保投资、加强三地水环境科技协同、建立并完善京津冀地区水环境保护的补偿机制等一系列京津冀水环境一体化管理措施。⑤ 其中,生态补偿是建立跨区域水污染治理协同机制的重要手段,应遵循"谁受益谁补偿,谁保护谁受偿"原则,⑥可采取政策和基金补偿,⑦构建流域内水排污权交易市场⑧等措施,通过重置成本测算差异化生态补偿标准。⑨ 上述研究促进了水污染防治从区

---

① 张仙娥等:《海河流域分水系河系污染特征分析》,《灌溉排水学报》2016 年第 11 期;丁越岿、张洪、单保庆:《海河流域河流空间分布特征及演变趋势》,《环境科学学报》2016 年第 1 期。

② 常纪文:《津冀生态环境协同保护立法的基本问题》,《中国环境管理》2015 年第 3 期。

③ 鲍超、贺东梅:《京津冀城市群水资源开发利用的时空特征与政策启示》,《地理科学进展》2017 年第 1 期。

④ 徐志伟:《海河流域水污染成因与多层次治理结构的制度选择》,《中国人口·资源与环境》2011 年第 3 期。

⑤ 吴健、昌敦虎、孙嘉轩:《京津冀一体化进程中的水环境保护策略》,《环境保护》2014 年第 17 期;邱彦昭等:《京津冀三地水资源协同保护现状及对策建议》,《人民长江》2018 年第 11 期;付青:《京津冀地区饮用水源地保护问题与策略》,《环境保护》2016 年第 16 期。

⑥ 尤晓娜、刘广明:《京津冀流域区际生态补偿制度之构建》,《行政与法》2018 年第 4 期。

⑦ 徐志伟、温孝卿:《津冀地区水环境跨区补偿研究》,《城市发展研究》2010 年第 6 期。

⑧ 肖加元、潘安:《基于水排污权交易的流域生态补偿研究》,《中国人口·资源与环境》2016 年第 7 期。

⑨ 耿翔燕、葛颜祥、张化楠:《基于重置成本的流域生态补偿标准研究——以小清河流域为例》,《中国人口·资源与环境》2018 年第 1 期。

域分治向协同共治的转变,但从全局角度出发,从流域层面统筹,进一步加速从区域协同治理向流域全局治理的转型路径仍有待深入探析。

综上所述,海河流域水资源保护和水污染治理迎来"扎实区域协同、迈向流域共治"的关键阶段。在京津冀协同发展五周年之际,京津冀协同推进水资源保护工作已建立一定的基础;在国家高度重视和倡导生态文明建设的背景下,京津冀协同保护水资源工作将获得更加良好的政策契机;京津冀水系血脉相通的天然联系,决定了三地水资源保护工作需要更广泛的着眼于整个海河流域的水环境问题;学术界也针对区域协同问题开展了一系列探讨,如何将区域协同更进一步的推向流域共治,是流域整体性水资源保护的切实需求和区域协同发展的必然。在梳理海河流域治理历程和学术热点的基础之上,剖析海河流域水资源瓶颈,探寻海河流域水资源保护路径,以及流域导向下的京津冀区域协同机制,是直面流域水资源保护整体性需求的客观需要。为此,本研究将进一步提出"五协六重"的流域水环境治理思路,即协同配置流域水资源、协同制定水环境目标、协同转变产业结构、协同促进整体性管理、协同发展流域化治理的京津冀水污染联防联控联治措施,以及重结构、重规范、重长效、重效率、重交流、重特色的海河流域水污染治理保障、约束、补偿、发展、交流、提升协作机制。

二、京津冀水资源保护瓶颈

海河流域水资源禀赋不足,产业结构失衡,管理碎片化,治理局部性和合作不彻底等问题,严重制约了流域水污染治理的有效性和持续性。

(一)资源方面

海河流域水资源短缺,水质污染严重,已难承受京津冀发展之重。

水资源短缺导致供需矛盾突出。海河流域多年平均年降水量偏小且持续衰减,从19世纪60年代的560毫米衰减至20世纪初的491毫米,降水不足导致径流匮乏。[①] 同时,海河流域以全国1.3%的水资源量,承载着全国10%的人口和数十座大中型城市的供水任务,水资源供需矛盾突出。长期以来,河北省以牺牲涵养周期最为漫长的地下水资源为代价,补给区域内用水,并为京津提供水资源输送,

---

① 郭书英:《海河流域水生态治理体系思考》,《中国水利》2018年第7期。

2018 年京津冀各地地下水供水量占比为冀（58.20%）＞京（41.37%）＞津（16.14%）。海河流域中，全国特大型和大型地下水超采区分别占比 62.5% 和 54.5%，[1]地下水超采导致河湖断流萎缩，[2]流域生态基流无法保障，降解条件差。[3]

水质型缺水加剧了流域水环境负担。海河流域是中国水污染最严重的流域，京津冀地区是其主要的水污染来源。2000—2016 年全国劣五类水河长占比平均值为 17.5%，呈逐年下降趋势，而同期海河流域劣五类水河长占比平均值为 50.1%，且一直居高不下。2017 年全国和海河流域地表水劣五类断面占比分别为 8.3% 和 32.9%。可见，三地水环境质量整体上有一定的改善，但海河流域水环境污染问题仍未得到有效解决，流域水资源面临水量和水质两方面考验。

（二）产业结构

河北一直以工业为主，加之近年来京津两地的工业企业转移，加剧了水污染态势。根据中国统计年鉴数据，将 1996—2015 年分为四个时期（如图 7 所示），分析京津冀产业结构变化，得到以下结论：第一，同期同地相比，京第三产业＞第二产业＞第一产业，且第三产业占比显著，第四期三次产业占比分别为 0.77%、21.70% 和 77.53%，说明京产业结构基本处于后工业化阶段。津冀均呈现第二产业＞第三产业＞第一产业，说明津冀仍然以工业为主。[4] 第二，同期异地相比，第一产业占比为京＜津＜冀，第三产业为京＞津＞冀，津冀第二产业占比相当，且明显大于京，但第二产业生产总值的四期平均值为津＜冀，分别为 3199.15 亿元和 7098.96 亿元，说明冀无论第二产业还是第三产业都与京津存在明显的差距。[5] 第三，同地异期相比，三地第一产业占比均逐期下降，第三产业占比基本呈上升趋势，京第二产业占比逐期下降，与第一期相比，津第二产业占比下降 1.92%，而冀第二产业增加 2.61%，京津大量"三高企业"向冀转移，转移产业多是工业制造业，导致一些地区污染源集中，废水排放量大，加之其来源复杂多样，

① 水利部海河水利委员会：《海河流域综合规划》，2013 年。
② 龚道孝、顾晨洁、王巍巍：《首都区域生态空间的功能化探索》，《北京规划建设》2014 年第 2 期。
③ 刘年磊等：《基于环境质量标准的环境承载力评价方法及其应用》，《地理科学进展》2017 年第 3 期。
④ 谭茵、刘鹭、段敏：《京津冀地区水污染问题调查研究》，《黑龙江科技信息》2017 年第 6 期。
⑤ 张贵、贾尚键、苏艳霞：《生态系统视角下京津冀产业转移对接研究》，《中共天津市委党校学报》2014 年第 4 期。

污水得不到及时有效处置,水污染治理难度大。

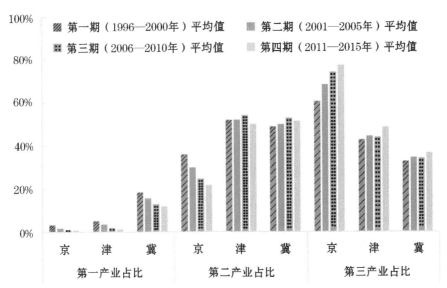

图7 1996—2015 年京津冀三次产业结构分期对比

（三）管理方面

三地立法供需冲突、权责关系与财政分配不平衡、碎片化行政,导致水资源保护工作进展缓慢。三地立法冲突主要表现在海河流域水污染治理对流域完整性和跨界协同性的立法需求,与专门性的海河流域法空白和跨区域法律保障体系的缺失之间的供需矛盾,以及三地的水污染防治地方性法规、规章和标准,存在着诸多差异、冲突。① 权责关系与财政分配不平衡,表现在海河流域水污染治理中,中央政府拥有更多的权力和财力,而地方政府作为海河流域水污染治理的直接管理者和治理者,担负着更多的事权和不相匹配的财权,阻碍了跨区域水污染治理的协调合作。碎片化行政,表现在三地现行政策法规、方案标准和利益出发点不同,导致京津冀生态环境的治理和保护多为分散自治、"各管一段",阻碍了海河流域生态文明建设的进程。

---

① 秦红:《京津冀区域水污染协同防治法律问题研究》,河北大学硕士学位论文,2017 年。

1. 三地立法冲突

海河流域水污染的治理不仅需要中央政府的宏观性指导,也需要能够协调跨区域利益冲突和解决跨界水污染等现实问题的流域法律法规。国家层面,核心法律体系中既有水污染治理的相关规定,也有专门的水污染治理法律法规和国家环境质量标准,目前已经初步形成较具规模的水污染防治法律体系;同时,针对海河流域,现有三次全面综合规划成果和首次提出的协同发展规划纲要作为行动指导。但是,一部适用于全流域的、系统完整的专门性海河流域立法仍属空白,统一一致的跨区域法律保障体系和协作立法仍然缺失。地方层面,随着区域水污染程度的不断恶化,京津冀均陆续出台了一系列规范性文件和多项地方性污染物排放标准以及系列治理规划。但三地各自的水污染防治的地方性法规、规章和标准,存在着诸多差异、冲突。以海河流域 2017 年主要污染指数为例,京津冀化学需氧量、五日生化需氧量和总磷的排放限值如表 2 所示。上述立法问题,造成了区域水污染治理的良莠不齐和协调失衡,严重制约着区域内水污染的整体性治理。因此,目前亟须一系列完整的、系统的海河流域协同防治水污染政策法规和统一的水污染物质排放标准。

表 2 京津冀化学需氧量、五日生化需氧量和总磷排放限值 单位:毫克/升

标准名称	污染物名称	化学需氧量	五日生化需氧量	总磷
北京市 (执行 DB11/307 – 2013)	A 排放限制	20	4	0.2
	B 排放限制	30	6	0.3
天津市 (执行 DB12/356 – 2018)	一级标准	30	6	0.3
	二级标准	40	10	0.4
	三级标准	500	300	8
河北省 (执行 GB8978 – 2002)	一级标准 (A 标准/B 标准)	50/60	10/20	1/1.5(2005.12.31 前建设) 0.5/1(2006.1.1 起建设)
	二级标准	100	30	3
	三级标准	120	60	4

2. 权责关系与财政分配不平衡

在海河流域水污染治理中,一方面,权责关系失衡,即在跨区域水污染治理中,中央拥有更多的财力和权力,而地方作为海河流域水污染治理的直接管理者和治理者,担负着更多的义务和工作。如各地方的水事管理权、处罚权和监测权等的具体实施及经费划拨,都需经过中央审批和批准。另一方面,财政分配失衡。地方承担公共服务和管理等主要事权,但财权能力掣肘,导致地方财政乏力。此外,跨区域公共财政的缺失,导致跨界水污染治理的费用得不到保障。

3. 碎片化行政

海河的水污染治理是一个整体性的流域治理,但由于京津冀三地政府和相关部门从各自利益出发进行水污染治理,造成了海河流域水污染治理中"各管一段"的碎片化行政,这种分割性的政策执行阻碍了京津冀协同发展海河流域的进程。一方面,京津冀水资源保护和水环境治理工作中,其利益出发点与治理压力不同,造成分散的单边管理与防治,增加了区域水污染共治、科学调度的难度。另一方面,三地执行各自区域内不同的法规和标准,在法律层面、技术层面和合作层面,均难以支撑区域整体生态环境的改善。再一方面,三地各自发布的水污染防治和水资源保护方案,其治理标准、治理力度和治理重点等方面都存在差异性,这在一定程度上加剧了各自为政的流域分割局面,造成各方利益竞争和责任推诿的情况。因此,从区域行政压力、执行法规标准和工作规划方案等方面的"各管一段",对水资源保护工作的不同阶段和层面均造成了碎片化的行政分割。

(四)治理方面

京津冀现有水污染治理工程多是针对各地水系问题的局部治理,缺乏全局观念和流域层面的整体规划,导致治理效果也具有局部性,未能改变全流域水污染严重的现状。北运河是海河流域典型的非常规水源补给河流,是海河水环境问题的缩影。[①]"十一五"期间,着力治理北运河水污染问题,达到消除劣五类水质的目标,上中下游河段示范效果良好。但根据 2016 年海河流域水资源公报中海河流域水质现状图,北运河上游水质改善明显,但中下游仍未摆脱劣五类现

---

① 谭茵、刘鹭、段敏:《京津冀地区水污染问题调查研究》,《黑龙江科技信息》2017 年第 6 期。

状。这说明阶段性的河段治理,其治理效果在时间上和空间上均存在局部性,对流域水体整体性和长效性的改善存在局限性。纵观 2006—2017 年京津冀三地及海河流域内的诸多水污染治理工程,主要围绕五方面展开:一是北运河、潮白河及其支流鲍丘河、大清河、永定河及其支流妫水河、子牙河及其支流滹沱河、滦潮河流域、天津中心城区河道、大沽排污河开展水污染综合治理,治理河段成效明显。二是密云、怀柔、官厅、潘大、岗南、黄壁庄、大浪淀、西大洋、王快等水库库区综合整治及隔离试点,通过污染源排查处理和网箱养鱼取缔等工程,库区水质好转。三是引黄济津、引滦水源、于桥水库水源、尔王庄水库水源、宜兴埠水源和宁河北水源等水源地保护与治理。四是七里海、大黄堡、北大港、团泊湖、白洋淀、衡水湖等湖泊湿地生态涵养与综合治理。五是海河、北戴河及近岸海域污染防治与生态修复。根据 2017 年海河流域水资源公报中海河流域水质现状图,北三河水系的潮白河和北运河,永定河水系的永定新河,大清河水系的大清河下游和独流减河,漳卫河水系的漳卫新河和漳卫南运河等仍为劣五类,说明河流局部性、阶段性治理带来的效果局限性在海河流域内具有普遍性。2017 年海河流域劣五类河段占比为 32.9%,流域水质较上一年有明显改善,但整体水污染问题仍然严峻。

(五)合作方面

京津冀水资源保护协同的合作层级较低、缺乏顶层设计。当前京津冀水环境协同治理工作主要是在生态环境部指导下三地环保部门定期协商,缺乏国家层面的统筹指导,各主体之间是平等关系,协作更类似于会商、通报机制,统筹协调能力弱,协调手段较为单一,导致三地在水污染防治协同方面相对松散,缺乏强制约束力,难以形成工作合力,无法真正实现区域性协同发展。

京津冀水污染联防联控联治机制尚未真正建立,与京津冀生态环境保护协同的要求还有较大的差距。一是尚未形成区域流域整体性精细化协同管理机制。全域统一监测监管、协同治污、联动执法、信息共享机制尚未完善。京津冀区域流域水污染源底数尚不清晰,水污染监测点位过度集中在建成区、行政交界断面和重点污染源,而对广大农村地区、普通排污企业监测点位不足、密度偏小,监控力度较弱,没有形成全域统一的、科学合理的智能监测网络体系。三地水污染治理协同性不强,上下游治理步调不统一。联合执法、信息共享机制还未全面建立起来。二是区域流域生态补偿和市场交易机制尚未完善。缺乏区域多元长效补偿机制,跨流域补偿尚未完善。引滦流域生态补偿以政府财政资金形式为主,三年补偿期届满,后续生态补偿缺乏长效机制。海河流域及各支流尚未普遍建立以"污染者付费、受益者补偿"为原则的多元长效生态补偿机制。此外,水排污权交易市场尚未建立,区域性资源环境交易体系尚未形成,生态资源市场化程度较低。三是区域流域水污染联防联控责任考核机制尚未完善。对相关省(市)、部门以及各级地方党委和政府主要领导在京津冀及海河流域水污染联防联控联治工作中的主要责任还未明确,未形成完善的考核评价体系,尚未健全对领导干部的水污染联防联控联治责任的检查督察问责制度,责任不压实,压力传导就不容易到位,相关地区、部门领导干部的水污染联防联控联治的动力就不足、积极性不高。

三、京津冀协同保护海河流域水资源的路径思考

京津冀地区的水资源保护,要遵循海河流域一体化发展的根本思路,在流域水资源统一管理的基础上,通过优化水资源配置,合理制定水环境功能区,合理制定水环境保护目标,推进区域产业结构转变等手段,不断完善流域管理和治理模式,从资源、目标、结构、管理、治理五个方面,开展水污染联防联控联治工作。

(一)协同配置流域水资源量

为了解决海河流域水资源短缺的现状和流域发展的生态化需求之间的矛盾,应充分利用多种水源、动态规划、合理配置。

针对水资源短缺和调水成本问题,一方面,京津冀应立足本地水源,充分利用非常规水源,在现有防洪调度的基础上,发展雨洪水、再生水利用、海水淡化产业,以及流域循环水系统,加大污水回用率,提高水资源利用效率,实现一水多用、多水联调、循环利用、节约高效。[1] 另一方面,从流域全局最优出发,以京津冀协同带动海河流域内其他省区市,开展以海河流域为单元的大尺度流域水资源

---

[1] 张浩:《永定河生态治理研究综述》,载河海大学、贵州省水利学会编《2017(第五届)中国水生态大会论文集》,2017 年。

优化配置,合理统筹规划配置流域内的当地水、外调水、再生水、循环水等多种水资源量,协调经济、社会、生态等部门的用水需求。

针对流域发展动态性及生态化需求,一方面,运用动态规划思路,不断调整各部门用水满足程度和水资源配置效果,维持资源生态系统与社会经济资源系统之间物质、能量、信息和价值的交换与传递相互协调、不断发展的动态平衡。另一方面,要充分考虑并尽量保障流域生态环境用水需求,可将其作为单独用水户,合理抑制各部门需求,分质分类供水并加强节水,实现流域生态的水资源保障,提高流域水体的利用效率和水环境的承载能力。

（二）协同制定流域水环境目标

针对河道基流不足和水体功能退化甚至丧失的问题,可从统一制定并适当提升标准,全局考虑与因地制宜相结合四个方面协同制定流域水环境目标。

第一,统一划线。2016 年 6 月,九部委(国家发展改革委、财政部、国土资源部、环境保护部、水利部、农业部、林业局、能源局、海洋局)联合印发《关于加强资源环境生态红线管控的指导意见》,要求树立底线思维和红线意识,统一划定并严格执行资源上线、环境底线和生态红线,[1]以红线作为刚性要求,管控流域内不同类型的区域和水环境要素。

第二,适当提标。京津冀在严格控制区域水环境达到现有标准的基础上,要充分考虑流域全局的生态诉求,制定更为严格的流域保护目标,从水量和水质两个方面,联防区域局部达标但流域负荷过重的现象,保障流域基本的流动特性和自净能力。

第三,考虑全面。河流生态系统的稳定,有赖于水体水量和水质两方面功能的发挥,以及水生生物链的循环往复。鉴于海河流域现阶段近三分之一为劣五类水体,其流域水环境目标在近期应在水质达标的基础上充分考虑河流的水量需求。水质指标包括物理性水质指标(如浊度)、化学性水质指标(如溶解氧、化学耗氧量、重金属、总氮和总磷等)和生物性水质指标(如粪大肠菌群等)。水量作为发挥河流功能的基本指标,其内涵应包括动态水量和静态水量两个方面,动

---

① 祝尔娟、何晶彦:《京津冀协同发展指数研究》,《河北大学学报》(哲学社会科学版)2016 年第 3 期。

态水量不仅包含平面二维空间上的水流运动,还应包含垂向空间上的水体交换。前者可用流量和流速等指标表达,后者可采用水面面积、集水面积和下渗系数反映蒸发、径流和下渗过程的影响。而静态水量对于有景观和调蓄需求的城市河流则尤为重要,可采用水深和可蓄水量表征。随着海河流域水体功能的逐步恢复,在远期应纳入水生植物、水生动物及微生物群落等水生生物的构成和多样性等指标。

第四,因地制宜。基于城市化理论和二元水循环原理,从流域区域双重角度出发,结合不同地区的经济社会发展情况、资源环境现状和功能定位等因素,制定差别化、针对性强的水环境管控目标。自然河道区域以保障水生生物栖息地,兼顾城市化干扰流域流量和水质双重需求的特点,界定水环境目标;城市高度干扰区控制关键节点流量、区域景观水位和环境功能区划水质目标。

(三)协同推进区域产业结构转变

针对工业化为主的产业结构带来的重污染问题,京津冀要抓住重点、以点带面、总体布局、协同创新。

第一,抓住重点。京津冀需针对不同区域和行业制定适宜的水污染防治措施,加大造纸和纸制品业、农副食品加工业、化学原料和化学制品制造业等重点行业,以及邯郸、天津、张家口、秦皇岛等重点区域的工业水污染联控工作,提出更严格的减排方案。[①]

第二,以点带面。发挥新兴产业和服务业的带动作用,加速产业结构的集约化转型,切实推进京津冀三地水生态环境的协同治理。

第三,总体布局。京津冀三地差异化的产业结构战略布局在促进区域经济发展的同时,也加大了集中水污染的可能性,而流域水体的动态性特征,会将局部污染迁移扩散,最终导致全流域的污染问题。因此,流域内不同地区定位下的生态补偿可作为将水环境纳入总体布局的有效保障手段。

第四,协同创新。协同发展的根本在于区域发展,能源、技术和产业的创新是区域实现绿色发展的动力。一是加强新型可再生能源、清洁能源的研发,提升

---

① 张静等:《京津冀区域工业水污染排放空间密度特征研究》,《生态环境学报》2018年第1期。

其供给和使用比例,促进能源结构的转变;二是加快水循环和水处理等资源利用技术升级改造,提高资源利用效率和效益;三是淘汰落后产能,使重点产业的发展控制在资源环境可承载的范围之内。

(四)协同促进形成流域整体性精细化管理模式

针对京津冀行政管理的矛盾性、不平衡性和碎片化问题,三地应促进整体性协同治理,建立全过程精细化管理模式。

第一,管理模式方面,三地应深化沟通、强化补偿、促进整体性协同治理。首先,可建立基于目标一致的有效沟通—基于信息公开的互动反馈—基于标准统一的监督评估体系,深化三地沟通的有效性,化解三地各自为政壁垒和立法标准矛盾。其次,采取以政府为主导、多元主体参与、多种形式并举的区域间补偿措施,强化三地生态补偿长效性,平衡区域间的生态治理成本和生态环境效益。最后,重塑"流域主导 + 区域共治"的整体性管理模式,依托水利部海河委员会和各地政府形成一体化管理和运行机构。

第二,监测监管方面,加强水资源利用集约化、水质监测日常化、监督主体多元化、经费管理透明化等过程化管理。加快建设完善覆盖京津冀区域及海河流域的智能化、布点科学、密度合理的五级[省(市)、市、县、乡和企业]水环境质量监测网络体系。充分利用"云端 + "智能遥感传感器逐步取代传统"人工 + "测量仪器为主的环境监测手段,为京津冀水环境治理提供全时、全域、全自动的环境监测数据以及动态立体的数字模拟结果。

第三,信息共享方面,加快建设京津冀生态环境监管大数据平台,依托大数据技术,建立信息全面、要素齐全、处置高效、决策科学的环境监控、预警、调度一体化信息平台和精细化管理平台。建立三地协同一致的常态化、高质量信息公开制度,健全京津冀水环境相关信息共享机制。

第四,联动执法方面,建立统一的水环境保护综合行政执法体系,统筹三地水环境执法监察力量,采取混合编组、异地执法、交叉执法、巡回执法等方式,开展京津冀水污染防治专项监督和执法检查。严格水污染防治的联动执法,严厉打击跨区域水环境违法行为,整治各类企事业违法排污、超标排污行为,重拳打击未工商注册的黑户排污行为和向下水道偷排行为等。

第五，协同治污方面，京津冀可通过统一开展水污染源普查，全面排查入河（海、湖）排污口、纳污坑塘、黑臭水体、工农业生产和生活污水排放情况等，切实摸清污染底数，协同编制完整系统的水污染排放清单，健全完善台账，为海河流域网格化精细管理提供基础支撑。从快从严核发企事业单位排污许可证。协同实施入河（海、湖）排污口、城市黑臭水体、纳污坑塘整治行动，建立整治进度报告制度。在各省（市）现行"河长制"的基础上，探索建立京津冀跨省"河长制"，实行轮值制度；建立以三地总河长联席会议或联络制度为协调层，以省（市）级河长办公室和相关成员部门为落实层、执行层的协同工作机制。

（五）协同发展流域水污染治理模式

针对京津冀水系治理局部性和碎片化问题，京津冀应始终贯穿全局最优的理念，联治工业污染、农业面源污染和生活污水。

一方面，海河流域可采用"问题识别＋影响评估＋整体规划＋局部治理"模式，始终贯穿全局最优的理念。首先，打破区域界线，在全流域内开展监测评估，识别水污染问题的关键节点及其严重性，进行污染分区，依污染严重程度逐步纳入治理规划。其次，充分考虑河流连通性和动态性特征，评估关键节点的影响范围及其程度，优先重点整治对流域影响范围广泛的关键河段。再次，针对关键节点和关键河段，以系统性、整体性思维，从流域全局最优出发，统筹规划京津冀及周边区域、海河流域一体化的水污染防治行动计划，科学明确区域、流域水污染治理的阶段性目标、水污染防治重点任务等，作为京津冀及海河流域水污染联防联控联治的行动方案、治理准则和依据；针对海河流域不同区域的水污染物特征，从提高治理效果的一致性角度，科学规划水污染防治工程或基础设施建设布局，统筹配置治理资金、项目、技术和人力。最后，京津冀服从、承担区域局部治理工作，并协同治理上下游密切联系的相关河流。

另一方面，三地可采取流域排污优化—集中处理—深度净化—逐步提标的治理措施。严格联治最为严重的工业污染，在不同工业行业污水排放符合其排污标准的基础之上，化解由于工业污染源数量庞大带来的污染负荷与河流水环境承载力之间的矛盾。首先，在现有技术和标准下，可从流域出发，通过开展重点污染源的排污口优化，重构污染物质的时空分布格局，一定程度上缓解污染集中区域的水体功能丧失问题。其次,对于超过水体自净能力的纳污河段,通过污水处理厂进一步处理,并联合湿地等生态措施深度净化。最后,根据流域污染物质总量控制原则,逐步提高污水排放标准,并设置一定的过渡期,循序渐进的控制污染负荷在流域水环境可承载范围之内。三地农业面源污染和生活污水也不容忽视,[①]鉴于其空间分散性和时间随机性的特征,在管网收集进行集中处理的基础上,通过技术革新和理念宣传手段,从源头上减少农业和生活污水排放量是至关重要的。

四、海河流域水资源保护的京津冀区域协同机制研究

跨区域合作已成为我国水资源保护和水环境治理的趋势所向,在长江、黄河和珠江流域的跨区域合作过程中,积累了很多经验和方法,值得京津冀在海河流域水资源协同保护工作中借鉴。借鉴我国大型河流跨区域协作治理经验,探索三地在海河流域水资源协同保护工作中的保障、约束、补偿、发展、交流、提升机制。

(一)重结构,建立流域主导 + 多元化保障机制

海河流域一体化的水资源保护工作,应建立在以流域为主导的基础之上,这就需要一个权威主导、多元保障并施。

一方面,树立权威。针对区域分治带来的"条块分离""公地悲剧"和"搭便车"等碎片化行政弊端,需要一个代表流域利益的权威性机构,以流域为主导开展水资源配置和水环境治理工作,该部门可由水利部海河水利委员会升级而来,作为海河流域涉水事务的最高领导机构,充分赋予其流域规划、监督、管理等必要职能,以及一定的强制性约束力。首先,需升级水利部海河水利委员会的组织设置,可采取"中央派出机构 + 领导小组"的形式。当前,海河流域以"质"为核心的生态环境保护工作归口于生态环境部,以"量"为核心的水资源保护工作归口于水利部。但是,由于海河流域"量""质"问题突出,而京津冀在水资源利用方面存在利益冲突,且受区位因素所限,仅靠三地政府难以实现区域涉水公共事务的协同,只有中央政府才有能力协调三地的利益格局,促进京津冀区域协同发

---

① 田清聚:《加大潘、大水库水资源保护力度 为京津冀的协同发展做贡献》,《海河水利》2018 年第 2 期。

展。因此,可参照原国务院三峡工程建设委员会和原国务院南水北调工程建设委员会,将水利部海河水利委员会升级为中央派出机关海河流域委员会。在此基础上,可效仿京津冀及周边地区大气污染防治领导小组,由国务院牵头成立海河流域水污染防治领导小组,统领海河流域水资源保护与生态环境治理工作。地方政府主要领导是委员会的成员,首批可纳入北京、天津、河北三地,继而逐步纳入山西、山东、河南、内蒙古和辽宁等地。同时,进一步发展流域河湖长网络,补齐落实体系的短板。其次,需升级水利部海河水利委员会的职能安排。由中央负责领导制定流域发展的相关规划、法规和政策,统一安排流域水资源的用量、利用方式和补偿价格等。地方政府领导在流域水务决策中具有平等参与决策的权力,同时也是这些规划、法规和政策的执行者,并负责协调地方各涉水部门的权责关系。派出机关下设工作部门,指导、督促、监督地方政府执行规划、法规和政策的情况。最后,需升级水利部海河水利委员会的机制设计。形成统一决策机制,政策问题提出后,由领导小组和各地政府秘书长对政策问题和政策议案进行讨论。形成落实执行机制,各地政府和相关部门对目标和任务进行分解细化,并纳入各自工作计划,海河流域委员会负责各地之间的衔接工作,各省市负责其辖区内各部门之间的衔接工作。形成互评考核机制,各地负责辖区内各部门工作的考核工作,海河流域委员会负责各省市的工作考核,且各省市互评占考核结果一定比例,最终结果由领导小组确定,并影响相关官员的晋升和中央资金在各地区之间的分配。

另一方面,多元保障。针对治理主体的多元化要求与政府的一元化治理之间的矛盾,建立"政府主导 + 企业主责 + 社会组织共担 + 个人积极参与"的多元化保障主体。第一,将政府归位于管理和引导职能,承担一定的财政支持。第二,水污染企业承担主要的治理责任,通过企业参与水污染治理,唤醒其对水环境保护的自觉性。第三,充分发挥社会组织的宣传教育功能,利用有线电视、标语、宣传栏、发放宣传资料等方式广泛深入宣传水污染治理的重大意义,树立绿水青山的发展理念,着力对城镇生活污染源减排的宣教工作,加大对农业种植源和养殖源的污染减排督导力度,同时充分及时曝光各类涉水违法行为,提高公众的水环境保护意识。第四,调动公众的广泛监督作用,整合涉水信息,建立京津

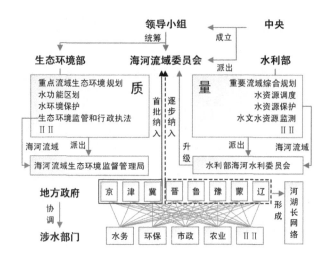

图8　水利部海河水利委员会升级模式

冀地区市、区(县)、乡镇三级供水和水质实时监测信息管理平台,向社会公开供水厂站、责任人、供水热线、供水价格、实时水质等基础信息,实施供用水量、供水水质的动态监管。再者,可为公众强有力的参与水环境保护及监督水环境治理提供信息平台,为水环境治理的执法提供强有力的依据。①

(二)重规范,健全海河流域的约束机制

为保障海河流域水资源保护工作的长效性,以及协同发展规划的权威性和有效性,要从顶层立法、过程法制化和市场化的法律层面,建立法律保障机制。

首先,顶层立法。针对三地立法冲突带来的负外部性转移问题,亟须建立流域顶层实体法立法,指导划分权责、统一标准和协同治理等。一方面,可借鉴《淮河流域水污染防治暂行条例》,制定海河流域的综合性法律,主要内容包括:确定流域规划的法定地位及其编制、审批与实施主体;确定海河流域委员会的法定地位及其组成方式、职能与协调程序,以及与地方政府的权责划分等,并以专章的

---

① 李香云:《京津冀协同发展中的流域管理问题与对策建议》,《水利发展研究》2016 年第 5 期;刘秀丽、涂卓卓:《水环境安全评价方法及其在京津冀地区的应用》,《中国管理科学》2018 年第 3 期。

形式对跨区政府协作治污的内容、形式、机制等做出规定。① 在立法之前,国务院可出台相应的管理规章。另一方面,通过程序法保障其施行,可在《民事诉讼法》和《行政诉讼法》中就重点流域污染案件的管辖、适用的审判程序等问题做出规定。②

其次,全过程法制化。第一,可借鉴长江、黄河、珠江的立法、规范、协议、契约等形式,形成一套以京津冀为主体区域,涵盖多个省区市的海河流域协同治理准则和依据,如《京津冀及周边地区落实水污染防治行动计划实施细则》。第二,针对不同区域功能定位和产业结构侧重下的三地水环境现状和水污染治理的不平衡性,应在流域内统一确定污染控制重点区域,统一设置污染物排放标准和限值,统一实施一体化环境准入和退出机制,并实行统一的违法处罚标准,着力解决违法成本低、守法成本高等现象,完善从源头、过程到结果协同治理水环境问题的相关法律法规,最大限度地遏止水污染空间溢出效应。③ 第三,以压实责任为导向,完善水污染联防联控联治责任考核评价标准,明确各相关地区、部门的管理权限、职责,同时明确对联防联控联治责任的考核评价标准,以及问责、奖励、惩罚的相关制度规定,健全考核评价问责机制。

最后,健全水资源利用市场化和水环境责任社会化的法律机制。如通过建立制度导向的水资源有偿使用、排污权交易、水权赋权—交易—补偿—监管框架体系,④制定科学的排污权总量标准,积极推动区域企业参与排污权交易,加强政府对排污交易市场的监管,防止以买卖排污许可证为利的投机行为,进而提高水资源市场化程度,以发挥市场机制在水资源保护中的基础性作用。通过环境损害保险、环境基金、环境补偿等一系列法律制度,将协同治理水环境的社会共识转变成法律意志。

---

① 孙兵:《京津冀协同发展区域管理创新研究》,《管理世界》2016 年第 7 期;曹伊清、翁静雨:《政府协作治理水污染问题探析》,《吉首大学学报》(社会科学版)2017 年第 3 期。

② 黄锡生、刘茜:《重点流域污染防治法律体系现状及对策建议》,《环境保护》2013 年第 13 期。

③ 周侃、樊杰、刘汉初:《环渤海地区水污染物排放的时空格局及其驱动因素》,《地理科学进展》2017 年第 2 期。

④ 刘芳、苗旺、孙悦:《转型期水权管理的进展研判及改革路径研究——以山东省为例》,《吉首大学学报》(社会科学版)2018 年第 1 期。

（三）重长效，建立可持续的补偿机制

首先，三地应重新审视水生态资源的价值。一方面，通过宣教水资源的短缺、水污染的高危害及其治理的高成本，唤起人们对水资源价值的充分重视；另一方面，通过基于市场导向的水资源成本核算和基于流域水环境承载能力导向的纳污总量核算等，建立起对水资源价值的理性认识，从而为海河流域水资源保护建立起稳定的合作基础。

其次，三地应建立水生态维度的利益共同体。由于区域间不同的功能定位及其在流域内的干支流和上下游的位置关系，三地对水环境及其污染治理的投入和收益存在不平衡性，即水生态资源的外部性特征，因此，跨区域的流域治理合作的关键是实现流域内区域间合理的生态补偿。三地应按照"污染者付费、受益者补偿"的原则，以跨界断面水质和水量考核指标为依据，提高奖罚标准，推进生态补偿深度落实。

最后，三地需拓展多元长效合作机制。在传统的财政转移、市场分配和搭建平台等方式的基础上，将协同解决生态贫困问题纳入生态补偿机制，合理确定水体分水量分水质的跨省直接补偿标准，适当放宽直接补偿资金的使用范围，建立"政府＋企业＋社会组织＋民间个人"的多元化补偿主体，形成"政府财政资金补偿＋产业扶持＋技术援助＋人才支持＋就业培训"等多元化的补偿方式，[1]建立和完善跨区域合作的长效生态补偿机制，并尽快在海河流域内干支流上普遍实施。

（四）重效率，建立绿色发展机制

首先，管理方面应践行简政，学习先进的治理手段，推进协同治理效率。建立流域、三地政府和相关部门的权力清单制度，明确权责归属，避免推诿；精简政府机构，完善行政决策机制，倡导扁平化管理，提高决策效率；完善水环境监测预警和执法监督体系，适应并保障高效管理与运行。其次，治理方面应加强创新，以效率制胜取代速度至上。针对海河流域水资源短缺、工业和农业用水量及耗水量高、水生态破坏严重但城市景观需求较高等问题，三地应控制高耗水产业规

---

① 牛桂敏：《探索引滦流域生态补偿机制 促进津冀协同发展》，《环境保护》2017 年第 13 期。

模的扩张,优化产业结构和用水结构,大力发展高效节水型产业,探索循环水系统、再生水利用和农业节水等水量控制技术,污水处理、人工湿地和生态浮岛等水质改善技术,生态水系和城市滨水空间构建等水生态恢复技术,以及充分考虑水生态需求的绿色治理工程技术。再次,要建立有力的监管和评价机制,提高合作的有效性,避免治理成果的反复性,保障绿色发展过程的可持续性。主要分为两种类型:一种为需要长期和频繁监测的合作类型,如水资源的生态调度合作,合作方应共同建立监管机构,负责日常监测和合作监督工作,并聘请第三方评估机构,保障水量和水质的持续达标;另一种为阶段性、间接性影响生态环境的合作,如经济、技术和人才生态补偿合作,可实行合作方互评机制,互评应包含合作方的合作态度、合作执行力度、合作方的诚信度、未来的合作意愿、合作诉求等。①最后,流域水资源保护要适应动态性发展,随着流域目标从水污染治理、水功能恢复、水生态修复到水环境提升,不同阶段需结合流域发展状况及时调整策略,建立高效、和谐、持续、动态的绿色发展机制。

(五)重交流,发展海河流域的交流机制

首先,加强区域内各部门之间的联系。山水林田湖草是生命共同体,治水要统筹自然生态的各要素,涉及环保、水利、农业、财政、工信、城建、发改等众多部门,可通过信息公开—相互监督—协同举措—及时反馈,加强各部门之间的联系与交流,即各部门的信息公开应充分考虑其他部门的信息诉求,便于各部门相互监督水污染及其影响因素的变化,助力部门间协同举措突破各因素对水体污染的连锁作用,并及时反馈部门间措施调整及其导向下的治理效果与不足。其次,加强流域内各区域之间的合作。比如,长江流域通过流域管理机构和相关行政部门采用倡议宣言等形成共识、加强合作,黄河流域通过会议研讨带动省际交流、推进工作。可借鉴上述经验,从全局角度寻求流域水资源保护的新机制。最后,加强各流域之间的交流学习。国内七大流域的水资源利用现状虽不尽相同,但在水污染成因、流域政策环境和管理机制方面,具有一定的相似性,因此各流域的优秀治理举措具有借鉴意义。如海河流域与淮河流域在流域规模、地理位

---

① 张予等:《京津冀生态合作的现状、问题与机制建设》,《资源科学》2015 年第 8 期。

置和气候条件等方面具有相似性,且均具有水资源短缺、水利工程繁多、强人工干扰的流域特征,其治理思路和措施具有一定的借鉴价值。鉴于京津冀在政治和经济上占据重要区域位置,可进一步借鉴珠江的中外交流经验来发展技术、深化成果。

（六）重特色,形成流域水环境质量提升机制

首先,京津冀应以控制地下水开采、优化引长和引黄两项调水工程、发展农业节水技术为特色,协同治理水资源利用方式。根据2017年《海河流域水资源公报》,海河流域供水水源主要来自地下水,占供水总量的50.0%;地表水源供水量中,跨流域调水工程供水量所占比例最大,为45.3%;农业用水量和耗水量占比最大,分别为52.2%和66.6%。其次,借鉴黄河针对泥沙问题展开的一系列工作,三地应以海河南系和天津市为重点,协同治理劣五类水体。根据2017年《海河流域水资源公报》,海河流域水系中海河南系劣五类水体占比最高,为56.7%;海河流域省级行政区中,除河南省外,天津市劣五类水体占比最高,为58.1%,京津冀应以此为重点,加强劣五类水体的协同治理。再次,依控制点源—调控河段—优化水系的思路,建立流域水环境质量点线面逐步改善机制,即从源头控制点源污染负荷入河;结合污水处理厂、湿地等净化技术,将污染物质消纳于有限的传播路径中;针对高度城市化的强人工干扰流域,恢复天然水系,优化人工河道和闸坝等水利工程布局,降低水流与污染物质阻滞带来的水体恶化的风险,逐步改善流域水环境质量。最后,构建宏观配置—中观调控—微观改善的流域水环境多层面逐级提升机制,即通过宏观配置流域水资源,保障流域水量需求;通过中观调控河湖水系,优化水量水质时空分布;通过微观重塑局部水生境,改善河段水生态,进而提升流域水环境质量。

五、研究结论与展望

京津冀协同治理水污染是海河流域建设的核心与立足点,探寻京津冀联防联控联治措施与协同机制是解决水污染问题的关键。本研究系统梳理了京津冀分治水污染的局限性和区域协同治理的有效性,提出了"扎实区域协同、迈向流域共治"的流域化治理理念。剖析海河流域水污染治理工作瓶颈,在于其水资源禀赋不足、产业结构失衡、管理矛盾突出、治理碎片化严重和协同机制薄弱五个

方面。针对海河流域水资源保护工作的瓶颈和区域协同的不彻底性,提出了流域一体化理念下"五个协同、六个重视"的流域化水资源保护和水环境治理路径,即区域间需从资源配置、提升目标、转变结构、整体性管理、流域化治理五个方面协同开展工作,应重结构、重规范、重长效、重效率、重交流、重特色,建立保障、约束、补偿、发展、交流、提升协作机制。上述流域一体化理念和实现路径,可为海河及类似涉及跨区域水环境治理流域的管理决策者提供参考与借鉴。

本课题侧重于研究京津冀水资源协同保护机制与措施,存在一定的滞后性与被动性,后续可以进一步开展海河流域在自然—社会双重属性中的水资源市场化机制、区域产业结构调整与转变中的流域水环境效应等研究,从水资源保护与水环境治理的正向思维中,寻求海河流域的治理之道。

京津冀大气污染协同治理的回顾与展望

屠凤娜

随着我国城市化和工业化进程的不断加快,资源环境的高负荷承载和污染物的高强度排放,使得大气污染成为社会大众普遍关注的焦点问题。特别是 2013 年以来,由于大气污染物在不同城市和地区之间的相互输送、反应和转化,导致我国空气质量越来越差,尤其是京津冀区域的大气污染已由点源污染发展到面源污染,由单一型污染转变为复合型污染,由城市污染逐渐扩张到区域污染,这给传统的以行政边界为主的属地治理模式带来了挑战。大气污染的流动性、叠加性和跨界性,以及"搭便车"的外部性,使得京津冀各自为政的惯性思维难以有效解决京津冀区域大气污染的排放和传输问题,必须要三地联合起来,对大气污染联防联控,协同治理,同时还要实现政府、企业和公众等多元主体的共同参与,才能在跨区域大气污染治理上取得较好的成效。因此,有必要对京津冀大气污染治理进行研究和探讨,寻求并探索跨区域大气污染协同治理的长效机制。

一、大气污染协同治理的理论与实践

在理解何谓跨区域大气污染协同治理之前,需对协同治理、区域协同治理以及大气污染协同治理等相关理论进行系统梳理,为跨区域大气污染协同治理提供理论支撑。

(一)相关理论基础

1. 协同治理理论

协同治理理论起源于 20 世纪 90 年代初期,是在协同论和治理理论的基础上

综合而成的一门交叉理论,对于区域协同发展而言意义重大。其目的就是在开放、统筹、包容的系统中寻求最有效的治理模式。目前,协同治理理论被广泛应用于公共管理、区域管理、公共事务的治理、跨部门伙伴关系以及跨区域大气污染的治理等。

从理论上看,协同治理理论的前提就是治理主体的多元化和各系统的协同性。所谓"治理主体的多元化",不仅包括同一区域的不同层面、部门、团体等各主体内部,还包括跨区域的政府、私人组织、公民团体(个人)等主体之间,为解决基于共同利益的某一问题,以共同确定的规则为基础,通过集体行动、互相配合、相互协调和协同进步等多种互动方式,协同治理某一具体问题的集体行动过程。所谓"各系统的协同性",既包括"五位一体"之间的协同治理,又包括各系统或领域内部的协同治理。比如,"两山论"既强调经济发展的重要性,也强调要考虑生态保护问题,努力实现经济、社会与生态的协同发展。

从实践上看,协同治理不仅有助于增强其他主体的参与意识和参与能力,还有助于优化公共管理水平和公共政策的制定和实施。协同治理的内容主要包括三个方面:

一是协同治理强调多元主体在行为上相互配合和帮助,在地位上平等、自主,即在平等互利的前提下多个行为主体遵从共同的规则处理某一领域内的公共事务。例如跨区域环境治理,由于涉及多个行政区域的政府主体,这些地方政府主体之间在行政层级、跨区域环境治理中的权、责、利关系应当是平等的,不存在任何从属关系。

二是协同治理强调主导性和支配性。在实际运作时,由于现实情况、处理阶段的不同,多元主体的需求不同,所以环境治理不可能通过私有产权的确权或者民间多元共治来很好地实现,而是需要国家层面的主导作用。这就体现为政府、市场、社会三个主体,为了解决平等主体间集体行动的困境,需要发挥中央政府的主导和支配作用,以解决治理过程中的利益冲突。这就在客观上形成了协同治理的一种主导性和支配性。

三是协同治理强调政策目标的一致性。这种政策目标的一致性不仅体现在治理过程中,也反映在协同的结果上。协同治理的过程不仅仅是一种治理资源的分配过程,更是一种分配规则或共同规则的建立过程。比如,在大气污染协同治理过程中,各地方政府主体需制定共同的规则,建立彼此信任与合作的良好基础。同时,跨区域之各地在大气主要污染物、污染浓度等方面存在差异,可以在共同规则下制定与本地实际相结合的个性规则,但个性规则的确定需要与其他主体协同商定。

2. 区域协同治理理论

20世纪80年代后,随着全球化、城镇化和一体化进程的推进和深化,传统各自为政的治理模式在区域治理中的弊端日益凸显。同时,随着社会问题的日益错综复杂,区域内的各政府间无论在经济、环保还是在文化、社会等公共领域,都存在竞合关系。在博弈论中,良性竞争能促进合作,是所谓的协调型博弈关系,相反,恶性竞争是所谓的利己型博弈关系。区域间为了保持协调可持续发展,所实施的区域协同治理是一种协调型的博弈关系。张成福等指出,无论是从经济发展到公共管理,还是从资源有效利用到节能减排,或是从常态化管理到应急突发事件,都需要跨区域协同治理。同样,实施区域协同治理模式是有效解决跨区域大气污染问题的明智抉择。① 孙忠英认为,无论从区域发展的视角,还是从环境污染的视角,协同治理早就成为区域环境治理的趋势和选择。② 由此可以看出,区域协同治理的研究领域在不断拓展,已从经济发展、公共服务延伸拓展到备受关注的环境治理之中。

近年来,区域环境问题备受关注,这主要是由于区域间结构同质,相互竞争,造成对能源的重复浪费和资源的过度开采,这种忽视了环境空间的有限性和可承载能力的经济增长方式,势必会引发区域的经济问题、交通问题、环境问题以及社会发展问题。为了解决区域环境污染问题,不同区域政府间开始加强合作,其原因有两点:第一,环境资源属于区域公共物品,具有跨区域和跨领域的特性,这种特性使多数政府认识到,仅仅制定以改善自身行政范围的环境治理措施,很难有效解决外源性环境问题,于是开始采用"协同治理"和"联防联控"的思想和

① 张成福、李昊城、边晓慧:《跨域治理:模式、机制与困境》,《中国行政管理》2012年第3期。
② 孙忠英:《基于协同治理理论的区域环境治理探析》,《环境保护与循环经济》2015年第9期。

理念来解决我们现实生活中最为关注的环境问题。第二,在区域一体化的发展进程中,分散—竞争—合作是区域协同发展的一种必然趋势。近年来,随着区域经济一体化的快速发展,环境污染问题已然成为区域、国家乃至全球备受关注的议题,如何解决跨区域的污染问题也是摆在我们面前的重要课题,比如打破传统的地方保护主义思想,从根本上扭转单打独斗、各自为政的治理模式,是实现区域协同治理的根本所在,也是长效解决区域环境污染的关键所在。

3. 区域大气污染协同治理理论

区域大气污染协同治理是指以解决当前大气污染的跨界性、复合性和叠加性的问题为主要目标,以特定区域的大气环境为主要对象,通过运用协议、规章、制度等打破传统的属地管辖权的界限,达成对保护特定区域内大气环境整体利益的共识,使得区域内各省、市之间共同规划和实施相关的大气污染协同治理方案,努力探索基于整体利益的协同推进、互为补充、相互监督、相互督促的防治措施,最终实现有效控制区域内的大气污染,不断提升区域内优良天数所占比例,满足区域内公众对蓝天白云的现实需求,逐步提高区域环境的整体优势。

一方面,基于空气的流动性和污染物的外部传输性,区域大气污染是局部地区污染与区域传输污染相互叠加的结果。另一方面,基于大气污染的区域公共属性,在消费上具有一定的非排他性和非竞争性,在区位上具有一定的溢出性和负外部性。同时,区域大气污染治理往往涉及多个区域、多种目标甚至是多重利益,所以在理论上区域大气污染与协同治理理论存在很大的契合性。主要体现在以下几个方面:

首先,区域大气污染的治理涉及多个主体,不仅包括政府和企业,还包括行业和园区,还包括社区、公众和家庭,以及与环保有关的民间组织等多个利益相关主体。实践已经证明,单纯依靠某一主体无法解决区域的大气污染问题,所以需要多元治理主体的共同参与。结合协同治理理论的特性,我们将基于多元主体的区域大气污染协同治理模式分为两种:纵向内部协同治理模式和横向外部协同治理模式。由于政府是区域大气污染协同治理的主导部门,所以这里的纵向内部协同治理模式,主要是指同一地区内政府与其他相关部门、学校、科研院所、企业以及与环保相关的其他社会组织等治理主体之间的协同。所谓的横向外部协同治理模式,主要是指区域内不同地区之间的政府部门、高校之间、科研部门之间等与大气污染治理相关的部门之间的配合与合作。在实际操作中,只有将两种模式有机结合起来,才能充分发挥其协同效应,达到"1+1>2"的效果。总而言之,只有协调大气污染多元治理主体的利益,协同区域内的资源、能源、知识、技术、人才等多要素的优势,充分发挥多元治理主体在大气污染治理方面的决策权、监督权和管理权,有效协同各个治理主体的优势和特长,才能实现"整体远大于部分之和"的治理功效,才能建构区域大气污染协同治理的理想模式。

其次,作为公共产品的大气环境,在治污过程中不可避免地会出现"搭便车"和"污染转嫁"的现象,这种情况下,如果治理主体得不到相应的补偿或激励,就会选择消极参与。因此,区域大气污染协同治理强调通过适当的生态补偿或者奖励、激励措施分配、共享利益成果,达到区域内各个子系统的相互配合、协同合作。一方面,要解放"经济人"的思想,树立"治理环境污染,人人有责"的理念。另一方面,打破传统以行政区划为管辖权的属地管理原则,消除污染治理的"无人区"。为此,要遵循属地管理与协同治理相结合的规律。通过引入协同治理理念来突破行政和地域上的界限,倡导"统筹协商、责任共担、权责平等、利益共享"的区域大气污染协同治理理念,也就是需要在共同配合和协商统筹的前提下,通过科学化、精细化、系统化的治理手段来改善或提高区域内的空气质量,提升公众的幸福生活指数,探索构建区域大气污染协同治理的长效机制。

最后,要理顺区域大气污染与协同治理的契合关系。区域大气污染治理既需要多元主体的参与,又需要协调经济与环境的关系,还需要充分发挥市场机制的作用。同样,协同治理理论含有协同主体、统筹协商、共同规则、协同目标等特征。由此可以看出,区域大气污染与协同治理在协调多元治理主体利益、协同区域资源、保护公共物品属性等方面具有相应的契合关系,要把握这两者之间的契合点,相应地构建区域大气污染协同治理机制创新的突破口。同时,还要协调经济与环境关系。过度的经济发展会带来环境污染,反过来,环境污染问题也会影响和制约经济发展,可见经济发展与环境保护是相互影响、相互制约的关系。产业结构调整、能源结构优化、节能减排、转变发展方式是区域大气污染治理中的几个重要方面,只有从根本上改变传统、粗放的发展模式,转变"先发展,后治理"

的落后思想观念,才能实现"既要青山银山,又要绿水青山"的"两山"理论和经济增长与环境保护协调发展的模式。此外,还要发挥市场机制的作用,提高公众参与度。比如,由于区域内各个城市、各个地区的大气污染程度不一,经济发展能力参差不齐,所以要通过市场来调节,因地制宜地分担大气污染的治理成本。因此,区域大气污染协同治理不仅要严格控制总量,还要调结构、抓重点,引入市场机制,发挥市场的作用。

(二)区域大气污染协同治理的必要性

近年来,跨区域交叉污染日益严重,且大气污染现象与污染特征趋同,所以,解决突破属地管理下的治理分权,针对污染传输的区域性特征,解决区域产能超载问题,应对区域复杂污染源问题,都亟须区域协同治理。

1. 突破属地治理,需区域协同治理

在同一地理区位和大气环境条件下,大气污染不仅具有区域性还具有交叉性,所以传统的以属地为界限的单独减排治污难以解决其根源。同时,由于行政分权、区域经济发展不平衡等,地方政府重视地方利益而忽略了区域整体利益,在重污染天气预警工作上容易出现互相推诿的状况。所以,大气污染的影响具有一定的负外部性,主要体现在某一城市或地区空气质量下降,但该城市或区域并没有承担周边治理污染所花费的成本。可见,区域大气污染协同治理既有利于解决目前地方政府间互相推诿、各自为政的工作态度,又有利于打破原有的行政壁垒,提高区域内各政府、各部门的积极性,明确治污职责,形成治污合力。

以京津冀为例,京、津、冀同处环渤海核心地带,相互接壤,三地跨区域交叉污染现象较为严重。同时,京津冀区域聚集了大量水泥、钢铁、炼油石化等高耗能、高污染企业。由于京津冀分属不同的行政区,而大气污染又是一种公共问题,地方政府作为一种"理性经济人",往往将 GDP 政绩放在首位,主动、自觉地治理大气污染的积极性较差。同时,出于地区利益的考量,京津冀都希望把发展的机会更多地留给自己,也就是说,经济水平有限的河北,更希望由经济发展水平较高的北京、天津治理污染,而北京、天津则认为河北省污染最严重,理应由河北承担更重的治理任务,这就造成三地协调不畅,容易诱发"搭便车"行为和公地悲剧。其破解之道就是要积极推进京津冀区域大气污染的协同治理。

2. 针对污染传输的区域性特征，需区域协同治理

重度及严重大气污染天气的成因是非常复杂的，既有气象条件的因素，又有大气自身的流动性和传输性的作用，还有外界污染物的高浓度排放的原因，多种因素交织在一起，形成特定区域的"大气流域"。这种"大气流域"往往在自然地理范围内具有一定的相似性，在空间分布上具有一定的区域性。比如，京津冀区域的重污染天气就是由于该区域污染物的持续排放浓度达到一定程度后，在自然风力和气象及地理条件的调节作用下，从一个行政区域扩散到周边相近、相邻的行政区域，传输过来的污染物再与本行政区自身排放的污染物在一定条件的作用下相互结合，就出现了新的大气污染物，从而形成二次污染，在不利的气象条件下，就会出现重度污染天气。可见，基于大气污染的叠加性、传输性和区域性，我们必须将京津冀区域视为一个整体，这是因为一个地区环境质量的恶化会影响其周边地区的环境质量，"同呼吸，共命运"，谁也不能独身。因此，要从根源上解决大气污染问题，就必须以区域大气环境的整体利益为出发点，以联防联控、协同治理三地大气污染为落脚点，协商统筹、共同规定，努力改善京津冀区域的空气质量。

目前，京津冀区域的大气污染已由点源污染发展到面源污染，由单一型污染转变为复合型污染，由城市污染逐渐扩张到区域污染。由于污染物传输不会遵守行政边界，在"弧形地势""同一气候带"的共同影响下，污染物形成污染区后往往呈现"区块移动—污染传输—交叉污染—污染反复"的区域性特征。据2017年环保部披露的PM2.5源解析结果，京津冀三地大气污染的来源具有趋同性，其中，北京的 PM2.5 区域传输占比 28% ~ 36%，天津市 PM2.5 区域传输占比 10% ~ 15%，石家庄市 PM2.5 区域传输占比 23% ~ 30%。[①] 可见，仅从行政区划的角度治理大气污染易犯"刻舟求剑"的错误，必须从顶层视角做出顶层设计，打破区域行政篱笆，建立京津冀区域大气污染联防联控机制。

3. 解决区域产能超载，需区域协同治理

通过深层次的理论分析大气污染的原因，可以看出，以煤炭为主的能源消费

---

① 王金南、宁淼：《区域大气污染联防联控机制路线图》，《中国环境报》2010 年 9 月 17 日。

结构是造成一氧化碳、二氧化硫、氮氧化合物和细颗粒物等大气污染的主要成因。因此,调整产业结构、节能减排是改善城市空气质量需首要解决的问题,而这些问题的解决,依赖于区域的协同治理。从治理目标来说,区域协同治理是防止区域大气污染防治过程中"公地悲剧"现象、消除大气污染防治中的溢出效应的实现方式。例如,京津冀区域大气污染问题的成因,主要是伴随着三地经济快速发展带来的负面产品。具体体现在三个方面:一是能源结构偏煤,造成污染物排放量过大。截至 2017 年底,三地年均消耗煤炭占全国煤炭消耗总量的33%以上。二是产业结构偏重,消耗大量的能源和资源。尤其是河北省的高耗能工业,对能源依存度过高。三是交通运输偏堵。随着居民生活水平的提高,私家车数量越来越来多,汽车的排放量也越来越高,致使尾气排放成为大气污染不可小觑的移动源。特别是京津冀发展不平衡,且产业结构差异很大,长期较高的工业比重,是京津冀大气污染最为直接的原因之一。尽管京、津已形成"三二一"的产业格局,但河北省的产业结构依然偏重。这说明,区域的产业结构偏重超过了区域资源环境的生态承载力。要减少工业污染排放,需要区域协同消减过剩产能,共同探寻产业结构转型升级的路径。

4. 应对区域复杂污染源,需区域协同治理

针对大气污染自身的区域性和流动性的基本特征,李克强总理在 2017 年政府工作报告中强调:"加强对大气污染的源解析和雾霾形成机理研究,提高应对的科学性和精准性。扩大重点区域联防联控范围,强化预警和应急措施。"在大气污染的空间分布格局视阈下,中国大气污染的重灾区主要集中在以人口密度较大、产业结构偏重的北部沿海地区、东北地区和黄河中游地区,大气污染总体呈现出东高西低、北高南低的分布格局。[①] 从科学性角度看,当前区域边界仍然难以充分满足大气污染的空间溢出效应和关联网络结构,区域范围仍需扩大。

区域大气污染的原因十分复杂,典型的就是京津冀地区的大气污染源,主要包括燃煤、机动车尾气、工业生产、建筑扬尘等。据环保部及京津冀主要城市陆续公布的空气污染源解析结果,京津冀区域的首要污染源是燃煤,而各主要城市

---

① 刘华军、杜广杰:《中国城市大气污染的空间格局与分布动态演进》,《经济地理》2016 年第 10 期。

既存在着首要污染源的时空差异,又均呈现出来源多样、复合型污染的特征。因而,京津冀既要针对各自的首要污染源重点施策(如北京首要着力点是控车控油,天津是清洁降尘,河北省是减煤降污等),又要针对区域的首要污染源和复合型污染特征,协调一致,共同施策,联手治理大气污染。

总之,区域大气污染协同治理要求各相关主体共同防治大气污染,从区域整体性出发,统筹安排,制定重污染天气预警计划,部署并监督相关防治工作的开展。可见,区域大气污染协同治理有利于整合与共享京津冀的人力、技术、资金等环保资源,增强区域治理大气污染的实力,降低环境污染治理成本。[①]

(三)区域大气污染协同治理的探索与实践

为保证区域的空气质量,上海的世博会、广州的亚运会以及北京的奥运蓝,都是各地集中、同步、共同实施防治污染的举措,并且都取得了一定的成效。这些成功的实践经验,不仅为我们今后建立长效的工作机制奠定基石,也为我们进一步强化区域大气污染协同治理提供了借鉴和启示。

1. 上海世博会与长三角区域大气污染协同治理

为了保障上海世博会期间的空气质量,2010年上海、南京等9个城市联合发起了长三角区域大气污染协同治理的倡议和举措。据数据显示,世博会期间上海空气质量优良率超过了95%。这充分表明,协同治理是区域大气污染防治的重要途径。

上海市处于长三角洲地带,其经济一直处于快速发展阶段,由此也吸引了大量人口的聚集,同时由于资源能耗过大、污染排放浓度过高等带来了一定的环境破坏和负面影响,其中空气污染问题尤为突出。为了在世博会期间更好地向全世界展示上海在中国改革开放历程中的成绩,保障世博会期间上海市的空气质量,上海、江苏、浙江两省一市展开合作,不仅加强本区域的空气治理,还共同规划大气污染圈治理,为上海世博会的空气质量建起区域大气环保的"围栏"。

2009年12月,上海市环保部等部门制定了《2010年上海世博会长三角区域环境空气质量保障联防联控措施》,提出针对重点行业、重点污染企业、机动车污

---

① 袁小英:《我国区域大气污染联防联控机制的探讨》,《四川环境》2015年第5期。

染排放等共同落实达标排放和控制污染的措施,全面禁止秸秆燃烧工作,并对重点污染源排放和环境空气质量检测数据实施全面共享。① 与此同时,在世博会期间,上海联合周边 8 个城市成立了长三角区域环境空气自动监测网络,该系统通过网络将分布在上海及其周边的 53 个空气质量自动监测站集聚起来,在此基础上,还成立了相关的环境监测小组。该小组为世博会期间空气质量的监管提供了技术支撑,使得上海区域形成了网格化管理。通过自动监测网络,不仅能有效预测未来空气质量,还能及时查出重点污染源的位置,从而及时快速地对高污染源做出处理和处置,最终保障了上海的空气质量。

2. 广州亚运会与珠三角区域大气污染协同治理

与上海世博会不同的是,2010 年广州亚运会期间正值珠三角地区气象和水文条件不利的时期,由此给亚运会期间空气质量的保障带来了一定的压力和挑战。② 借鉴上海世博会的经验,2010 年广州制定实施了《珠三角清洁空气行动计划》,③此行动计划,不仅分析了珠三角区域的主要污染源,还重点解析了大气污染的形成主因,并针对不同类型的污染源制定不同的行动计划。随后广州实施了《广东省亚运会期间空气质量保障措施方案》。④ 紧接着,广州也联合其周边城市出台了相关的协同治理措施,成立了相关的工作小组,希望通过协同治理,可以改善珠三角的空气污染状况,也希望能够借助亚运会维护城市的良好形象。从治理效果看,在亚运会期间,广州乃至整个珠三角地区的空气质量优良率达到了 98% 左右。

3. 北京奥运蓝与京津冀区域大气污染协同治理

京津冀大气污染协同治理,打破了原有属地管理的弊端,实现了大气污染跨区域、跨界限的综合治理。2008 年北京的奥运蓝、2014 年的 APEC 会议蓝是区域大气污染协同治理最成功、最典型的实践活动。事实也证明,协同治理是区域大气环境高效治污的必然趋势。

---

① 薛世妹:《多中心治理:环境治理的模式选择》,福建师范大学硕士学位论文,2010 年。
② 吕明丰:《论责任政府构建中的环境管理》,燕山大学硕士学位论文,2009 年。
③ 李金龙、游高端:《地方政府环境治理能力提升的路径依赖与创新》,《宏观经济管理》2009 年第 6 期。
④ 肖玉:《长沙市生态市建设的城市环境污染控制与生态安全研究》,湖南大学硕士学位论文,2010 年。

2008 年北京的奥运蓝是京津冀区域第一次进行大气污染协同治理的成功实践。据资料显示,与 2007 年同期相比,2008 年奥运会期间大气污染物排放量下降 70%,主要大气污染物的浓度水平平均下降 50%。① 奥运会期间,由环保总局牵头,协同京津冀及周边六省市,成立了北京奥运会空气质量保障协调小组,制定并实施了《奥运会残奥会北京空气质量保障措施》。可以说,此次奥运蓝是京津冀及周边六省市通力合作的结果。其主要举措如下:首先,将扬尘、机动车尾气、工业污染、燃煤污染等重点污染源和重点污染企业作为区域内重点监督、监控的对象。其次,对重点排污和高污染的生产企业进行全面检查,并实施统一监管、统一执法。最后,在环境综合治理方面,统一采取临时性减排和防治措施。

2014 年的 APEC 会议蓝,是在借鉴奥运蓝经验的基础上,京津冀区域第二次进行大气污染协同治理的成功实践。该会议在 11 月举行,受冬季供暖的影响,为保障会议期间北京市的空气质量,京津冀及周边六省市再次启动联防联控协同治理模式,成立京津冀及周边地区大气污染协作小组,共同制定了会商制度,实施了《京津冀及周边地区 2014 年亚太经济合作组织会议空气质量方案》。主要举措是,APEC 期间,六省市环保监测部门每日通过视频互相通报空气质量,实时共享区域内的大气环境监测数据。相应地,也采取了一系列应急的减排措施,包括:六省市重工业企业实行部分统一限产或停产,对机动车进行限行或管控,机关单位公车封存 70%,城区道路和高速公路全天禁止"黄标车"的通行,市区内机动车单双号限行。② 结果表明,会议期间北京市 PM2.5 平均浓度为 37 微克/立方米,接近国家一级优的水平。这充分说明六省市大气污染的联防联控对保障会议期间良好的空气质量起到了显著的作用。

综上所述,协同治理、联防联控机制在奥运会期间及 APEC 会议期间的确起到了巨大的作用,事实也充分证明,协同治理是区域大气污染治理的一种必然趋势。

二、京津冀大气污染协同治理的发展历程回顾

京津冀大气污染协同治理的探索历程大致可以分为三个阶段,依次经历了

---

① 柴发合、云雅如、王淑兰:《关于我国落实区域大气联防联控机制的深度思考》,《环境与可持续发展》2013 年第 4 期。

② 纪凤仪、纪欣:《京津冀区域生态建设与大气污染联防联控初探》,《河北旅游职业学院学报》2016 年第 1 期。

初步探索阶段、理论指引阶段以及推进实施阶段。

（一）初步探索阶段

初步探索阶段（2002—2009 年），主要是指协同治理仅仅作为一种环保理念，但并没有以环保的法律法规或者长期、中长期、短期等各类规划的形式写入相关文件的时期。2002 年国务院批复了《"两控区"酸雨和二氧化硫污染防治"十五"计划》，这一计划被认为是我国区域大气污染协同治理的原型。此后，为了改善区域空气质量，珠三角、京津冀、长三角三大区域相继制定并实施了大气污染协同治理措施：2002 年粤港政府签订《关于改善珠江三角洲空气质量的联合声明（2002—2010 年）》，2007 年环保部与北京、天津、河北、山西、内蒙古和山东六省市政府以及解放军有关部门共同制定《奥运会残奥会北京空气质量保障措施》，2008 年长三角区域签订《长江三角洲地区环境保护工作合作协议（2009—2010 年）》。可见，这一时期虽然"协同治理"的字样并未出现在京津冀区域大气污染防治的文件中，但这一理念已经得到实践并取得较好的效果。

（二）理论指引阶段

理论指引阶段（2010—2013 年），是指协同治理理念正式以"联防联控"的字样被提出并正式写入了相关环保文件的时期。2010 年环保部等制定了《关于推进大气污染联防联控工作改善区域空气质量的指导意见》，指出为了全面推进大气污染联防联控，将京津冀、长三角和珠三角三大区域作为全国大气污染联防联控的重点实施区域。2012 年国家批复并颁布《重点区域大气污染防治"十二五"规划》，这是第一次将京津冀区域大气污染联防联控机制作为全国三大重点区域之一写入五年规划之中。2013 年 3 月，京津签订了《北京市天津市关于加强经济与社会发展合作协议》，提议为了应对京津两地 PM2.5 的污染治理，积极探索构建京津重污染天气的应急联动预案。2013 年 5 月，京冀签订了《北京市—河北省2013 至 2015 年合作框架协议》，提议构建京冀两地大气污染联防联控机制。2013 年 6 月，国务院出台《大气污染防治行动计划》（简称"国十条"），明确并提升了区域大气污染联防联控的作用和地位，提出建立京津冀区域大气污染联防联控的措施。2013 年 9 月，环保部等六部委联合发布《京津冀及周边地区落实大气污染防治行动计划实施细则》，成立了京津冀及周边地区大气污染防治协作机制,并在 10 月召开了第一次工作会议,进一步加强京津冀区域大气污染防治协作力度。比如,为了减少汽车尾气排放,北京市实行机动车限行,促进清洁能源的推广和使用。在协同实施车辆限行的基础上,天津市还实施了机动车车牌限购政策。为了申办 2022 年世界冬季奥运会,2013 年张家口市与北京市联合创建"环首都"环保创业园区,其中河北省还采取了关停超标排污企业、增加绿化面积、加大植树造林的力度等一系列辅助大气污染治理的措施,这些行动为成功申办冬奥会奠定了基础。总之,这一阶段在理论上为区域协同治理提出了目标和方向,协同治理虽未以文件的形式被正式提出,但京津冀被正式划定为协同治理的重点区域之一,相应地制定了相关的大气污染联防联控的行动计划和实施细则,为正式推进京津冀大气污染的协同治理奠定了基石。

表 1　京津冀大气污染协同治理的相关文件

类型	发布时间	文件名	主导机构
协同治理的立法与政策性文件	2010 年 5 月	《关于推进大气污染联防联控工作改善区域空气质量的指导意见》	环保部等
	2012 年 9 月	《重点区域大气污染防治"十二五"规划》	环保部等
	2013 年 9 月	《大气污染防治行动计划》	国务院
	2013 年 9 月	《京津冀及周边地区重污染天气监测预警方案细则（试行）》	环保部
	2013 年 9 月	《京津冀及周边地区落实大气污染防治行动计划实施细则》	环保部等
	2014 年 3 月	《京津冀及周边地区重污染天气监测预警实施细则（试行）》	环保部

续表

类型	发布时间	文件名	主导机构
协同治理的立法与政策性文件	2014 年 7 月	《京津冀及周边地区重点行业大气污染限行治理方案》	环保部
	2015 年	《京津冀协同治理发展规划纲要》	中共中央政治局
	2015 年 8 月	《中华人民共和国大气污染防治法》(修订)	全国人大常务委员会
	2016 年 6 月	《京津冀大气污染防治强化措施(2016—2017 年)》	环保部
	2017 年 3 月	《京津冀及周边地区 2017 年大气污染防治工作方案》	环保部等
	2017 年 8 月	《京津冀及周边地区 2017—2018 年秋冬季大气污染综合治理攻坚行动量化问责规定》	环保部等
	2017 年 8 月	《京津冀及周边地区 2017—2018 年秋冬季大气污染综合治理攻坚行动强化督查方案》	环保部等
区域层面合作文件	2013 年 3 月	《北京市天津市关于加强经济与社会发展合作协议》	
	2013 年 5 月	《北京—河北省 2013 年至 2015 年合作框架协议》	
	2014 年 12 月	《中国开发区协会与京津冀开发区协会共同推进京津冀开发区协同发展战略合作框架协议》	
	2015 年	《京津冀区域发起污染控制中长期规划》	
地方政府相关立法与政策性文件	2013 年 9 月	《北京市 2013—2017 年清洁空气行动计划》北京市政府	
	2013 年 9 月	《天津市清新空气行动方案》	天津市政府
	2013 年 10 月	《北京市空气重污染应急预案(试行)》	北京市政府
	2014 年 2 月	《河北省重污染天气应急预案》	河北省政府
	2014 年 3 月	《北京市大气污染防治条例》	北京市政府
	2014 年 5 月	《天津市重污染天气应急预案》	天津市政府
	2014 年 10	《贯彻落实京津冀及周边地区大气污染防治协作机制会议精神的 12 条措施》	天津市政府

（三）推进实施阶段

推进实施阶段（2014年至今），主要指在京津冀协同发展上升为国家战略的背景下，京津冀区域大气污染协同治理的地位也逐渐上升到国家层面，并由区域各方主体逐步推进和实施的时期。为了全面推进京津冀区域协同发展，2014年2月，在北京召开了京津冀协同发展专题座谈会，将大气污染联防联控作为优先领域，促进京津冀协同发展。2014年北京市环保局成立大气污染综合治理协调处。2015年京津冀协同发展上升为国家战略，中共中央、国务院颁发《京津冀协同发展规划纲要》，将京津冀环境保护协同发展作为重点率先突破的领域之一。2016年6月，环保部联合京津冀三地政府印发《京津冀大气污染防治强化措施（2016—2017年）》。2017年2月，环保部、发改委、财政部、能源局和北京、天津、河北、山西、山东、河南发布《京津冀及周边地区2017年大气污染防治工作方案》。2017年3月，国务院总理李克强在政府工作报告中提出"坚决打好蓝天保卫战"。随后，环保部、发改委、财政部、能源局和北京、天津、河北、河南、山东、山西联合发布《京津冀及周边地区2017年大气污染防治工作方案》。2017年4月，京津冀在大气污染传输通道城市（"2+26"城市）启动了史上最严厉、最大规模的环保督查。2017年8月，环保部同北京、天津、河北、山西、山东、河南制定《京津冀及周边地区2017—2018年秋冬季大气污染综合治理攻坚行动量化问责规定》和《京津冀及周边地区2017—2018年秋冬季大气污染综合治理攻坚行动强化督查方案》。2018年7月，国务院将京津冀及周边地区大气污染防治协作小组升格为京津冀及周边地区大气污染防治领导小组。可见，这一阶段有关大气污染治理的文件不断出台并付诸实施，由此也表明京津冀大气污染协同治理、联防联控正在走向深化、细化、实化的全面攻坚阶段。

三、京津冀大气污染协同治理的成效

五年来，京津冀同呼吸，齐努力。协同治理，建立京津冀大气污染传输通道治理协作机制，启动实施"国五"排放标准，超额完成淘汰"黄标车"和老旧车任务，京津冀大气污染传输通道城市完成电代煤、气代煤470万户，削减散煤1000余万吨。北京、天津、保定、廊坊主城区实现散煤清零。区域大气污染协同治理成效逐渐显现，区域空气质量得到了显著改善。

（一）区域空气质量明显改善

据生态环境部发布《2018 中国生态环境状况公报》显示,2018 年,北京、天津、河北省细颗粒物（PM2.5）的年平均浓度值分别为 51 微克/立方米、52 微克/立方米、56 微克/立方米,比 2013 年分别下降 42.7%、40.6%、48.1%,三地均超额完成"大气十条"确定的目标任务。京津冀区域内的 13 个城市细颗粒物（PM2.5）平均浓度为 60 微克/立方米,相比 2017 年下降 11.8%,同比 2013 年下降 39.6%;二氧化硫（SO_2）年平均浓度为 20 微克/立方米,相比 2017 年下降 31.0%,是京津冀区域 2018 年污染物指数下降幅度最大的（见表 2、图 1、图 2）。从表 2 可以看出,2018 年京津冀主要污染物指数中除臭氧（O_3）以外,其他污染指标都呈明显下降趋势,区域空气质量呈现整体利好的改善趋势。

表 2　京津冀 2018 年主要污染物指数

指标	浓度（微克/立方米）	比 2017 年变化（%）
细颗粒物（PM2.5）	60	−11.8
可吸入颗粒物（PM10）	109	−9.2
臭氧（O_3）	199	0.5
二氧化硫（SO_2）	20	−31.0
二氧化氮（NO_2）	43	−8.5
一氧化碳（CO）	2.2	−24.1

数据来源:生态环境部:《2018 中国生态环境状况公报》,http://www.mee.gov.cn/hjzl/sthjzk/zghjzkgb/201905/p020190619587632630618.pdf。

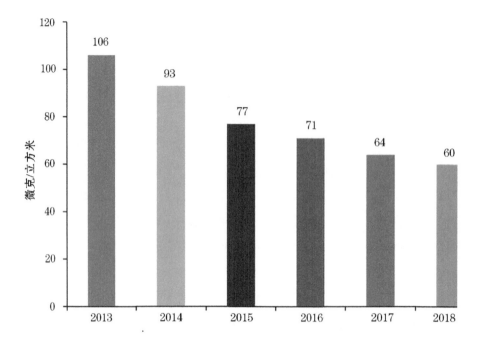

图1　2013—2018 年京津冀细颗粒物(PM2.5)平均浓度变化

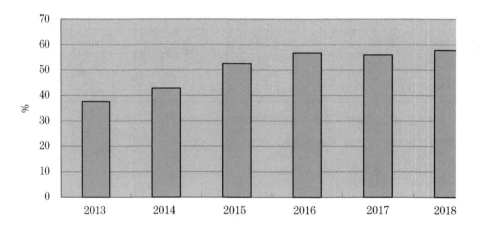

图2　2013—2018 年京津冀优良天数比例

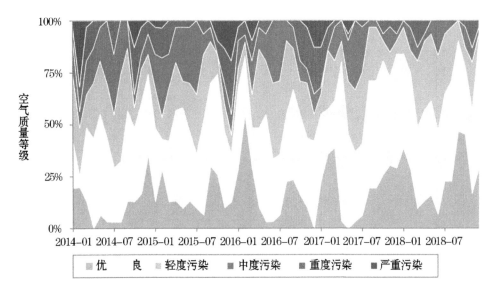

图 3　2014—2018 年北京市空气质量指数(AQI)等级月变化趋势

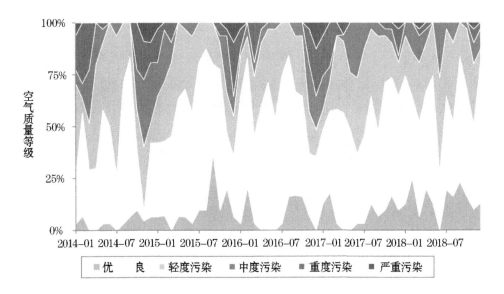

图 4　2014 年至 2018 年天津市空气质量指数(AQI)等级月变化趋势

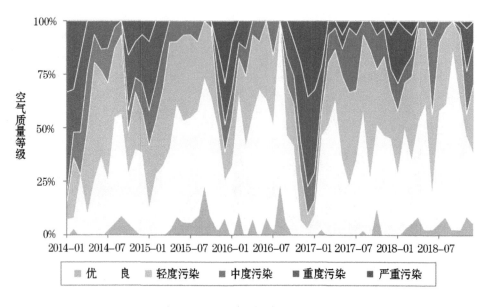

图 5　2014—2018 年石家庄市空气质量指数(AQI)等级月变化趋势

　　为了更直观地看出近五年来京津冀三地空气质量的变化状况,我们横向比较一下从 2014 年至 2018 年 1 月和 7 月的空气质量指数(AQI)等级月变化情况。从北京、天津、石家庄三地的空气质量指数(AQI)等级月变化趋势图(详见图 3、图 4 和图 5),可以非常直观地看到,三地的重度污染和严重污染的天数在明显减少,相应的,优良天数在同期是明显增加的,而且三地优良天数所占的比例基本上都超过了 50%。这也充分说明,自 2014 年京津冀区域加强大气污染联防联控、协同治理以来,京津冀三地核心城市的空气质量出现了明显好转。

　　总而言之,近五年来京津冀区域环境治理明显加强,空气质量得到改善。

　　(二)区域大气污染治理力度不断加大

　　为落实国家"大气十条"各项任务要求,京津冀在针对重点污染源的专项治理方面,统一行动,共同攻坚克难。

　　一是淘汰落后产能。淘汰产能是推进产业结构调整和节能减排最直接、最有效的方式之一。为实现《打赢蓝天保卫战三年行动计划》中淘汰落后产能和压减过剩产能的目标,五年来京津冀共完成淘汰炼铁产能 8153 万吨、焦炭 3303 万吨、炼钢 10032 万吨、平板玻璃 8927 万重量箱、水泥 10512 万吨。其中,河北省"6643"工程超额完成产能消减任务,取缔了 31 家"地条钢"企业,清理了 4 家"僵尸钢铁企业",①其中,保定市钢铁产能全部退出。

二是强化燃煤污染治理。燃煤污染治理有利于减少二氧化硫、烟尘等废气的排放量,是大气污染治理的重要内容。为落实《京津冀地区散煤清洁化治理工作方案》,五年来京津冀共完成现役煤电机组超低排放改造 230.68 亿千瓦,淘汰燃煤小锅炉 25.5 万台。据统计,京津冀豫四省共压减燃煤 6218 万吨,累计比2012 年压减 9100 万吨。其中,2017 年京津冀区域完成"煤改电""煤改气"470多万户,削减散煤 1000 余万吨,②基本实现了京津保廊"无煤区"。同时,清理整顿"散乱污"企业 6.8 万家。

三是防控机动车污染。机动车排放污染已成为继工业污染之后的第二大污染源,是造成细颗粒物、臭氧污染的重要来源。为落实《京津冀及周边地区机动车排放污染控制协同工作实施方案(试行)》,五年来京津冀淘汰"黄标车"、老旧车共计 1010.7 万辆,推广新能源车 71.68 万辆。据统计,2017 年完成加油站储油库油气回收改造 2.2 万座,建设充电站 2668 座、充电桩 5.87 万个。"2 + 26"传输通道城市已经全面供应符合"国五"标准油品,即将全面供应符合"国六"标准的汽柴油,积极推广使用车用乙醇汽油,大大减少排放颗粒物污染。

(三)持续开展大气污染防治行动

一是逐步完善区域大气污染协同治理的顶层工作机制。为了推进京津冀区域的大气污染协同治理,2013 年成立了京津冀及周边地区大气污染防治协作小组。该协作小组的组长由北京市委书记担任,副组长由环保部和京津冀三地政府主要负责同志担任,协作小组的成员包括京、津、冀、晋、蒙、鲁、豫七省和国家发改委、环保部和气象局等八部委。协作小组成立后,实行轮流制,即在京津冀三地轮流召开大气污染协同治理的联席会议,共同部署大气污染协同治理重点工作,协调解决区域污染治理难题,联合保障国家重大活动和重要事件期间的空

---

① 阎育梅:《京津冀及周边地区大气污染防治协作机制建设》,《中国机构改革与管理》2018 年第 1 期。

② 京津冀及周边地区大气污染防治协作小组、办公室北京市环保局:《不信蓝天唤不回——京津冀及周边地区 2017 年大气污染防治攻坚战成效及经验》,《前线》2018 年第 6 期。

气质量。2015 年京津冀协同发展战略提出后,国务院成立了京津冀协同发展领导小组。2018 年 7 月,京津冀及周边地区大气污染防治协作小组升格为领导小组,进一步强化了京津冀区域协作机制的领导力和执行力,保证了京津冀地区大气污染协同治理落到实处,有利于提高协作力度,提升整体效能。

二是建立了相应的法律保障。2013 年环保部等部委联合印发了《京津冀及周边地区落实大气污染防治行动计划实施细则》。2016、2017 年,环保部组织制定了《京津冀大气污染防治强化措施(2016—2017 年)》《京津冀及周边地区 2017 年大气污染防治工作方案》《京津冀及周边地区 2017 年—2018 年秋冬季大气污染综合治理攻坚行动方案》。2018 年生态环境部制定了《京津冀及周边地区 2018 年—2019 年秋冬季大气污染综合治理攻坚行动方案》等。这些顶层设计方案,为推进京津冀及周边地区大气污染协同治理提供了重要的行动依据和方案引领。

三是逐步扩大区域合作领域。京津冀大气污染协同治理的合作领域逐步扩大,从最初共同研究确定阶段性工作重点、互通工作信息到开展京津冀及周边地区逐步形成大气污染防治协作工作制度,包括信息共享、大气污染预报预警、联动应急响应、环评会商、联合执法以及结对治理等领域,①保障了京津冀大气污染协同治理的落实。

——信息共享领域。信息共享是保证京津冀区域大气污染协同治理的前提和基础。在信息共享领域中,京津冀三地依托国家现有的自动监测和智能信息网络,将分布在三地的空气监测站的信息收集、处理后进行实时共享,从而构成了一个集空气质量监测、污染源监管等功能于一体的区域大气专项监测信息和数据共享平台,既为京津冀区域大气污染协同治理搭建了技术支撑,也为区域重大环境问题的研究和决策提供了共享信息和实时数据的支持。

——大气污染预报预警领域。污染天气尤其是重度和严重污染天气的预报和预警是京津冀区域大气污染协同治理的重要依据。基于近年来大气污染的严重性、季节性和持续性的特点,京津冀区域依据《京津冀及周边地区重污染天气

---

① 李云燕、王立华、殷晨曦:《大气重污染预警区域联防联控协作体系构建——以京津冀地区为例》,《中国环境管理》2018 年第 2 期。

监测预警方案》，依托国家现有的环境监测与气象预报网络，建立了区域空气重污染监测预警体系。该监测预警体系不仅规范了预报和预警的发布、调整和解除，还统一了重污染天气预警的分级标准，在全国率先实现了实时互通预警信息、统一预报预警等级，同步实施应急措施。这为同步应对区域空气重污染、统一区域大气污染防治、协同采取节能减排措施奠定了基础。

——联动应急响应领域。2014年，京津冀建立区域重度污染天气的联动应急响应机制，共同启动应急预案，采取应急措施，遏制重大污染的发生。2016年起，对"2+26"通道城市也统一制定了各级别的应急减排措施，为最大限度地减少重污染天气的影响，保证区域整体空气质量的改善，发挥了重要作用。

——环评会商领域。环评会商机制的建立，有利于京津冀三地准确把握区域的环境容量、企业排污情况和排污企业的意愿等信息。京津冀三地建立了定期的环评会商机制，从区域、部门、社会三个层面开展规划环评和建设项目的环评会商，在会商过程中，还专门对相关专家的意见、建议和参与度进行具体要求。这样不仅提高了区域内规划和项目的科学性和环境友好度，还有效地避免了不利环境的影响。

——联合执法领域。联合执法为京津冀区域大气污染协同治理提供了法律层面的保障。为了保证京津冀地区联合监管和联动执法的实施及有效性，三地建立了机动车排放控制协作机制和环境执法联动工作机制，逐步形成了共同部署、同步行动、统一标准、共同配合的环境监察执法局面，解决了环境违法在三地"流窜作案"躲避打击的问题。

——治理结对工作领域。治理结对是京津冀区域大气污染协同治理的辅助手段。基于京津冀三地经济发展不平衡，地区产业结构的差异性和大气污染自身所具有的特性，北京市与保定市、廊坊市，天津市与唐山市、沧州市分别建立了大气污染治理结对工作机制，①北京市、天津市两年来分别支持河北省四市大气污染治理资金9.62亿元和8亿元，促进了河北省相关地市的锅炉淘汰治理和散煤清洁化工作。

① 李云燕等：《京津冀地区大气污染联防联控协同机制研究》，《环境保护》2017年第17期。

四、京津冀大气污染协同治理现状及问题成因

(一)京津冀大气污染现状

1. 京津冀区域整体空气质量形势严峻

据国家统计局《2016 年生态文明建设年度评价结果公报》(2017 年 12 月 26 日)(见表3)显示,在我国 31 个省、自治区、直辖市中,京津冀三地生态文明建设年度评价结果的排序为:环境质量指数依次为第 28、31、30 位,公众满意程度依次为第 30、29、31 位。另外,据生态环境部发布的《2017 中国生态环境状况公报》和《2018 年 1—5 月重点区域和全国 74 个城市空气质量状况》显示,2018 年 1—5 月京津冀(13 个城市)为平均优良天数比例为 57.8%,比我国平均标准低 20.3%。京津冀 PM2.5 平均浓度为 64 微克/立方米,高于国家平均标准浓度 33.3%。两次公报中,74 个城市空气质量相对较差的后 10 位城市中京津冀区域都有 6 个城市,其中,2017 年空气质量相对较差的城市依次为:石家庄、邯郸、邢台、保定、唐山、衡水,2018 年空气质量相对较差的城市依次为:石家庄、邢台、邯郸、唐山、保定、沧州。这排名靠后的 6 个城市全部坐落在河北省,且两次统计结果显示,空气质量较差的基本上都集中在钢铁等重工业的集结地。由此可见,京津冀地区的大气污染治理形势十分严峻。

表3 2016 年生态文明建设年度评价结果排序

地 区	绿色发展指数	资源利用指数	环境治理指数	环境质量指数	生态保护指数	增长质量指数	绿色生活指数	公众满意程度
北 京	1	21	1	28	19	1	1	30
福 建	2	1	14	3	5	11	9	4
浙 江	3	5	4	12	16	3	5	9
上 海	4	9	3	24	28	2	2	23
重 庆	5	11	15	9	1	7	20	5
海 南	6	14	20	1	14	16	15	3
湖 北	7	4	7	13	17	13	17	20
湖 南	8	16	11	10	9	8	25	7

续表

地　区	绿色发展指数	资源利用指数	环境治理指数	环境质量指数	生态保护指数	增长质量指数	绿色生活指数	公众满意程度
江　苏	9	2	8	21	31	4	3	17
云　南	10	7	25	5	2	25	28	14
吉　林	11	3	21	17	8	20	11	19
广　西	12	8	28	4	12	29	22	15
广　东	13	10	18	15	27	6	6	24
四　川	14	12	22	16	3	14	27	8
江　西	15	20	24	11	6	15	14	13
甘　肃	16	6	23	8	25	24	23	11
贵　州	17	26	19	7	7	19	26	2
山　东	18	23	5	23	26	10	8	16
安　徽	19	19	9	20	22	9	23	21
河　北	20	18	2	30	13	25	19	31
黑龙江	21	25	25	14	11	18	12	25
河　南	22	15	12	26	24	17	10	26
陕　西	23	22	17	22	23	12	21	18
内蒙古	24	28	16	19	15	23	13	22
青　海	25	24	30	6	21	30	30	6
山　西	26	29	13	29	20	21	4	27
辽　宁	27	30	10	18	18	28	29	28
天　津	28	12	6	31	30	5	7	29
宁　夏	29	17	27	27	29	22	16	10
西　藏	30	31	31	2	4	27	31	1
新　疆	31	27	29	25	10	31	18	12

为了更好地说明京津冀大气污染的严重性和协同治理的紧迫性,我们着重分析京津冀、长三角和珠三角三大重点区域 PM2.5 的平均浓度与优良天数比例的状况(见表4)。

表4 三大重点区域 PM2.5 平均浓度与优良天数比例

地区	京津冀		长三角		珠三角	
指标	PM2.5 浓度（ug/m³）	优良天数比例（%）	PM2.5 浓度（ug/m³）	优良天数比例（%）	PM2.5 浓度（ug/m³）	优良天数比例（%）
2013	106	37.50	67	64.20	47	76.30
2014	93	42.80	60	69.50	42	81.60
2015	77	52.40	53	72.10	34	89.20
2016	71	56.80	46	76.10	32	89.50
2017	64	56.00	44	74.80	34	84.50
2018	60	57.20	44	74.10	32	85.40

从纵向上比较来看(见表4),三大区域在2013—2018年期间,PM2.5浓度和优良天数比例基本上呈向好趋势,但 PM2.5 平均浓度的下降幅度在不断缩减,相应的,优良天数比例的增长幅度逐渐缩小,甚至三大区域在2017年都出现了不同程度的回落,可见京津冀、珠三角和长三角三大区域的治污效果遇到了提升阻力,尤其是京津冀区域的大气污染形势非常严峻,不仅改善幅度逐年放缓,甚至有所反复。

从横向上比较来看(见表4),尽管京津冀 PM2.5 平均浓度由2013年的106微克/立方米下降至2018年的60微克/立方米,但仍是国家二级标准的1.71倍。虽然京津冀空气质量优良天数比例增幅在三大重点区域中的表现最为突出,由2013年的37.5%提升至2018年的57.2%,增幅达到18.5%,但在2013—2018年期间,其 PM2.5 平均浓度与长三角相比,分别高 58.2%、55.0%、45.3%、54.4%、45.5%、40%,与珠三角相比,分别高 125.5%、121.1%、126.5%、121.9%、88.2%、87.5%;其优良天数比例与长三角相比,分别低71.2%、

62.4%、37.6%、34.0%、33.6%、29.5%，与珠三角相比，分别低 103.5%、90.7%、70.2%、57.6%、50.9%、49.3%。可见，京津冀区域的空气质量远低于长三角和珠三角两大区域，当然，其 PM2.5 平均浓度和优良天数所占比例这两个指标也都远低于全国平均水平。由此可见，京津冀区域在全国三大重点区域中的空气质量状况和前景令人担忧。

2. 产业结构偏重加剧京津冀大气污染

产业结构对大气污染的影响主要表现在：经济发展模式的粗放化、产业结构的不合理化，通常会实现短期内经济总量的增长，但不可忽视也会造成资源的短缺，生态状况的恶化。产业结构不同，对资源的消耗情况以及对环境的污染程度也不同，导致对环境的影响效应也有很大的差异。我们都知道，在环境污染影响因素中，工业"三废"是非常关键的因素。相关资料显示，产业结构对京津冀大气污染的影响主要体现在三个方面：火电和燃煤锅炉的氮氧化物和二氧化硫占30%，工业排放大气主要污染物（二氧化硫、氮氧化合物、烟粉尘）占35%，机动车尾气占18%，这与京津冀的产业结构和工业污染具有紧密的关系。[①] 可以理解为以工业为主的第二产业对资源和能源的消耗高于第一、三产业，其对地区大气污染的贡献率也最高。因此，我们着重分析京津冀工业废气、二氧化硫、氮氧化合物、烟粉尘、细颗粒物等污染物排放对区域大气污染的影响情况。

从表5可以看出，京津冀三地的工业主要污染物排放占本地区污染物排放的比重较大，尤其是天津和河北两地的工业污染物中的二氧化硫、氮氧化合物、烟粉尘占本地区污染物排放的60%以上。其中，天津的工业二氧化硫和氮氧化合物污染最为严重，河北省的工业烟粉尘污染最严重。可见，工业污染对京津冀三地的空气质量影响最大，也是造成近年来区域重度和严重污染天气的主因。长期以来，天津和河北都属于传统的工业基地，据相关数据显示，京津冀三地的工业二氧化硫、氮氧化合物和烟粉尘的排放量分别占全国排放总量的1.2%、68.4%和82.6%，可以看出京津冀区域是我国区域大气污染问题的一个重灾区，其核心问题就是产业结构不合理，工业偏重。

---

① 王会芝：《基于大气污染治理视角的京津冀产业结构优化研究》，《城市》2015 年第 11 期。

表5　京津冀地区工业排放物占比　　　　　　　　　　单位:%

省　市	工业二氧化硫占本地区二氧化硫的比重	工业氮氧化物占本地区氮氧化物的比重	工业烟(粉)尘占本地区烟(粉)尘的比重
北京市	63.2	48.1	46.2
天津市	96.0	82.4	70.2
河北省	92.4	67.8	85.2

　　以工业烟粉尘的排放为例,从2004—2013年京津冀13个城市工业烟尘的排放量(见表6)可以看出,北京市的工业烟粉尘排放量最低,并基本保持平稳的状态;天津市的工业烟粉尘排放量高于北京,但低于河北省,十年来没有大幅度的波动,从发展趋势看,京津两地工业烟粉尘排放呈缓慢下降的态势。而河北省的11个城市中,工业烟粉尘的排放量存在明显的差异,其中以钢铁著称的唐山、邯郸、保定等地的工业烟粉尘排放量最大,其排放量占河北省烟粉尘排放总量的50%以上,且呈上升的趋势,特别是唐山和邯郸两地的工业烟粉尘排放量分别上升了222.56%和164.73%。而沧州市的工业烟粉尘排放量却优于北京市。可见,在2004—2013年间,工业烟粉尘是京津冀三地的主要污染物,是造成京津冀区域大气污染严重的主因。

表6　2004—2013年京津冀主要城市工业烟尘排放　　　　　　单位:万吨

省　市	2004年	2005年	2006年	2007年	2008年	2009年	2010年	2011年	2012年	2013年
北京市	2.92	1.77	1.46	2.05	2.00	1.91	2.13	2.94	3.08	2.72
天津市	6.86	7.66	6.69	6.27	5.85	5.87	5.38	6.53	5.90	6.28
石家庄	9.29	8.96	8.67	7.83	3.93	3.13	3.26	9.61	9.84	6.28
唐山市	14.85	14.80	14.30	13.00	12.20	10.60	9.87	50.70	40.90	47.90
秦皇岛	1.62	1.65	1.57	1.02	0.97	1.05	1.14	6.98	7.88	7.81
邯郸市	8.08	8.22	7.59	7.05	5.52	3.53	3.47	22.10	19.58	21.39
邢台市	6.72	5.89	5.75	4.80	5.37	4.19	3.64	9.31	8.93	9.81
保定市	2.74	2.63	2.40	2.08	1.50	1.21	1.47	3.77	3.67	3.91

省市	2004 年	2005 年	2006 年	2007 年	2008 年	2009 年	2010 年	2011 年	2012 年	2013 年
张家口	2.35	2.24	2.76	2.33	2.08	1.53	2.82	4.65	3.05	4.26
承德市	1.79	2.29	2.52	3.06	2.33	3.07	2.14	4.75	2.81	3.20
沧州市	1.36	1.26	1.18	1.14	3.06	0.53	0.61	5.88	4.79	5.46
廊坊市	2.56	2.44	3.77	0.70	0.84	0.98	0.99	2.76	2.64	2.41
衡水市	2.82	5.64	4.75	3.39	3.43	3.16	2.87	1.85	1.39	1.60

　　为了更全面地反映出工业主要污染物排放对京津冀区域空气质量的负面影响,我们再以工业废气(二氧化碳)排放为例,从 2006—2014 年京津冀工业废气(二氧化碳)排放量(见图 6)看,三地的工业废气排放量呈波动性变化,长期以来,由于河北省是全国最大的钢铁基地,导致其工业废气(二氧化碳)的排放量已超过京津两地的和。总体上看,2008—2010 年京津冀三地工业废气排放量较低,这不仅得益于奥运会的成功举办,也受益于近年来京津冀重工业的转型升级和区域产业结构的调整和优化。从图 6 中,还可以看出 2011 年河北省工业废气又出现了大幅度的上涨,随后几年又开始缓慢下降,截至 2014 年底,工业废气的排放量仍高于 2010 年的最低值。这表明,京津冀三地面临产业转型的阵痛,尤其是河北省长期以重工业为主,全省的 GDP 增长也主要依赖于钢铁、水泥、玻璃等能耗高的工业产值,所以淘汰落后产能、消减过剩产能,需要一个过程,在这个过程中,主要政策的执行稍有松动,工业废气的排放量就会出现反弹的现象。同样,从图 6 中,我们也认识到,偏重的产业结构往往更依赖于煤炭能源,也往往属于能耗高、排放强度大的工业,相比之下,其大气污染物的排放量也就大。因此,偏重的产业结构会加剧京津冀大气污染的程度。

　　随着技术的不断变革更新,近年来工业仍处于快速发展的态势,加之机动车尾气、挥发性有机化合物(VOCs)等工业污染物的增加,使得京津冀的大气污染从单一型向复合型转变。最为典型和常见的污染就是雾霾,它的出现让我们开始关注细颗粒物(PM2.5)这一新的大气污染物。

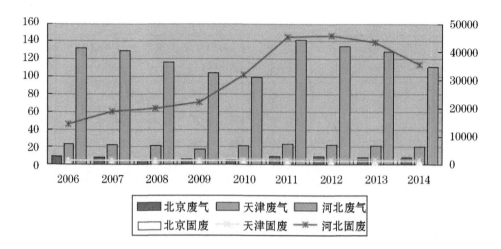

图6　2006—2014年京津冀工业废气、固体废弃物

表7　细颗粒物与地区三次产业的相关性分析

项目	相关性	地区生产总值	第一产业生产总值	第二产业生产总值	工业生产总值	建筑业生产总值	第三产业生产总值	人均生产总值
细颗粒物（PM2.5）	相关系数	0.820	0.972	1.000	0.998	0.892	-0.309	-0.945
	显著性	0.389	0.150	0.008	0.040	0.299	0.800	0.212
	N/d	13	13	13	13	13	13	13

　　从表7的数据可以看出,PM2.5浓度与产业结构相关,其中与第二产业和工业呈正相关,且相关度很高。这说明,第二产业尤其是重工业对大气污染物中PM2.5浓度贡献率很高。据统计,京津冀区域的钢铁、水泥、炼焦等工业生产过程中所产生的工业废气对本区域PM2.5浓度贡献率高达54%。因此,偏重的产业结构在加剧大气污染的同时,还会形成二次污染,产生新的大气污染物,进一步增加了京津冀区域大气污染治理的广度和难度。

　　(二)京津冀大气污染协同治理现状

　　1. 协同治理机制初步建成,仍需进一步完善

　　从北京奥运会、上海世博、广州亚运会为保障空气质量短暂性、阶段性的

协同治理,到为解决区域大气污染困扰的倒逼式协同治理,都充分表明区域大气污染协同治理已在路上。同时,实践和经验也证明了,按照"统一规划、统一监测、统一监管、统一评估、统一协调"的原则,实施区域大气污染协同治理,是控制和改善京津冀区域空气质量的明智选择和有效手段。

尽管京津冀地区在大气污染协同治理方面进行了诸多的探索和尝试,也在重要活动和事件中取得了有目共睹的成绩,但是要使这些成效常态化,还需进一步完善。具体表现在:一是协同治理的广度和深度上还需要进一步完善。长期以来受属地治理思想的影响,加之很难打破"一亩三分地"的传统利益观念,致使仅立足于本行政区划的大气污染防治的效果不甚理想。这种着眼于局部的治理方式,不仅治理效果甚微,也无法解决和处理大气自身所具有的流动性、叠加性、区域性、传输性和复合性的污染问题。二是协同治理的政策信息共享机制有待进一步完善。纵向上京津冀三地在监测点位的布局、监测指标的设定、监测数据的连续性获取等方面仍有待进一步完善。横向上京津冀三地在共享实时的监测数据方面还处于有效协同的起步阶段,目前仅限于空气质量的实时共享,还需在污染排放方面建立实时共享机制。比如,在协同治理过程中京津冀三地的节能减排、细颗粒物年均浓度控制范围等都有所不同。尤其是在协同治理过程中仍然存在一些利益冲突,这在一定程度上浪费了区域的社会资源和环境资源。三是协同治理的法律法规支撑有待进一步完善。自2013年以来,尽管出台了《大气污染防治行动计划》("国十条")、《京津冀及周边地区落实大气污染防治行动计划实施细则》等大气污染防治措施,也不断加强组织领导,提升领导规格,但由于一些文件是为适应某一阶段的特殊要求而制定的政策,不利于长效作用的发挥,也往往不具备法律的约束能力。

2. 联防联控正在深化,但联防联控工作任重道远

2015年5月19日,《京津冀及周边地区大气污染联防联控2015年重点工作》中划定了京津冀大气污染联合防治的"2+4"核心区,即北京、天津、保定、廊坊、唐山、沧州6个城市。2017年2月,环保部、发改委、财政部、能源局以及北京、天津、河北、河南、山东、山西六省市公布了《京津冀及周边地区2017年大气污染防治工作方案》,在原来核心区的6个城市的基础上,又增加了河北省的7

个城市及京津冀周边的 15 个城市,形成"2 + 26"城市协同共治,也被称之为"2 + 26"通道城市。

从"2 + 4"到"2 + 26",京津冀大气污染协同治理的范围在不断扩大,这一方面体现了京津冀及周边区域大气污染治理的信心和决心,另一方面也反映了京津冀大气污染联防联控不仅涉及京津冀核心区城市的大气环境,还关系到周边城市空气质量的好坏。基于大气污染的扩散性、传输性、叠加性的多重属性,区域协同治理、联合治污显得尤为必要。因此,当协同治理的范围不断扩大,其中PM2.5 浓度的下降成为一块难啃的骨头,二次污染问题也日益凸显,那么如何在大气污染范围持续扩大、污染持续时间逐渐延长的前提下,共同协调好周边区域及城市的多元治理主体的利益关系,保证区域协同治污政策的同步实施和协同治理成为未来京津冀区域大气污染协同治理的重点和难点。从这几个方面可以看出,未来京津冀大气污染协同治理、联防联控的路既长又艰。

3. 协同机制积极作用明显,但长效作用发挥难度大

2008 年的奥运蓝、2014 年的 APEC 蓝、2015 年的阅兵蓝、上合蓝、2016 年和2017 年的两会蓝、全运蓝、2018 年的会议蓝和国庆阅兵蓝等,均显示出联合管控的合力效果,也体现出京津冀三地协同积极作用的发挥。比如,三地实现了大气污染监测数据的实时互通和共享共用,协同对市区机动车实行限号限行政策,协同治理施工场地、生产型企业的扬尘污染,协同对燃煤锅炉、冬季取暖进行整治等,这些协同机制的实施取得了很好的成效。这也充分证明,污染并非不可治理,只要京津冀三地通力合作,协同治理区域内重点污染源,严格控制污染物排放总量,严守区域环境容量底线,同步实施各项政策和环保督查工作,严厉抓好环境执法工作,就能有效控制和治理污染。

然而,这种"短暂蓝"和"应急蓝"并没有形成持续的效果,随着重大活动和重要事件的结束,京津冀地区再次出现"烟雾缭绕""腾云驾雾"的污染天气,大气污染状况又恢复到持续的恶化状态,由此可见,对于区域性大气污染的治理,没有形成区域间的长效化协同治理机制。首先,从三地的协同治理主体的角度看,三地往往仅停留在执行顶层设计上的一些强制性政策和措施,没有立足于三地长远可持续发展的视角,没有自下而上的协商统筹京津冀区域大气污染协同

治理的行动方案。其次,从协同治理过程看,各地往往仍是先考虑自身的利益和需求,面对治污资金的投入,三地都连连叫苦,各抒难处,把困难和问题放在首位,这充分体现出区域间仍然各自为政,缺乏全局意识,仍然停留在传统属地治理模式下,没有奠定常态化协同治理的基石。最后,从协同治理机制看,京津冀三地各项治理措施和规章制度没有形成统一的标准,而各地的治理压力不同也导致在具体的排放控制标准上存在差异性,监测技术与信息共享不到位,导致协同治理的长效机制不完善,没有形成合力。

4. 监测网络体系初步建立,但协同共享机制仍不健全

2014年以来,京津冀在区域空气预报、重污染天气的预报和预警、三地监测数据和相关信息的共享共用、互通信息等方面已初步建立,并取得了很好的成效。比如,2016年初,京津冀制定了统一的大气重污染应急预警等级标准,修订了相关的应急预案,对预警发布、调整以及解除的相关流程进行了规范,在全国范围内建立了首个空气重度污染应急预计体系,为实现三地区域性大气污染协同治理以及应对措施的实施奠定了基础。

然而,目前京津冀区域在大气监测数据的获取和处理上仍不健全,协同共享机制也有待进一步完善。一方面,在三地进行大气污染协同治理的具体实践中,区域内监测站的点位和数量不足,所以获取的大气污染监测数据不完整,降低了监测数据的有效性和代表性。另一方面,在三地大气监测过程中,由于监测技术手段、数据采集的方式、人员素质以及检测的仪器和判断标准存在差别,加之对监测数据处理方式、方法的不同,导致对整个区域的大气污染状况的监测缺乏准确性和统一性。比如,北京市与天津市都对环境质量监测数据发布月报,对当月大气环境的变化状况进行了详细的统计,河北省在数据发布上采用了日报形式,但是没有相关的统计数据,因此,也就无法一目了然地与北京、天津的大气监测数据进行对比。

5. 区域协同治污意识已树立,但法律政策依据不足

各类重大活动和事件的成功举办,让京津冀三地认同了协同治污的有效性。同时,三地也意识到针对不同的污染源需采取不同的针对性治理措施。在近几年的治理过程中,三地针对不同的污染源形成了各自的治理特色。例如,北京市

针对机动车尾气实施压缩燃油量、推行新能源汽车以及机动车限行等措施,天津市针对工业排放采取推动企业转型的方式进行治理,河北省则重点治理燃煤排放领域。但空气污染与生态环境治理是一项系统而复杂的工程,具有长期性和持续性特征,而且需要完善的法律法规制度与政策提供制度保障。

目前有关的法律法规只针对整体层面或辖区的大气污染治理做了要求,并没有明确规定区域协同治理的具体措施,使得在具体治理工作中各地都是基于本地的利益与实际问题进行属地治理,三地间的沟通、协调不足,而且也没有相关法律法规为协同治理提供强制性的制度保障。[1] 尽管 2013 年《大气污染防治行动计划》("大气十条")中对京津冀三地加强合作治理污染提出了明确规定,但是从三地的《大气污染防治条例》等文件中发现,三地都是针对各自管辖权限内的具体规定,基本上都没有专门提及区域污染天气的协同治理的相关规定,尤其是在重点排污企业、排污费的征收和征收标准等方面并未有针对性和实质性的规定。此外,在京津冀区域大气污染协同治理的政策方面也缺乏法律支撑。虽然京津冀三地在协同治理上有过数次成功的案例,但这仅仅是停留在表面的应急措施和临时性的协议或行动方案,并没有形成正式的法律条文。这也直接导致京津冀在协同治理大气污染上没有形成合力,出现了协同治理主体法律的缺位和不健全。

6. 经济正在转型,但协同治理效率不高

近年来,京津冀不断转变发展方式,调整产业结构:北京逐步疏解非首都功能,转移第二产业;天津积极推进清洁能源,促进产业转型升级,消减产能,缩小第二产业所占比重;河北省大力推进钢铁行业过剩产能的压减,合理承接北京产业。经过多年的努力,京津已实现"三、二、一"产业结构,河北省的第三产业所占比例也不断提高,但转型过程中也面临一些困惑。据统计,2017 年以来,随着环保督查、环境执法不断趋严,多地 GDP 增速放缓,由此引发了"环保影响经济""环保督查限产、停产造成大量失业""环保影响冬季采暖"等种种议论,使大气污染治理工作面临着经济技术和社会公平的双重压力。

---

① 吴笑谦:《浅析我国雾霾污染协同治理的困境及解决对策》,《现代交际》2015 年第 4 期。

面对经济转型的阵痛,京津冀由于在经济发展水平、污染源主体、环境容量、治污的支付意愿以及实际支付能力等方面存在一定的差异,使得分担大气污染协同治理成本和共享治理收益成为京津冀协同治理效率不高的主要原因。从经济发展阶段看,河北省明显弱于京津两地,无论是面对促进发展、解决就业,还是在治污资金投入、分担治理成本上,其压力和挑战都要远高于京津两地。加之作为"理性经济人"的政府都存在"搭便车"、污染转嫁以及治理成本转移的动机,这也造成京津冀三地在资源、能源、环保以及市场和发展上过多的关注自身的利益,过重的追求所谓的行政管辖权内的效益,造成任意两地甚至三地之间的竞争大于合作,从而呈现出三地协同治理基础薄弱,协同治理效率低下,难以构建协同发展的长效机制。

(三)京津冀大气污染协同治理存在问题的原因

1. 区域大气污染治理的艰巨性、复杂性和长期性

目前,京津冀要实现区域大气污染协同治理还有很长的路要走,首先,大气污染的成因比较复杂。众所周知,工业废气、汽车尾气、建筑施工以及城市建设中的点源、线源和面源的污染等都会导致大气污染的形成,但这些污染源中的污染物排放很难收集和监测。比如,汽车尾气的线源污染、居民生活中燃柴或燃煤的面源污染,往往无法确定其是否满足达标排放,从而为区域大气污染协同治理工作增加了难度。其次,区位特征造成跨界污染严重。由于京津冀三地在地理位置上具有特殊性,大气污染跨地区交叉现象非常严重。三地均处于环渤海经济带的核心位置,而且天津、北京又处于河北省的包围中,再加上空气污染的跨界传输非常明显,决定了三地的跨区域污染较为突出。此外,该地区还是钢铁、石化以及水泥等高能耗、重污染企业的聚集地,受特殊地理位置以及气候条件的影响,区域内大气污染物排放会出现混合,然后以带状分布的形式跨界扩散,这也导致三地在大气污染程度以及特征上非常相似。最后,京津冀大气污染的复合型特征给协同治理增加了难度。当前该区域的大气污染包括了一氧化碳、氮氧化物、光化学烟雾以及臭氧氧化物等多种污染物混合的污染类型。污染物跨界传输的特征会导致其在大气中不断流动,区域性的复合型污染也就成为必然。

2. 区域发展不平衡制约了京津冀大气污染协同治理

在发展方面,2018 年京津冀的财政收入分别为 5785.92 亿元、2106.24 亿元、3513.86 亿元,人均财政收入分别为 6.24 万元、3.95 万元、2.34 万元。北京与天津已经达到中等发达地区水平,但是河北还处于落后状态,截至 2019 年 1 月,河北省还有 28 个国家级贫困县。同样,从京津冀三次产业的增加值及比重上看(见表 8),京津两地的第一产业比重很低,且产业结构均为"三、二、一",而河北省的产业结构为"二、三、一",根据库兹涅茨的工业化发展阶段判断理论,京津属于后工业时期,而河北处于工业化中期。由资源依赖性曲线原理可知,京津两地对自然资源的依赖程度低于河北,可见京津冀区域发展极不平衡。

表 8　2018 年京津冀地区三次产业增加值及比重　　　　　　　　单位:亿元

地区	地区生产总值	第一产业		第二产业		第三产业	
		增加值	比重(%)	增加值	比重(%)	增加值	比重(%)
北京	30319.98	118.69	0.4	5647.65	18.6	24553.64	81.0
天津	18809.64	182.71	0.9	7609.81	40.5	11027.12	58.6
河北	36010.27	3338.00	9.3	16040.06	44.5	16632.21	44.5

数据来源:国家统计局编:《2019 年中国统计年鉴》,中国统计出版社 2019 年版。

在很大程度上,经济资源是支撑大气污染治理的基础。在京津冀区域内,各地的经济发展水平不同,污染程度也不同,主要污染类型也有所差异,在空气污染治理方面也导致三地对大气污染的协同治理政策受到制约。北京市是我国的首都,同时也是国际化大都市,基本不存在重工企业,但是河北省主要依靠重工企业来带动经济发展。这就造成河北省的经济必然会受到空气污染治理的影响,直接表现在财政收入以及国内生产总值会大幅度下降。但是在三地协同治理空气污染的实施方案中,北京与天津并未因此对河北采取补偿,这对河北省协同治理空气污染的积极性造成了严重打击。

3. 治理成本高与可操作性存在矛盾

在投入方面,根据 2015 年《中国环境统计年鉴》可以看出,京津冀三地在工业污染治理方面,河北省当年完成投资 88 亿元,天津完成 22 亿元,而北京仅完成 7 亿元,河北省在生态治理负担上要明显高于北京与天津。

从治理成本上看,天津市与河北省都属于重工业城市,这些重工企业基本都以煤炭为燃料,而煤炭燃烧产生大量的氮氧化合物、二氧化硫以及颗粒物等烟尘,企业只有采用脱硫脱硝技术才能实现达标排放,而引进建设脱硫、除尘等废气净化装置需要大量的资金。从每年各产业排放的无烟、尘废物以及污染治理投入的资金情况,可以大致算出工业产业实施大气污染治理所需的成本(见表9)。由此可以看出,京津冀三地要通过削减产能或者是进行废弃物排放的无害化处理,都要投入极高的机会成本与资金成本。

表9   部分行业大气污染治理成本   单位:元/吨

	二氧化硫	烟粉尘	氟化物
电力行业	50	38	2771
水泥行业	783	486	—
石化行业	769	74	—

从实际操作上看,三地协同治理空气污染存在一定的矛盾,具体表现为:第一,利益不均衡,即经济发展无法与生态环境达到有效的平衡。由于三地在经济上发展不均衡,河北省在协同治理中实力不足。同时,大气污染治理还会导致财政负担增加,对三地的财政收入产生影响,因此,三地在协同治理上存在治理成本高而实力不足的现象。第二,顶层设计不完善,协调机制不健全。在环保执法力度、产业准入标准以及污染治理能力上都存在很大的差异,联防联控机制不明确。第三,三地在生态环保方面的责任与义务不明确。三地都为了追求自身利益的最大化,采用了政治与行政权的过度干预,使市场机制难以真正发挥效用。尤其是河北省,这种情况更为明显,没有对各地的环保责任进行明确的界定,也没有建立生态补偿机制,导致各地在利益协调上存在矛盾,难以实现协同治理和合作共赢。

4. 协同治理的主体间存在利益竞争关系

从区域大气污染协同治理的逻辑关系上分析,利益处于核心地位,为了保护当地利益,必然会形成差异化的环境治理标准以及严重的行政壁垒,各方利益主体在三地协同治理中有着多元化的诉求。协同治理主体间的利益竞争给区域协同治理造成了很大的障碍。比如北京市希望其他两地可以尽快提高治理标准,与北京标准持平,同时还希望两地可以对产业协同机制进行完善,从而对其非首都城市功能进行疏散。天津市则希望协同治理可以尽量避免削减工业企业产能,尤其是疏散北京的非首都城市功能中,希望获得更多的资源与项目。对于河北省来说,则更希望北京以及天津可以分担其产业结构调整中的负担与成本,还希望承德、张家口两地由于在区域空气污染治理中的贡献可以获得北京与天津的补偿。另外,河北省还希望三地间的行政壁垒尽快消除,以促进要素自由流动,进而从北京与天津获得更多技术、人才以及资金,促进本省的产业升级。

大气环境就是一个典型的公地悲剧,由于缺乏有效的约束机制,各地都希望获得最大化的利益,因此会竭尽全力对自己的排污权进行充分利用,对大气污染问题则不予考虑,最终使大气成为人人攫取而不付出的公地。出于"理性经济人"实现自身利益最大化的思想,在政策协调方面三地的利益冲突较为明显,"共容性利益"较为缺乏,很难达成一致的意见。例如,2014年环保部公布的三地大气污染治理有关的钢铁企业名单中,需要治理的钢铁企业数量中,北京为0,天津为17家,而河北则多达379家。从这一数据就可以看出,河北省参与区域大气污染协同治理,必然会面临产业机构与经济发展的多方面压力,会直接影响其经济利益。此外,三地协同治理大气污染并没有建立合理、有效的补偿机制,河北的经济水平较为落后,缺乏治污的动力和能力,对协同治理的推进造成严重阻碍。

5. 环保基数差距抬高了区域间共同治理的门槛

虽然京津冀都面临着大气污染的治理问题,同时要对污染问题展开联动治理,但是从环保部官网的资料分析,三地目前出台的环保标准有很大的差异。例如,北京市的环保标准涵盖了水资源、大气以及危险品废弃物等很多方面,地方标准甚至超过了国家的环保标准;而河北省的环保标准主要针对重污染行业的大气污染物排放,覆盖面较小;天津的环保标准则主要针对水污染治理而制定。

另外,虽然近年来国际上针对京津冀等重污染区域制定了专门的大气污染物排放标准,但是河北省纳入范围的城市只有经济水平较高的石家庄、廊坊、保定与唐山4个城市,其他地方在很长一段时间内仍然可以按照低于区域环保治理的标准执行。

综合分析,天津、河北与北京相比在环境标准上体现为发展滞后、投入较少、覆盖面小等问题。虽然整体上看京津冀区域的大气污染治理取得了一定的成果,但是由于以上问题,必然会对区域环境治理的整体效果产生不利影响。三地环保标准的不同,其背后深层次的原因在于地区经济与社会发展不均衡,这也使得三地在区域大气污染的协同治理上难度更高。

6. 生态补偿性的缺失影响了区域协同的积极性

从污染转嫁到治污"搭便车",地方利益难协调,再到生态补偿缺乏,地区不平衡加剧,对三地进行协同治理大气污染的积极性造成严重打击。一是跨界横向补偿尚未建立。比如2014年3月,由于出现持续6天的严重污染天气,石家庄关停了2025家企业,直接造成了60.3亿元的经济损失。但是由于环境治理存在明显的外部性特征,最终受益的不仅是石家庄,还有京津冀三地。在这次治污过程中,北京与天津并没有在其他方面横向补偿河北,影响了区域内协同治理的积极性。二是没有建立全面的生态补偿标准,对于区域环境的间接损失、补偿年限以及地区差异等都没有明确,更没有重视环境移民问题。如对沙尘暴进行治理时,为了减少沙尘暴对北京与天津的直接影响,河北承德、张家口等市开展了规模宏大的退耕还林与封山育林工程,产生了大批的生态移民。但是由于生态补偿标准不明,经济效果不明显,反而给经济相对落后的承德、张家口等多个县造成严重的财政负担。

由此可见,京津冀三地的协同治理大气污染,重点在于区域合作动力的提升,特别是要激发经济发展水平较低地区的参与积极性,但是其关键问题在于建立利益共享与补偿机制。

五、京津冀大气污染协同治理的发展趋势与对策建议

要从根本上提升京津冀的协同治理能力,就必须建立区域常态化的协同治理机制,健全和完善法律法规与政策制度,建立区域利益补偿机制,推动区域科技联动机制,协调区域间的利益公平,实施区域同步治污,构建区域相关主体协同治理机制,从而实现京津冀污染信息的沟通、交流与共享,全面推动协同合作,协同治理,实现生态环境的可持续发展。

(一)建立区域常态化的协同治理机制

从顶层设计看,建议在总结分析的基础上,将可行的临时性、应急性措施逐步变成常态化措施,比如,将奥运蓝、会议蓝、国庆蓝等重要活动或会议期间的限制生产和出行、定点督查、高压执法等应急措施逐步转变成常态化生产或生活方式,达到从"临时治标"到"长久治本"的根本性改变,最终形成一系列具有法律地位的长效工作机制。在具体实施过程中,一方面,应在持续深入推动常态化联防联控的基础上,将产业结构调整从被动转变为主动,再到以污染减排倒逼调整转型。产业界应主动寻求绿色循环低碳生产方式,协同实现绿色转型;普通民众应追求环境友好、绿色发展的生活方式和消费方式。另一方面,要进一步完善区域大气污染联防联控协作机制,加快落实跨地区环保机构试点方案,设立京津冀大气管理局(2017 年已开始筹建,2018 年 9 月正式挂牌设立京津冀及周边地区大气管理局),在中央环保机构与各省级环保机构之间,增加一层跨越各省级行政单元的环保机构,作为具体执行落实中的"传动机构",重点解决区域大气环境问题。加快京津冀区域省级以下环保机构监测监察执法的垂直管理制度的改革步伐,推动大气防治压力层层传导,强化地方党委和政府对环境保护的主体责任,调动中央和地方两个"条"和"块"的协同性和积极性,尽量减少不必要的干预,加强跨区域环境监测监察执法的有效联动和协同。

(二)完善区域法律法规保障机制

完善的法律规章制度,不仅可以提高环保部门的权威性,还能有效降低环境执法的成本。因此,需要树立环保的法制思维,需要构建完善的法律法规体系并建立统一的环境规划以及环评标准。建议着手制订《京津冀区域清洁空气条例》,或者在京津冀协同发展框架下出台《京津冀区域环境保护条例》,通过法律制度切实保障京津冀三地协同治理不间断、不走偏。①

---

① 周扬胜等:《从改革的视野探讨京津冀大气污染联合防治新对策》,《环境保护》2015 年第 7 期。

与此同时,京津冀大气污染协同治理的实现也需要规范化、透明化执法。要在不断健全区域大气污染联防联控法律法规政策体系的基础上,持续推动全覆盖、常态化的中央环保督察。加快建立京津冀区域间大气污染公益诉讼联动机制、法院执行联动小组,确保区域案件裁判标准统一。严格依法行政,依法治理,改善环保执法细节,避免"运动式"执法。提升执法透明度,执法虽是"硬道理",也需"讲道理",应让企业和公众对执法标准、法律依据看得明白,心中有数,力求"心悦诚服",才能减少误解和对立情绪,提高公众参与度和满意度。

(三)完善区域利益补偿机制

一是建立完善的大气生态保护补偿机制。建议京津冀设立专项"项目支持和奖励",对污染治理的补偿基金进行转化,通过项目的形式实施产业替换,从而补偿当地由于产能削减而导致的失业与再就业问题,还可以通过新能源开发、污染处理技术开发以及发展清洁能源技术,进行生态补偿,对于实施清洁能源开发的企业,在企业搬迁、建设用地以及资金等方面进行支持,鼓励生态产业的发展,帮助落后地区"造血",形成发展能力,通过外部补偿促进产业内部的自我更新与自我发展。

二是建立政府主导的排污权交易制度。可以采用公共资源私有化制度。例如对大气这种典型的公共资源,在进行治理时,可以通过立法或者新手段构建大气污染排污交易权制度,对区域内大气资源实施私有化政策,由排污企业以及排污消费者来承担大气污染的资金成本。一方面要从宏观上进行调控,另一方面还要对省、市、县等的调控目标进行细化。此外,还要对排污交易市场进行有效的监管。

三是对成本分摊机制进行创新与改革,促进协同治理效果的提升。一方面,京津冀要在大气污染治理方面加大投入。尤其是在财政投入上,要承认并尊重河北省在三地大气污染治理中的历史贡献以及重要地位和作用,同时完善并调整污染者付费方式和受益者补偿机制。另一方面,对区域内大气污染治理的关键地区进行对口帮扶。采用技术支持、资金支持以及项目支持等方式,对河北进行重点支援,从不同层面实现对口支援,加强合作。

（四）推动区域科技联动机制

一是加快建立完善区域大气环境智能监测网络体系。[①] 环境监测是环境治理的基础和顶梁柱,是区域协同治理的"千里眼"和"顺风耳"。要精准找到污染源,分清治理责任,为环境监管插上智能的翅膀,让监管与智能相伴。因此,针对现有监测网络存在盲点、盲区、盲时,难以具备整体普遍意义上的监管等短板,可以考虑充分利用卫星遥感、"物联网+智能传感器"等技术,建设集布点科学、密度合理、覆盖全境、智能化、立体化的大气环境实时监测网络体系——"天网"。2018年8月26日,生态环境部宣布启动"千里眼计划",对京津冀及周边地区"2+26"城市全行政区域按照"3千米×3千米"划分网格,将利用卫星遥感技术筛选出的PM2.5年均浓度较高的3600个网格,作为热点网格,进行重点监管,并从中选出800个网格加密布设3200余台PM2.5地面监测微站,将其进一步细分为28800个"500米×500米"的精细网格,配合便携式监测设备,达到"车间级""入户级"监管水平。这3万余个网格如同"千里眼",紧盯京津冀大气治理,让违法排污无所遁形。

二是加快建立京津冀大气环境大数据平台。对多个部门的资源进行优化整合,包括国土资源部、环保部、交通运输部、城乡住建部以及气象、测绘、质检等相关科研单位以及监测站点等。改变当前"数据孤岛""数据烟囱"的状况,促进数据互联互通,既能减少数据采集、重复统计的工作量,又能节省资源,同时还可以提高数据的准确性和可靠性,为政府决策提供必要的信息支持和数据参考,同时还对大气污染系统而综合的治理有积极意义。充分利用现代化信息技术、物联网、互联网以及大数据等资源,建立从数据采集到环境监测再到智能分析与信息共享等多种功能的大气环境数据综合平台,为区域环境状况评价、变化趋势分析、预测预警及综合监管提供依据,有助于实现对区域空气环境状况监管的全覆盖,构建全域生态环境监管的长效机制。

（五）协调区域政府间的利益关系

利益关系是区域大气污染协同治理的基础,而其他关系则是协同治理的具

---

① 牛桂敏:《关于提升我市环境治理能力的建议》,天津政协网(www.tjszx.gov.con),2018年7月20日。

体表现。要想协调好区域政府间的利益关系,首要任务就是找到区域内各地政府具有同性或共容的利益,并将这些利益关系互为依托,形成一个统一整体。比如,在大气污染治理过程中,改善京津冀的空气质量就是其"共容性利益",但在治污过程中,如果需要牺牲某地的其他利益时,如果得不到区域内另外两地的认同和尊重,以及相应的人力、财力或物力等方面的支持和补偿,那么这种治污政策就会受到执行阻力,从而不能持续实施。所以,京津冀地区在协同治理环境中要始终将利益协调放在首位。各地的经济发展水平以及产业结构的差异决定了京津冀的利益诉求不同,因此要对各方的具体情况进行综合考虑,对其利益需求充分尊重,通过协商构建协同治理的具体方案。

(六)实施区域重点领域同步治污

一是推行车油同步制度,形成机动车的区域性协同监管。加大力度推进天津、河北尽早将车用燃油质量和入市新车提升到第五阶段标准,一方面可以促进河北、天津等地新增机动车数量以及排放量的降低,另一方面也可以促进现用机动车排放的减少。此外,要不断提升机动车排放的监管能力。例如,可以通过北京目前的机动车监管信息系统,建立覆盖全区域的机动车监管调度管理平台,对区域内的机动车进行全面管理。

二是严格统一区域标准体系,坚持同步治污。针对臭氧等二次污染问题的日益凸显,建议京津冀逐步完善主要污染物的指标体系,适当补充一些与现有污染物结合能产生二次污染的污染物指数,提高个别污染物的排放限值,进一步完善相关行业的挥发性有机化合物(VOCs)排放标准和排放限值。同时,尽快协调天津市、河北省早日明确六大重点行业和燃煤锅炉现有源执行国家特别排放限值的日期。在天津市域以及河北省6个城市得到全面实施后,再考虑扩大区域执行。坚持把现有污染源治理设施改造升级达标提标放到与削减过剩产能同等重要的地位,坚持工程治理和产业结构调整两手抓。

(七)构建区域相关主体协同治理机制

多元化的主体参与是实现京津冀地区大气污染协同治理的重要途径。从不同主体层面看,区域大气污染协同治理主体主要包括政府、企业和公众三个层面。构建以政府层面为主导、企业为主体、公众参与的创新机制。政府层面是立足顶层设计,制定大气污染协同治理的规划和方案。积极发挥公众的主观能动性,需要一套完善的参与机制来为民众提供更多的参与机会,从而使公众可以结合自身的需求,参与发展计划的制定,并积极主动去执行,最终实现合作共赢。当前,公众知情权不断完善,但是决策权与监督权相对滞后。政府要为公众参与提供平台,建立完善的运行细则,从而激发公众的主动性和积极性,发挥人民的智慧与创造性,共同进行环境治理。另外,对企业在治理污染中的决策权与选择权要充分尊重,调动企业参与治理的积极性,发挥其主动性作用。相关部门要建立完善的污染企业退出机制,通过财政支持、税收优惠以及资金支持、用地支持以及资源供给支持等,引导和帮助污染企业转型升级、建设终端污染物治理工程等。政府要加强对资本市场的引导,通过优先上市、低息贷款等方式,鼓励企业进行兼并与重组,淘汰落后产能,开展环保产业,推动企业综合竞争力的提升,最终实现治理与经济共同发展的目标。

产 业 篇

京津冀战略性新兴产业协同发展的
定位和实现路径

许爱萍

京津协同发展战略的部署为京津冀战略性新兴产业协同发展提供了难得的历史机遇,京津冀经济联系历史悠久,科技创新资源集中且优势互补,具有良好的协同创新发展前景。但战略性新兴产业协同创新发展离不开产业链协同和科技创新、科技金融、科技人才的支持。随着三地产业协同发展的深入,探索京津冀战略性新兴产业协同发展的现状与问题,继而提出加速京津冀战略性新兴产业协同发展的方案,对提升地区生产力具有一定的实践意义。

京津冀要在认清三地科技创新优势与困境的基础上,打造京津冀一体化的科技创新体系,通过制定一体化的发展战略,实现"官产学研"合作的新典型。通过京津冀科技创新系统的协同,以建设高端人才聚集、流通工程、科技创新保障机制工程,推动大项目在天津、河北落户,推进产权交易市场建设,加速推动科技创新金融中心建设,积极承接北京的教育和科研功能,在实现创新资源的流动和创新成果的转化的同时,推动科技创新能力"均一化"发展,进而促进形成具有一定创新优势的科技创新簇群,实现京津冀科技创新水平的拔高生长。

科技创新协同发展离不开科技金融的支持。本研究提出了京津冀科技创新协同发展的金融支持的设计思路,同时给出了通过建立相关法律体系、拓展银行网络、提供科技金融服务平台和搭建融资互助联盟等方式构建京津冀科技协同创新的科技金融支持方案。

科技创新人才作为知识与技术的载体,对区域产业聚集、提升区域经济竞争力具有重要作用。区域科技创新人才聚集动力来自市场、区位优势、完善的制度体系、优越的创新环境氛围。建议通过建立强化政府引导、市场主导的人才聚集模式;加速人才链建设,为先进制造产业链各环节的发展提供支撑;在京津冀形成从区域外有效吸纳、区域内科技创新人才聚集的"三核"驱动模式;加大科技创新人才培养投入力度,主动适应区域产业发展;实施激励性的科技创新人才培养、考核体系等方式,加速京津冀科技创新人才的聚集。

一、京津冀战略性新兴产业协同发展现状

(一)京津冀产业协同发展现状

1. 产业结构不均衡,集中于产业链中下游

近年来,京津冀战略性新兴产业分工逐步细化,企业数量大幅增加,但京津冀制造业中重工业比重较大,例如重化工业中的大运量、大吞吐量、高耗能的工业项目较多,产业附加值低,环境污染严重,重化工业成为能源和原材料消耗大户。我国大量企业以引进技术、组装生产为主,技术对外依存度高达50%以上,出口产品附加值和技术含量不高,[①]也面临着产业技术创新能力不足的问题,企业自主创新意识薄弱,本土企业技术创新水平有待提高,新技术、新工艺的使用率不高,产品出口缺乏优势。在实际生产过程中,主要表现为制造化向智能化转化速度不高,数字化、现代化的生产体系尚未形成,劳动密集型的生产或装配类企业较多,跨国公司掌握着产业高端增值服务部分,本土企业难以获得提升产业发展的内驱动力。

2. 战略性新兴产业服务化、现代化水平不高

生产性服务业源于制造业部分职能外包,是提升先进制造业生产率、降低成本、促进规模化生产的有效手段。目前,京津冀地区第三产业比例不断提高,但服务业与战略性新兴产业链条融合程度较低。珠三角、长三角地区的先进制造业出现聚集化、服务化发展趋势,是我国先进制造业最为发达的地区。与这些地区相比,京津冀地区围绕先进制造业的服务业配套水平略显不足,科技金融、科

---

① 罗文:《从战略上推动我国先进制造业发展》,《求是》2014年第10期。

技服务、物流、通信等服务业发展水平仍有待提高。

另一问题是京津冀地区的发展一直存在高端人才短缺问题,产业技术创新人才、高级管理人才、高技能型人才储备不足造成产业综合配套服务水平落后。先进制造业产业体系的打造,需要大量研发设计、文化创意、高级管理领域的高端人才,现有的生产性服务企业规模小、综合服务水平落后,为跨国同类企业进入中国市场创造了契机。

3. 京津冀产业分工不明显,跨区域产业链融合效果不佳

在京津冀协同发展中,天津打造"全国先进制造研发基地"仍需要科技创新能力的支撑,北京科技资源溢出对天津的带动效果不强,河北省生产环节对北京、天津的研发、设计等产业链上游的反馈作用不佳,上游对产业链下游的引导、提升作用较小。从产业链协同发展的角度看,河北省在原材料、劳动力成本上的优势尚未开掘,北京的科技研发、科技服务优势也没有得以利用,三地在发展先进制造业过程中争项目、扩产能的大的发展思路没有改变,产业同质化竞争严重。天津与河北目前仍是以生产、加工、组装为主的产业模式,三地产业分工与协作的角色定位不清,各自产业边界清晰,没有出现高度融合。

(二)京津冀科技创新能力协同发展现状

1. 京津冀地区的科技创新能力极化现象明显,落差较大

京津冀科技创新资源的分布差距较大,首都北京汇集了全国最重要的科技创新要素,汇聚了众多中国优秀的学府,具有一流的教育和科研优势。北京拥有众多的科研机构,国内外大企业竞相在北京设立研发中心,使北京具备了一流的人才、资金优势。以北京中关村为代表的众多开发区竞相发展电子信息产业、生物制药产业,这都为北京累积了一流的技术优势和技术溢出优势。天津在国家大力发展滨海新区的利好政策条件下,积极发展高新技术产业,着力提高科技创新水平,凭借良好的招商引资条件和广纳贤才的决心,滨海新区已经成为拉动天津科技、经济的创新增长极。相比于京津两地,河北省的科技创新资源水平较低,但有较为稳定的原材料、劳动力优势。

京津冀地区的科技创新能力极化现象较为明显,北京各项创新能力要素高度聚集,远远超过天津和河北,三地创新能力水平差异较大。① 相比于京津两地,河北的科技资源投入总量与产出总量都远远小于京津,地方财政拨款占地方财政支出的比重仅达0.82%,远远落后于北京的5.76%、天津的2.63%,北京的R&D经费占GDP的比重已经远远超过西方发达国家的3%的水平,北京在R&D经费投入上具有天津、河北无可比拟的优势(见表1)。从中国科技技术发展战略研究院发布的"2011年京津冀三地科技进步统计监测综合评价"的结果看,北京的综合排名位列第一,其中科技活动产出、科技进步环境指标位列第一;天津综合排名位列第三,各项分指标处于前列;而河北综合排名仅位列第十九,各项分指标均排于十名以后。

表1　2011年京津冀三地科技资源主要指标

指标名称	单位	北京	天津	河北
R&D人员	万人年	21.73	7.43	7.3
R&D经费	亿元	936.64	297.76	201.34
R&D经费占GDP的比重	%	5.76	2.63	0.82
地方财政拨款	亿元	183.07	60.17	33.22
地方财政拨款占地方财政支出的比重	%	5.64	3.35	0.94
高技术产业规模以上企业产值	亿元	2897.6	2672.3	973.3
高技术产品进出口额	亿美元	402.97	361.98	57.38
高技术产品进出口额占全国份额	%	2.43	3.17	0.71
高技术产品进口额	亿美元	269.44	188.17	18.62
高技术产品进口额占全国份额	%	5.82	4.06	0.4
专利申请受理量	项	77955	38489	17595
发明专利受理量	项	45057	10623	4651
专利申请授权量	项	40888	13982	11119

① 王蓓、刘卫东、陆大道:《中国大都市区科技资源配置效率研究——以京津冀、长三角和珠三角地区为例》,《地理科学进展》2011年第10期。

续表

指标名称	单位	北京	天津	河北
发明专利申请授权量	项	15880	2528	1469
国内中文期刊科技论文数	篇	68281	12879	18622
技术市场成交合同数	项	53550	11699	4400
技术市场成交合同金额	亿元	1890.28	169.38	26.25

资料来源:省市主要指标,http://www.sts.org.cn/kjnew/maintitle/Rdnc.asp? Mainq = 14&Subq = 2&Sele = (1,2,3,)&Year = 2011。

表2 2011 年科技进步统计监测综合评价结果　　　　　　单位:位

指标名称	北京	天津	河北
科技进步环境排序	1	2	17
科技活动投入排序	3	2	21
科技活动产出排序	1	3	25
高新技术产业化排序	3	2	23
科技促进社会经济发展排序	4	3	14
总排序	2	3	19

资料来源:科技进步统计监测综合评价结果,http://www.sts.org.cn/kjnew/maintitle/Rdnc.asp? Mainq = 14&Subq = 3&Sele = (1,2,3,)。

2. 京津冀产业梯度差异较大,产业协同潜力仍有待开发

由于计划经济时期遗留下来的弊端,京津冀产业结构同质化严重,逐步形成了化学工业群、金属机械制造业群、服务业群。[①] 由于京津冀在资源禀赋、区位条件和历史文化上存在相似性,以及三地存在区域壁垒、产业结构趋同、合作意识薄弱等问题,造成京津冀盲目发展各自的"优势产业",形成抢夺科技创新资源的

---

① 龙龙、马荣康、刘凤朝:《基于投入产出关联的区域产业部门角色演化研究——京津冀与东北地区的比较分析》,《大连理工大学学报》(社会科学版)2014 年第 1 期。

恶性竞争。① 随着经济的发展,京津冀逐渐从原有的钢铁、化工、建材、电力、重型机械、汽车等传统产业竞争模式中退出,争相发展以电子信息、生物制造、新材料等高新技术产业。各地区各行其是造成产业同质化严重,产业同质化竞争的背后反映出的是技术老化的问题,加之科技创新合作不紧密,产业技术创新水平落后,三地科技创新联系与协作程度低下,致使产业化水平受阻,区域产业合作潜力无法形成。② 仅以汽车产业为例,京津冀三地竞相发展汽车产业,由于产业自身发展对地方 GDP 影响较大,已经出现了地方产业的垄断特征,但三地并未发展出一脉相承的汽车产业链,产品同质化、产业技术老化等问题严重。从产业技术创新的长期发展看,协调京津冀汽车产业技术创新的协同发展,更有利于产业健康发展。

京津冀产业梯度差异较大,北京早已经进入后工业化阶段,形成由知识和技术要素驱动的发展模式,而河北依靠资源和劳动力要素驱动,天津处于两者之间。③ 相比于天津、河北两地,北京的产业结构更为优化,这与北京将一些产业向周边地区转移来保持经济增长的策略有关。④ 天津、河北并不乐意以牺牲环境来获得经济效益,因此以科技创新推动产业结构升级改造成为京津冀优化产业结构的必由之路。京津冀科技创新协同发展,实现科技创新链带动产业价值链的提升,不单单是解决北京的"城市病"问题,也是推动区域科技体制创新,探索京津冀科技创新资源布局,促进科技与产业发展相协调的重要举措。

4. 专利数量区域间极不平衡,京津冀科技成果转化存在差距

北京是中国高校、科研机构最为密集的地区之一,也是科技成果产出最多的城市,天津次之。从上面关于科技成果资源统计的情况看(表 1),2011 年三地专利申请量分别为北京 77955 件、天津 38489 件、河北 17595 件,专利数量区域间极

① 王海涛、徐刚、恽晓方:《区域经济一体化视阈下京津冀产业结构分析》,《东北大学学报》(社会科学版)2013 年第 4 期。

② 张换兆、霍光峰、刘冠男:《京津冀区域科技创新比较的实证分析》,《科技进步与对策》2011 年第 2 期。

③ 徐永利:《逆梯度理论下京津冀产业协作研究》,《河北大学学报》(哲学社会科学版)2013 年第 5 期。

④ 任崇强、宗跃光、王燕军:《京津冀地区产业结构和竞争力空间分异研究》,《地域研究与开发》2012 年第 3 期。

不平衡,其中河北的申请量最少,而天津也仅为北京总量的一半。科研水平的不均衡为三地科技创新的联合和创新成果的交易提供了广阔的空间。从京津冀区域间科技成果转化的历史情况看,京津冀科技成果转化效率较低,科技创新合作缺乏广度与深度,京津冀区域协作的组织间科技创新网络体制不健全,①深刻影响了科技成果转化的效率。

再者,北京中关村作为国家级自主创新中心,已经成为世界知名的创新中心,聚集了国内外大量高端创新要素,拥有一大批新兴产业的领军企业和创新型企业,2013 年德勤公布的《中国大陆高科技高成长企业 50 强》②和 2013 年《清科——中国大陆最具投资价值企业 50 强》中,北京的企业数量最多,其中大部分的企业来自中关村。③ 同时,在 2012 年,中关村已经确立了国家科技金融创新中心地位,④大量科技创新成果面临着转化的问题。与北京形成鲜明对比的是,天津、河北的开发区和高新园区拥有良好的生产要素条件,正面临着招商引资的难题。如何发挥中关村的辐射引领作用,推进京津冀科技创新合作,推进中关村科技成果在津冀两地的转化,带动天津、河北科技创新能力的提高,是亟待解决的问题。

(三)京津冀科技金融的发展现状

1. 京津冀科技金融投入强度、投入结构存在较大差距

京津冀的经济发展水平决定了地方对科技金融投入水平的不同,同时也与政策水平、金融市场发展水平密切相关。从 R&D 投入强度看,北京作为全国政治、文化、创新中心,也是金融总部的聚集地,聚集了大量的科技创新资源,自 2006 年到 2012 年,科技金融投入强度一直位居京津冀首位;天津是北方创新高地,科技金融投入强度持续增长;而河北在产业结构、产业环境方面都比较落后,

---

① 吕志奎:《协作性公共管理视角下的京津冀区域协作模式创新研究》,载《2010 年度京津冀区域协作论坛论文集》,第 15—20 页。

② 《2013 年德勤中国高科技高成长企业 50 强排行榜》,http://news. 51zjxm. com/bangdan/20130916/32905. html,2014 - 05 - 11。

③ 《2013 年中国最具投资价值企业 50 强揭晓:3 大看点》,http://www. kuailiyu. com/article/6735. html,2014 - 06 - 15。

④ 《中关村:国家科技金融创新中心地位确立》,http://finance. sina. cn. com/leadership/mroll/20121008/204813308701. shtml,2014 - 05 - 15。

科技金融投入占 GDP 的比重一直都未超过 1% 的水平。从三地科技金融投入总额看,北京的科技金融投入以政府资金为主,占 47%,天津、河北以企业资金为主,分别占 77% 和 74%,①北京的市场科技金融利用水平优于天津与河北,而天津与河北主要依赖于公共科技金融的支持。

表 3   2000—2012 年京津冀 R&D 经费占 GDP 比重 单位:%

地区	2006 年	2007 年	2008 年	2009 年	2010 年	2011 年	2012 年
全国	1. 39	1. 40	1. 47	1. 70	1. 76	1. 84	1. 98
北京	5. 33	5. 13	4. 95	5. 50	5. 82	5. 76	5. 95
天津	2. 13	2. 18	2. 32	2. 37	2. 49	2. 63	2. 80
河北	0. 67	0. 66	0. 68	0. 78	0. 76	0. 82	0. 92

资料来源:国家统计局、科学技术部编:《中国科技统计年鉴2013》,中国统计出版社 2013 年版。

2. 地方科技金融主体合作意识薄弱,合作机制不健全

科技创新本身的高风险性——技术风险、市场风险、管理风险、财务风险和道德风险,对融资提出了苛刻的要求。② 京津冀缺乏对社会闲散资金的吸纳,科技创新投资主体主要为政府与企业自身,民间资本较难进入重大科技创新项目,这就制约了融资渠道。京津冀科技金融合作意识薄弱,地方政府各自为政,以本地需要进行了一些创业引导资金,但是金融政策多向本地倾斜,缺乏明确的支持三地科技创新合作的目标。企业依靠自有资金进行科技创新研究也多从自身利益出发,以规避风险、最大化眼前利益为目标,对科研项目进行资助,京津冀企业之间缺乏科技创新合作的长远利益目标。从京津冀金融部门之间的联系看,三地金融部门之间联系松散,资源条块分割严重,并没有明确的合作引导机制,影响了科技金融支持科技创新的实际操作。

---

① 张换兆、霍光峰、刘冠男:《京津冀区域科技创新比较的实证分析》,《科技进步与对策》2011 年第 2 期。

② 黄文青:《金融支持、科技创新与循环经济发展的理论与实证研究》,《科技管理研究》2010 年第 11 期。

3. 科技中心背后缺乏金融中心的支持,京津冀科技金融服务合作较少

科技创新中心的形成,需要金融中心的服务。目前,从京津冀科技创新中心的发展看,除了中关村已经形成了良好的金融服务体系外,天津滨海新区科技创新中心的金融支持体系尚未形成,而河北则缺乏完善的科技创新服务体系形成条件,这为三地科技中心联合开展科技金融支持活动提出了难题。京津冀科技创新合作已经有所展开,但三地金融合作服务却很难跟上,区域金融辐射力度较小,技术溢出作为纽带促进区域资本要素流动的作用较小,同时金融辐射能力小,也难以带动知识、技术等内生增长要素的流动。

4. 科技型中小企业创新风险系数大,获得金融支持难度较大

由于大中型企业能获得较多的公共研发资金支持,京津冀科技融资问题更集中地体现在科技型中小企业上,目前,科技型中小企业融资困难来自内外两个方面。内部困难是科技企业具有的高风险性,存活率较低,具有随时"夭折"的风险,但科技型中小企业一般具有超常规的成长性,一旦成功,企业便会超常速生长。① 外部困难主要是缺乏对科技型中小企业提供金融支持的服务体系。② 因此,科技型中小企业协同创新面临的风险系数更高,而京津冀科技型企业中很大比例为中小企业,中小企业灵活的科技创新方式赋予了企业独特的创新优势,是京津冀科技协同创新中一支独特的力量。从京津冀科技协同创新的发展历史看,目前针对项目的风险投资普遍倾向于投资短、获取收益快的大项目,造成大项目投资"过剩",小项目前端投资"贫血"。从银行贷款对科技协同创新的支持看,由于银行对中小企业发展领域不了解,对中小企业前景缺乏信心,且缺乏完善的信用担保机制,银行为规避风险,较少向中小企业提供银行贷款。

(四)京津冀科技创新人才聚集驱动力不足原因分析

1. 京津冀经济发展水平差异巨大

由于历史传统、经济基础和产业结构的差异,京津冀经济发展水平差异较大。目前,北京高科技产业发展迅速,科技园区林立,第三产业蓬勃发展,政治资

---

① 李建华、仲玲:《科技型中小企业融资对策研究》,《经济纵横》2005 年第 5 期。
② 李建华、仲玲:《中小企业直接与间接融资问题探讨》,《吉林大学社会科学学报》2006 年第 1 期。

源丰富,北京经济已经进入创新引领的时代;而天津随着滨海新区的建立,第二产业占据主导优势,第三产业快速上升,并成为国民经济的主导力量,天津经济正逐渐走向创新引领的时代;而河北仍属于资源偏重型产业结构,重工业主导模式下,高新技术产业发展滞后,仍停留在第二产业主导的阶段。由于产业结构的影响,三地出现了不同的科技创新人才聚集模式:北京科技创新人才的数量、质量明显优于天津,而河北则是三地中最难聚集科技创新人才的地区,高科技企业数量少、规模小,加大了科技创新人才的聚集难度,与经济发展水平直接挂钩的工资水平、生活质量、城市基础设施以及创业环境不具有吸引力,影响了人才的外部吸纳。

2. 科技创新人才战略规划与区域发展方向脱节

在市场作用之外,京津冀三地政府对科技创新人才战略做出的规划是调节区域经济发展与人力资源协调的关键。从实践情况看,京津冀之间高端人才合作重形式、轻机制,重竞争、轻合作,重个体、轻整体。[①] 京津冀科技创新人才资源与产业配套的优势没有得以体现,科技创新人才资源缺乏互补性。三地政府之间缺乏合作,没有针对产业的发展提供可供参考的人才支撑计划,也没有建立起"三位一体"的科技创新人才共赢新模式,更缺乏统一完善的服务体系。由于北京高科技产业以及服务业良好的行业发展前景和工资水平,天津、河北两地大量的高端人才流入北京,造成北京科技创新人才市场"富营养化",高离职率和高失业率造成企业人力资源管理成本高升,而河北则成为人才流失的"重灾区"。天津在创业环境、薪资水平上优于河北,但其产业技术转移能力不及北京,在人才的吸引力上也难以与北京抗衡,这导致京津冀产业发展与高科技人才之间不匹配,同时又制约了产业科技合作创新的实现。

3. 体制壁垒制约科技创新人才聚集效率

体制壁垒是目前制约京津冀科技创新人才聚集效率的首要原因。虽然2011年出台了《京津冀人才一体化发展宣言》,提出以优势互补、市场推动的策略,推

---

① 王建强、王元瑞、刘玉芝:《京津冀人才开发一体化与河北省人才发展策略》,《河北学刊》2006年第2期。

进区域人才合作工程,但一直难以落实。由于京津冀在户籍管理、劳动报酬、医疗保险、资格认定、子女入学上存在差异,且三地各部门之间缺乏沟通与协调,在制定人才战略规划上缺乏全局观念,三地一直没有形成协调统一的人才管理规定,由此限制了人才的流动。由于缺乏全局观念,对区域性人才市场建设,三地之间发展体制机制缺乏衔接,人才的流动缺乏宽松的环境,同时三地难以实现职业资格认证互通互认,人为地为京津冀科技创新人才流动设立了障碍。从地区外部人才吸引上看,对比长三角地区,京津冀对高端人才引进与培养的观念落后,对顶尖人才的吸引力不足;人才引进优惠条件难以对地区外人才形成吸引力;服务的内容、手段难以满足高端人才的工作和生活需要,这都成为制约高端人才引进的"顽疾"。

4. 三地间科技创新人才培养投入分布不均衡

京津冀三地人才培养投入差异较大,京津两地教育资源投入较大,良好的创业环境激发了科技创业人才的创业激情,这都为本地科技创新人才的培养与个人发展起到了一定的作用。而河北在高校及科研院所、人均科技经费投入上都远远落后于京津两地。由于京津冀三地在工资待遇、社会保障以及行业发展前景方面的差异,北京、天津高层次人才难以流动到河北,科技创新的人才数量与质量出现区域间分布不平衡的状态。三地并没有从科技创新人才一体化的角度实施科技创新开发战略,高层次跨区域科技创新人才合作频率不高,科技创新人才合作红利较低,这些都制约了京津冀高科技产业的研发与产业化发展。

二、京津冀战略性新兴产业协同发展定位分析

(一)产业协同理论基础分析

亚当·斯密关于分工的思想是产业链的思想起源,是产业链协同理论的基础。市场环境变化和产品复杂性的提高,逐步产生了模块化。模块化是分工经济相联系的经济现象,是分工进一步延伸和深化的结果。① 产业链协同是产业边界壁垒降低的现象,是相异产业相互渗透、交叉、融为一体,进而形成新产业的过

---

① 胡晓鹏:《价值系统的模块化与价值转移》,《中国工业经济》2004 年第 11 期。

程。① 由于模块化分工,价值和利润分配也在产业链上发生了变化,产业链变化的实质就是产业分工的变化。② 因此,产业链的本质是用于描述一个具有某种内在联系的企业群结构,它是一个相对宏观的概念,存在两维属性——结构属性和价值属性。③

产业链协同的价值体现问题是当前的一个研究热点,从国内外学者的研究看,许多学者认为产业链协同创造了新产业、新的经济增长点。产业链的优化整合是研究产业链形成与发展过程中链条构建与优化升级的实施途径。④ 产业链具有所有权属性和空间属性,既包括产业链内部企业的空间分布,也包含相关产业链的地理空间分布。⑤ 另外,有些学者对产业链的融合路径进行了研究,例如程李梅等提出,我国西部承接产业转移要从实现产业链在区域内纵向延伸、区域间延伸、区域内横向拓展、区域间横向拓展、产业链网结构五种模式进行。⑥

此外,还有一些学者对我国能源产业、文化产业、高新技术等产业领域的产业链相关问题进行研究,主要围绕产业链的内涵、组织形式、优化途径、成长机理和经济效应等方面展开,虽然是一些初步研究,但都具有一定的理论与实践参考价值。纵观以上研究,目前从产业链协同的角度对先进制造业发展问题进行研究的成果不多,也不够深入,更没有从京津冀协同发展这一视角对京津冀战略性新兴产业问题进行研究。因此,探讨京津冀协同发展下的京津冀战略性新兴产业链的协同问题,对加速京津冀战略性新兴产业对接与协作,提高京津冀战略性新兴产业能级具有一定的参考价值。

(二)京津冀战略性新兴产业协同发展定位

1. 推动京津冀产业链深入融合

在京津冀协同发展过程中,要对自身优劣势精准识别、精准定位、精准融合,

---

① 陈柳钦:《论产业价值链》,《兰州商学院学报》2007 年第 4 期。

② 李想、芮明杰:《模块化分工条件下的网络状产业链研究综述》,《外国经济与管理》2008 年第 8 期。

③ 胡志武:《网络组织条件下产业链的特征及运行机理研究》,广东商学院硕士学位论文,2010 年。

④ 魏然:《产业链的理论渊源与研究现状综述》,《技术经济与管理研究》2010 年第 6 期。

⑤ 李晓华:《产业组织的垂直解体与网络化》,《中国工业经济》2005 年第 7 期。

⑥ 程李梅、庄晋财、李楚、陈聪:《产业链空间演化与西部承接产业转移的"陷阱"突破》,《中国工业经济》2013 年第 8 期。

最终形成京津冀产业链跨区域融合的发展格局。要深度推进天津先进制造业产业结构升级,瞄准打造全国先进制造研发基地所需的软硬件条件,推动创新要素的整合,围绕产业链所需的各项要素,积极吸纳各项要素在京津冀聚集,实现以天津科技研发为支撑,北京原始创新、应用性创新资源为保障,河北生产制造环节为依托的完整产业链,从而实现三地先进制造业产业链各环节的紧密协作。此外,要加速三地金融、科技服务等服务业产业链的跨区域融合,形成三地先进制造业内部深度融合,配套服务业紧密支撑的协同发展网络化布局。

2. 加速落实全国先进制造研发基地

在当前全球各国争相发展先进制造业的大背景下,天津要围绕国内"双创"的开展,借助国家自创区、自贸区的建设,从以下几个方面推动天津先进制造业由天津制造向"天津智造"转变。

积极承接北京科技创新资源的转移,带动本土企业自主创新能力、工艺研发能力的提高,实现先进制造企业信息化、智能化水平的提高,加速落实全国先进制造研发基地建设。

围绕全国先进研发基地建设,推进先进制造业与生产性服务业的整合,着力发展高端服务业,提升"基地"服务京津冀地区企业的配套能力。提高产业技术创新及配套的综合竞争能力,使天津成为立足本地,服务全国,在全球具有一定知名度与影响力的产业技术创新中心。

3. 深入推动京津冀战略性新兴产业升级

要顺应当前国内外产业发展趋势,积极推动战略性新兴产业改革升级,形成产业发展与市场的联动。要推动京津冀战略性新兴产业及相关配套产业的分工与协作,尤其要推动制造业向自动化、数字化发展并形成多向交互发展模式,要积极推动战略性新兴产业内部融合,拉紧研发、设计、生产制造、销售等各环节之间的协作,提升产业链上下游拓展能力,发展总部要素资源聚集能力,不断促进产业链向上游延伸。推动战略性新兴产业的专业分工与合作,促进本土生产性服务业与相关产业的深入融合,拉动京津冀战略性新兴产业生产链条的延伸。

4. 提高京津冀科技创新支撑力

京津冀科技创新协同发展的目的是通过对三地科技创新系统的整合统一,

实现三地科技创新协同发展,为实现京津冀成为中国经济的"第三极"提供可持续发展的动力支持。

第一,京津冀科技创新协同发展的首要思路就是解放思想,以开放的态度对待科技协同创新三地联动的新局面,树立三地科技创新资源共享意识。只有意识到京津冀科技创新协同发展是一个群体性问题,三地科技创新的交互与协同才能最大化各地区的利益,才能打破地方"本位主义""地方保护主义"等观念的限制。要实现三地科技创新协同发展,就要打破地方保护主义传统观念的束缚,克服对地方优势资源狭隘的保护心理,树立"大协同、同受益"的观念,以开放的心态促进三地科技创新资源共享、开放、互通,实现三地之间科技创新资源的高效流动。政府部门要增强资源共享意识,打破行政藩篱与思想束缚,在全社会营造激励创新、不怕失败、积极进取的创新精神,促使全社会各种主体都积极参与到京津冀科技创新协同进程中。

第二,打造一体化的科技创新系统是实现京津冀科技创新协同发展目标的具体体现,京津冀一体化的科技创新系统,要强化北京作为国家心脏地区对科技创新资源的凝聚力,以及作为科技创新成果产出"富矿地带"的对外辐射力。基于三地现有的科技资源优势,紧密联系三地资源的对接,突出三地在电子信息领域、生物技术与现代医药、新能源、新材料、先进制造技术等重点发展领域的技术创新资源流通。通过三地政府搭台,国家进行制度上的顶层设计,实现"官产学研"的深度合作。从本质上讲,一体化的科技创新系统的目的之一是实现三地科技创新水平的"均一化",但又要防止"同质化"竞争的出现;是要在三地科技创新资源互通有无的基础上,带动三地科技创新能力落后区域的"追赶"与"超越";以科技创新资源的深度融合,带动各个地方在科技优势领域实现创新优势簇群;以高度一体化的协调策略布局科技创新资源的分配,最终实现三地科技创新协同一体化发展。

第三,要打造京津冀一脉相承的产业技术创新体系。通过国家科技部、发改委牵头,三地科技主管部门通力合作进行顶层设计,成立京津冀科技创新协同领导办公室,以推动三地科技创新系统一体化、协同三地科技创新资源、布局三地科技创新重点领域为职责,推动三地科技创新能力水平的提升和科技创新能力的可持续发展。结合京津冀重点发展的优势领域,三地科技主管部门根据当地产业链发展规划,加速发展与之配套的科技链建设,以本地"产学研"合作和三地间"产学研"合作,形成与本地产业链配套的特有的专业技术优势。借助京津冀各开发区、高新区、科技园等产业化平台,推进各研究机构进行科技创新合作。以生物制药产业为例,北京具有研发优势,天津滨海新区具有政策优势,河北拥有众多的生产企业,三地可以共担产业技术研发风险,承接科研成果转化。

第四,完善区域科技创新协同发展与经济协调发展之间的关系,以顶层设计、中观布局的思维进行宏观调控,以开放的市场机制推动京津冀合作创新,促进京津冀零散的创新资源形成凝聚,将三地相对分割的优势创新领域进行整合,从整体上提升三地的科技创新能力,带动落后地区科技创新能力的提高。[①] 此外,还要协调好三地科技创新成果利益分配问题,承认个别地区因为区域整体利益而做出的牺牲,协调好三地科技创新利益成果的分配,对做出牺牲的地区给予补偿。

三、京津冀战略性新兴产业协同发展路径

京津冀战略性新兴产业是一个长期工程,还存在诸多困难,难以在短期内一蹴而就。而京津冀战略性新兴产业协同发展对推进京津冀经济一体化的进程和效率都有重要的影响,只有提高京津冀战略性新兴产业协同发展才能保证三地经济的深入协同发展。因此,实现京津冀战略性新兴产业协同还需要通过以下保障措施来实现。

(一)精准对接,激发产业链协同内生动力

1. 完善京津冀先进制造业协同系统架构,优化产业链发展体系

京津冀先进制造业协同发展要以改变目前竞争大于合作的局面为目标,以三地统一的思维来梳理产业链发展中的问题,以合作的思维来解决产业链中的难题,以系统论的思想来确立京津冀产业协同发展体系,以空间演化的视角推动产业链的转移。要借鉴上海高端服务业和长三角地区先进制造业在空间分布上

---

① 张亚明、刘海鸥:《协同创新博弈观的京津冀科技资源共享模型与策略》,《中国科技论坛》2014 年第 1 期。

的协同定位、发展模式上的协同演化、升级动力上的协同创新三个维度的发展经验,①要通过产业链的空间演化,推动先进制造业产业链中生产要素的重组,进而实现区域产业结构、空间布局的变动。要系统地考虑京津冀的自然、经济与社会的优势条件,合理确立各地区在产业分工中的角色与地位,并确立地区主导产业和产业发展目录。

要积极利用京津冀协同发展的优势,利用河北在原材料、人力成本上的优势,将天津先进制造业中的生产加工环节转移出去。要利用北京科技创新资源要素充沛的优势,吸纳其科技创新人才、技术、成果、科技金融进入天津。要充分利用北京、河北两地的区位优势和产业优势,实现对天津的互补作用,帮助津冀先进制造业实现"强链""补链",最终形成与珠三角、长三角先进制造业集群并驾齐驱的京津冀先进制造业集群,进而实现先进制造业技术向东北、西北内陆扩散,产业向东北、西北推移的产业发展格局。

2. 精准对接北京科技创新资源转移,激活先进制造产业链内生动力

不断吸纳北京科技创新成果、产业资源的转移,推动新一代信息技术与津冀制造技术的协同与融合。重点承接北京原始性创新成果、应用性成果与津冀企业的对接合作,不断改进现有的生产方式,发展智能车间、智能生产过程和绿色生产方式,提升企业的智能化水平。要加速淘汰落后产能,实现高效、绿色、低碳、循环的先进制造体系,实现产业的高端化、高质化、高新化发展。

鼓励企业开展自主创新,对企业创新给予补贴,降低企业技术创新风险。设立重点攻关项目,引导企业围绕产业核心技术和共性技术展开创新。重点攻克一批产业共性技术、核心技术,促进先进制造企业提质增效,激活产业内生动力。

3. 转变企业生产模式和商业模式,促进产业价值链的提升

引导产业转变生产模式,逐步改变大批量生产的生产方式,提高客户在生产过程中的决定性作用,引导生产向小批量、定制化、智能化模式转变,实现商业模式从以产品为中心向以用户为中心转变。

---

① 曹东坡、于诚、徐保昌:《高端服务业与先进制造业的协同机制与实证分析——基于长三角地区的研究》,《经济与管理研究》2014 年第 3 期。

引导区域商业模式转变,积极发展物流、电商产业,实现以先进制造业为中心,物流与电商为两翼,区域金融为支撑的发展格局。高度重视企业品牌,打造知名品牌和"杀手锏"产品,鼓励企业用创新提高产品质量、丰富产品品质。

重点支持发展一批国内外知名大企业,积极推进制造业企业增资扩产,提升产业集聚效应和辐射能力,提高京津冀先进制造业参与国际分工的地位、产业控制力和竞争力。大力发展民营经济,发展壮大一批科技型中小企业,做大做强龙头企业,做活做好小微企业。围绕大项目、好项目扶持一批相关配套科技型中小企业和生产性服务类企业,拉伸先进制造业产业链。

4. 推进跨行业、跨区域、跨所有制的兼并重组,加速三地产业的协作与融合

深入推进京津冀协同发展,打造京津冀先进制造业产业集群,增强该区域在国内外的产业资源集聚能力和综合竞争力。要充分认清三地产业的特色,按照优势互补的理念,综合规划、统筹协调产业发展。积极推进国有企业的改革重组,鼓励企业进行跨行业、跨区域、跨所有制的兼并重组,要以改革为契机,不断优化产业结构,加速产业升级,去除过剩产能。积极调整产业结构,优化三产比重,引进大项目落地,促进传统产业转型升级。

同时,要打造京津冀先进制造业产业链的特色。在不断吸引京津冀产业链中优势资源的同时,也要突出地方特色,形成"竞争、合作、生长"的新优势。要在天津重点突出"全国先进制造业研发基地"的技术创新优势,促进三地新材料、新能源产业为代表的先进制造产业进行各种形式的技术创新合作,以技术溢出带动、辐射河北,实现北京原始创新、天津研发、河北制造的发展格局。

5. 优化产业发展的软环境,促进服务业与先进制造业产业链融合

要加速体制机制创新,破除不利于产业发展的制度藩篱,打造灵活的招商引资环境,优化产业发展的软环境。要为生产性服务业创造投融资、人事管理上的便利条件,缩减海关通关手续,提升城市基础服务水平。

继续调整三次产业结构比例,以技术创新为抓手,持续推动产业升级。大力发展先进制造业的配套服务业,推动其向先进制造业的渗透,形成制造业价值链与服务业价值链增值过程的深入融合,提升产业增值空间和增长潜力。提升先进制造业的综合竞争力,实现规模、质量、速度的共同提升。

加大招商引资力度,重点引进一批国内外知名的大企业在京津冀地区设立研发中心,吸引一批大产业项目落地。围绕电子信息、汽车、新能源和医药产业实施重大项目攻坚计划,围绕新能源、智慧医疗、软件和信息等新兴产业不断引入大项目,发展配套产业,形成较为完整的产业链和配套体系,形成生产性服务业与先进制造业相互融合互动、相互依存、相生相伴的发展态势。

推进大中型企业发展模式由单纯制造向制造与服务融合发展的方式转变,逐步改变企业的盈利模式。引导区域内大型制造商进行主辅分离,即支持大型制造商通过管理创新和业务流程再造,逐步将技术研发、市场拓展、品牌运作服务委托给相关专业性企业。[1] 大力推进供给侧结构性改革,加快服务业市场开放,重点在软件服务、港航物流、跨境电商为代表的现代服务业领域进行创新。

6. 加速基础设施建设和综合配套工程建设,优化产业发展的硬环境

要加速城市基础设施建设和产业综合配套工程建设,不断优化产业发展的硬环境。围绕以各产业园为重点的场地建设,发展路网建设和电、水、暖气等源点建设,为发展优越的物流交通网络创造条件。

提升开发区、工业园区的功能和配套支撑能力,提供优惠条件,吸引先进制造企业入驻园区。针对大项目、大企业落户,提供可开发建设用地。围绕园区先进制造业发展,积极吸纳技术研发、公共检测、应用推广、金融服务等现代服务类企业入驻,并在土地、用水、用电上给予便利,提升开发区、园区的资源聚集、整合能力,逐步实现从聚集到集群的集约式转变。

(二)加强技术创新,夯实技术基础

1. 建设高端人才聚集、流通工程

人才是制约自主创新能力的重要原因,人才分布不均衡是造成京津冀科技创新水平发展不平衡的重要原因,河北、天津两地大量人才流入北京,尤其是河北成为人才流失的重灾区。河北急需的制药工程、光伏产业的高端人才,由于城市经济发展水平落后,人才在被沿海城市吸引之外,还面临着北京、天津两地的竞争,使得河北的人才缺口巨大。

---

[1] 王晓红:《促进制造业与服务业深度融合》,《经济日报》2014年7月24日。

根据习近平在听取京津冀协同发展专题汇报时所强调的："要破除限制资本、技术、产权、人才、劳动力等生产要素自由流动和优化配置的各种体制机制障碍,推动各种要素按照市场规律在区域内自由流动和优化配置。"人才流通工程要从京津冀科技创新发展的大局出发,以实现三地吸引高端人才、促进人才流动、培育高端技术为目的,通过打造京津冀户籍、认证、社保的互认机制,实现人才的自由流动。人才流通的首要前提是三地对人才的凝聚,以优化京津冀人才发展的大环境,为三地凝聚更多的海内外高端人才,以优化创新人才流动的小环境,促进三地人才高速流动。

在柔性化的京津冀人才流通制度下,对创新人才的管理更强调以人为本的理念,充分考虑到带技术、带项目、带资金的高端创新人才在本地扎根,同时对具有特殊专长或掌握核心技术的专家,协助其解决在科研资金、办公场地、子女入托入学、家属安置上的实际问题。而对于从事高新技术产业领域的高端创新人才,通过建设"京津冀人事人才公共服务平台"来开展人事代理、社会保险代办、职称评审、人才派遣、诚信调查等公共服务,降低人才流动的成本,破除旧有行政壁垒下对人才流动的束缚,以创新人才的聚集来实现高新产业的聚集。

2. 以科技创新保障机制工程建设保障科技创新协同进步

在抓紧京津冀协同发展政策带来的利好条件的同时,面对三地协同缺乏统一领导的局面,应首先成立能统领三地科技创新发展的工作组,以组织建设、制度建设,创建基础研究、技术创新、人才培养三位一体的科研体制,保障三地科技创新协同进步。协同教委、发改委、经信委、财政局等单位,共同协调科技对接活动,促进京津冀科技创新资源互通有无。同时,科技创新协同发展的组织建设,也是实现三地"官产学研"协同发展的最大的牵头力量,由中央联合三方科技相关主管部门,共同组织成立的"科技创新协同工作组"对各地的创新发展情况以及优劣势都极为熟悉,同时又具备统筹规划的管理能力,能因地制宜地安排三地科学技术创新的协同,帮助实现科学技术创新成果跨地区交易,完成产业关键技术的产业化。

在创新资源流动、市场主体接入、知识产权保护等方面加强行政协调,积极构建顶层设计,加强中观布局,推进京津冀科技创新协同体制的建立。强化三地政府推进科技创新资源共享职能,弱化地方政府对创新市场的干预,积极推进京津冀科技创新资源共享互惠工作,强化政府的协调职能,建立京津冀合作推进协同创新的新模式。

3. 以产业大项目带动京津冀科技创新水平的提升

由政府牵头领导的大项目对带动京津冀科技创新协同发展具有重大作用,此外,由政府牵头举办的大型项目对接活动,是鼓励开展京津冀跨地区科技合作的有效形式,这对三地科技管理、技术攻关、招商引资以及创新风险分担都有一定的作用。

在科技创新成果的外溢和产业转移上,北京毫无疑问处于核心位置,其中北京中关村是技术转移的主要区域。通过大项目平台建设,能够集中地区优势,在承接北京非首都功能转移上具有更便利的优势。

由于天津与北京作为京津冀协同发展的"双中心"的特殊意义,坐落于滨海高新技术产业开发区内的天津未来科技城的共建将会为天津带来大量的科技创新资源的同时,也将为京津冀技术溢出做出特殊的贡献。此外,天津未来科技城、京津中关村定位在部分承接北京非首都功能转移上,这有利于京津开展跨区域高层次合作项目,吸引相关科技型企业进驻天津,承接北京的科技创新资源,促进北京科技成果的转化。

河北的白洋淀科技城、曹妃甸科技城等大项目的兴建,是推进河北承接北京教育、卫生、石化产业的对接,完善区域产业链的又一大举措。这对承接北京、天津高端优势产业成果转化,打造高端制造业产业链化、链接全球创新要素资源起到了重要作用。

天津、河北在承接北京科技创新优势资源的问题上必然存在竞争关系,而在河北的各个地方、天津的各个区之间对优势资源也存在着激烈的竞争。由于河北在原材料、人力、地理等方面的优势,天津必将面临较大的竞争压力。在将京津冀协同发展列为首要发展目标的同时,三地要积极认清各自的区位优势,以统筹划一的思路推进三地科技资源对接,有效提升地区科技的整体优势,形成科技创新资源集中区。

4. 推进产权交易市场建设,推进区域科技创新成果的共享

不少科技型中小企业,正面临着有专利、无资金的困境,通过知识产权交易,可以为其提供融资服务和平台,同时对塑造现代产业体系,特别是对拓宽融资渠道,促进中小企业又好又快发展,具有重要的推动作用。作为承接北京科技创新资源关键环节的知识产权交易,是科技成果增值的重要渠道,是推动科技创新水平提高的重要保障手段,是天津、河北承接北京基础研究成果、完成科技创新成果转化的渠道之一。以建设在京津冀具有辐射力、在国际具有影响力的国际研发中心为目标,三地要深化建设知识产权与技术交易市场。

由于天津具有得天独厚的地理优势,天津滨海国际知识产权交易所已经渐渐成为国内首家专业化、市场化、国际化的公司知识产权交易服务机构。天津要在现有的平台的基础上,将知识产权交易服务机构打造成具有国际影响力的技术交易市场,提高专利注册效率,加强立法与政策制定,以增进知识产权货币化速度,加速实现技术创新成果的商业化增值过程。政府在推进知识产权交易市场建设中应该起到引领作用,由政府担当起推动基础研究向产业领域扩散的任务,推动知识成果市场转换的目标。因此,要不断完善现有的知识产权投融资配套服务,引导知识中介服务机构与创业投资、金融机构进行战略合作,分担企业创新的风险,组建知识产权投融资服务联盟,积极引领科技研发企业向市场创新导向转型。

5. 以科技创新金融支持体系建设助力区域科技创新发展

科技创新资源的着陆离不开金融支持,战略性新兴产业的快速发展不断催生新的金融服务需求,形成新的金融业务增长点,为金融创新提供新的市场机遇。借助中关村科技转移的资源优势的首要前提是做好科技金融工作,在天津、河北两地形成与北京作为科技创新金融中心相呼应的金融副中心,形成"三位一体"的科技创新金融支持体系。小微企业兴盛是科技创新繁荣的重要标志,因此,天津、河北要加大对小微企业的支持,建立科技创新引导基金,规范和加强各类中小企业发展专项资金的使用和管理,以无偿资助、股权投资、业务补助或奖励、代偿补偿、购买服务等支持方式,采用市场化手段,引入竞争性分配办法,鼓励创业投资机构、担保机构、公共服务机构等支持中小企业。其中,专项资金中包含无偿资助的方式,对小微企业的研发进行按比例资助,重点在电子信息、生物医药、节能环保和新材料等领域进行资金支持。

目前,中关村金融机构和科技中介机构聚集效应明显,大批银行、投资机构、保险公司、证券公司、担保机构、小额贷款公司、资产管理公司、信托公司、金融租赁公司、会计师事务所、律师事务所、资产评估事务所、信用中介机构、知识产权中介机构、产权交易机构等金融机构和科技中介机构在中关村设立和发展,已经形成了中资金融机构在金融街、外资金融机构在 CBD、科技金融机构在中关村聚集的发展态势。可借鉴北京中关村建设国家科技金融创新中心的经验,优化区域投融资环境,在承接中关村科技创新成果的同时,借鉴中关村科技与金融结合发展的丰富经验,在天津、河北推进地方性科技金融创新改革,从科技金融的角度,建立企业与各类金融机构的长效沟通机制,对北京中关村的作用进行承接。

6. 积极承接北京教育与科研的功能转移

在非首都功能疏解的目标中,天津、河北都将面临对北京的教育与科研单位承接的任务,如何做好承接,如何承接那些能对地方教育水平、科研水平具有显著带动作用的单位,是津冀两地政府都在思考的问题。

其中,天津、河北的基础设施建设、制度建设以及现有教育、科研在空间和领域上的布局,都会对北京单位的迁出地选择有重要的影响。首先,在该问题上,津冀两地要认清抓住首都教育资源转移的机遇对提高本地教育、科研水平和规模的影响。对首都教育资源进行深入归类和研究,明确哪些属于要转移资源,哪些属于可利用资源,在教育布局、学科建设、人才储备等方面积极做好相关准备工作。津冀要做好高校、科研硬件设施建设,增强两地教育资源的吸附力,为有序承接有关教育资源和功能奠定物质基础。

同时,要加快研究并确定津冀两地高等教育空间布局结构调整规划,天津要明确市属市管高校办学方向和办学定位,科学合理确定办学层次和分工,满足天津积极发展高新产业、高端服务业对人才的需求。河北要积极进行专业设置与调整,加强与北京、天津两地对高等教育资源需求的对接。鼓励三地院校之间、校企之间在人才培养、科研上的合作,建立京津冀共享的毕业生实习、创业基地,促进毕业生就业。

（三）加强金融平台建设，提高支撑力

科技进步与金融创新是社会财富创造的动力源。卡萝塔·佩蕾丝认为，新技术早期崛起是个爆炸性增长时期，风险资本家为获取高额利润而大量投资新技术领域，从而使金融资本与技术创新产生高度耦合过程，从而出现技术创新的繁荣和金融资产的几何级数增长。① 世界发达国家和发展中国家经济增长的巨大差距，主要原因是技术进步对经济体财富增长贡献的差距。② 瓦西里斯库和波帕认为，银行和风险投资对科技创新起到了促进作用。③ 科利指出，银行系统有利于科技创新进而带动经济发展。④ 王宏起与徐玉莲认为，科技金融是由政府、金融机构、市场投资者等金融资源主体向从事科技创新研发、成果转化及产业化的企业、高校和科研院所等各创新体，提供各类资本、创新金融产品、金融政策与金融服务的系统性制度安排，以实现科技创新链与金融资本链的有机结合。⑤

在国内的研究者中，朱孝忠认为，从资源互补性的角度看，企业技术创新高风险性的特点使银行贷款等融资形式不能成为技术创新的主要资金来源，而风险投资正好适应了这种特点，从而成为科技创新的首选融资形式。⑥ 风险投资为企业科技创新提供资金、专业知识与经验，这些增值服务助推了企业的发展。⑦ 风险投资同时加速了科技成果转化的过程，促使产品快速完成市场化，为企业可持续创新奠定基础。陈涤非指出，科技为金融发展提供了知识准备和技术基础，金融为科技发展创造了资本动力，金融与科技在互动中实现共同发展。⑧

总体上看，科技金融对科技创新首先是提供资金资助，以资金注入助推有潜力的科技创新活动。无论是公共科技金融还是市场科技金融，金融机构只筛选

---

① ［英］卡萝塔·佩蕾丝著，田方萌等译：《技术革命与金融资本——泡沫与黄金时代的动力学》，中国人民大学出版社 2007 年版，第 32 页。

② 房汉廷：《关于科技金融理论、实践与政策的思考》，《中国科技论坛》2010 年第 11 期。

③ Laura Giurca Vasilescu, Ana Popa. "Venture Capital Funding-Path to Growth and Innovation for Firms", *Annals-Economy Series*, 2010, PP. 204—213.

④ Gurley J G, Shaw E S. "Money in A Theory of Finance", *The Brookings Institution*, 1960, PP. 13—18.

⑤ 王宏起、徐玉莲：《科技创新与科技金融协同度模型及其应用研究》，《中国软科学》2012 年第 6 期。

⑥ 朱孝忠：《风险投资对技术创新的作用研究综述》，《金融理论与实践》2008 年第 3 期。

⑦ 张佳睿：《风险投资与科技企业关系研究述评》，《经济纵横》2013 年第 10 期。

⑧ 陈涤非：《金融与科技：在互动中共同发展》，《现代经济探讨》2002 年第 6 期。

有潜力的企业进行风险投资,因此注入资金越多的企业创新活动越频繁,创新绩效持续增大的情况下将吸引更多的科技金融支持。同时,樊洪等认为风险投资机构参与到企业治理过程中,在企业的成长和具体管理方面为企业提供指导。此外,风险投资对机会的甄别过程,也为高技术企业提供了商业信息,为企业从科技创新获得利润提供了方向上的指导。① 目前大部分研究专注于金融对科技创新的影响上,聚焦于金融对科技创新、科技创新型企业的成长的研究较多,而对科技金融对区域科技协同创新的作用方面的研究较少,专门针对京津冀科技创新协同的科技金融支持的研究则少之又少,且缺乏深度。随着京津冀协同发展这一国家战略的推动,如何实现京津冀科技协同创新的金融支持,既是一种前瞻性探索,又是能为未来战略的落实提供较强指导意义的实践方案。

京津冀科技创新协同发展需要大量的科技资金支持才能取得成功,只有建立起完善的科技金融支撑体系,三地企业才能真正发挥科技创新主体的核心作用。经过以上论证,本文认为京津冀科技协同创新的金融支持方案需从以下几个方面进行:

1. 完善京津冀科技金融发展的相关法律、政策体系

完善的法律法规体系是保证京津冀科技协同金融支持的首要保证,是满足科技型企业联合创新融资需求的必经之路。在京津冀协同发展的大框架下,以三地经济、科技与金融的协同发展的思路,建立起明确针对京津冀区域科技协同发展金融支持的相关法律规定、政府扶持机制,明确科技金融体系建设与科技创新协同配套的总体构想;畅通风险投资进入与退出渠道,正确发挥风险投资对科技型企业的刺激作用;明确科技协同创新过程中以项目融资、产权融资、股权转让、技术参股等技术产权交易品种的操作规定,明确知识产权担保融资的收益及保障。以完善的科技金融法律法规体系,为京津冀科技创新协同发展提供良好的制度与政策环境,并为科技金融活动实践提供明确的指导。

2. 构建京津冀科技金融协同发展的工作协调机制

京津冀科技金融协同发展需要各方面的协同努力,同时需要将科技金融协

---

① 樊洪、王敏、潘岳奇:《创业投资促进高新技术企业成长:资金支持与管理支持的作用》,《科技进步与对策》2012 年第 11 期。

同工作落到实处。在实践上形成与相关法律、政策规定相配合的京津冀科技金融协同发展工作协调机制,完善风险投资运作机制,是保证法律、政策落实的首要条件。组建以各级政府、中国人民银行、地方商业银行为主体的科技金融工作协调工作组,在中央顶层设计的基础上,具体对三地科技金融协同发展策略进行资源协调配置。通过职责明确、分工协作、部门联动的方式,驱动各单位的支持与配合。[①] 同时形成以银、证、保行业监管部门为主体的风险监管体系,对科技金融工作进行监控,以操作部门与监管部门之间的协作,实现京津冀科技金融风险预警体系建设,提高金融监管科技手段,提高监管培训、监管研发等金融服务业水平,降低科技金融市场的风险,促进京津冀科技金融协同发展。

3. 扩大公共研发资金总额,拓展银行服务网络

京津冀科技协同创新活动具有一般技术创新所具有的高风险性和不确定性,一般政策性支持对解决科技创新发展前期资金匮乏具有明显成效,因此,要提高政府对三地科技创新资金支持的力度,设立科技联合创新专项资金,鼓励三地科技企业联合创新。通过京津冀银行的设立,着力推进三地科技协同创新服务,且利用京津冀银行在北京、天津、石家庄设立分支机构的便利性,以地方商银行的先行先试功能,为京津冀科技创新协同发展提供更为便利的融资服务。拓展地区性商业银行营业网络,根据科技协同创新网络,配置商业银行服务网络,鼓励地方银行扩宽产品种类,设立专项科技资金贷款服务,为具有发展潜力的科技创新型企业提供研发资金支持;在区域科技创新中心,如北京中关村、天津滨海新区设立较为密集的服务网点(例如北京银行、天津银行、河北银行),拓展在京津冀的营业服务网点,提高银行的业务量;减少在京津冀区间异地办理业务的手续,减少金融支持科技型中小企业服务的障碍。此外,通过构建天使投资、风险投资、私募股权投资(AI/VC/PE)为主的股权投融资链来提供金融支持,[②]是解决京津冀科技中小型企业较为集中、在企业发展初始阶段融资困难、急需拓宽

① 张建平、曹小艳、王真真:《关于构建中国科技金融统计体系的探讨》,《中国科技论坛》2014 年第 11 期。
② 辜胜阻、马军伟、高梅:《战略性新兴产业发展亟需完善股权投融资链》,《中国科技论坛》2014 年第 10 期。

融资渠道问题的主要手段,在京津冀科技协同创新的金融支持体系发展的初期,要积极拓展投融资链,积极将这些融资方式纳入体系建设中。

4. 推动京津冀科技金融服务平台建设

打造京津冀科技金融服务平台,提供透明、高效的网络金融信息平台,为科技型企业和金融机构提供专业化、个性化的信息服务,促进科技企业与金融机构之间的信息交流与对接。在政府的支持和引导下,逐步建立以创业投资机制为主导,以商业银行、证券公司、保险公司、信托公司、担保公司等金融机构和社会中介服务机构为依托,旨在为自主创新型企业提供创业资本、银行贷款、融资担保、科技保险和上市辅导等各类金融服务的多层次、多元化、高效率的制度化平台。[1] 服务平台主要设立于科技企业密集的高新园区,服务平台主要承担投融资服务、创新引导与催化、综合服务等功能,[2]以一站式、个性化、全流程的方式减少企业融资成本,以实现在最短时间内缩短科技创新企业与资金之间的距离的作用。同时,科技金融服务平台在发挥综合服务功能的同时,还能通过自身的集聚效应,带动科技与金融的一体化、协同化发展。

5. 推动科技企业的信用共同体融资互助联盟建设

科技创新型企业在发展初期贷款难的一个原因是找不到担保人或担保机构,因此,推动科技金融融资方式创新,推进科技型企业积极建立信用共同体融资互助联盟来解决科技创新活动中的担保难和贷款难的问题。通过信用共同体融资互助联盟建设,加强诚信教育,建立诚实守信数据库,通过诚信档案管理建立诚实守信的金融秩序;积极团结科技型企业、金融与投资机构进行多渠道、多种方式的沟通和交流;鼓励投资担保公司发展短期投资业务,以知识产权担保融资作为债权融资抵押,鼓励投资担保公司直接融资,以产权流动带动民间资本互动,开展多种方式筹集科技创新资金,优化落实科技与金融的合理配置;提高科技创新主体的诚信意识,增强企业信用,为企业建立起融资的良性循环渠道。

(四)引聚人才,加强人才保障

所谓科技创新人才,是指具有良好的科技创新能力,直接参与科技创新活动

---

[1] 朱桂菊、张建明、胡小元:《湖南省科技金融结合现状及对策研究》,《企业技术开发》2010 年第 13 期。

[2] 游达明、朱桂菊:《区域性科技金融服务平台构建及运行模式研究》,《中国科技论坛》2011 年第 1 期。

并为科技发展和社会进步做出重要贡献的人才。[①] 由于人力资本指的是可以用它来产生特定结果的个人的知识、技能以及能力,[②]科技创新人才应是一种特殊的人力资本,创新人才作为掌握知识与技术的载体,知识与技术需要通过科技创新人才进行实践与再创造,因此科技创新人才在京津冀区域科技创新一体化中具有特殊的意义。科技创新人才是地区科研主体得以进行创新活动的最重要的创新要素,也正是因为科技创新人才的存在,才使知识与技术得以在区域内流动,有效地促进了区域科技创新能力的"均质化"与"差异化"。科技创新人才作为京津冀科技创新这一大系统中的必要输入成分,对区域创新能力的作用最为直接,也是国家顶层设计中必须考虑的一环,促进科技创新人才在区域内形成聚集并产生一定规模,能为改善区域创新能力,拉动经济结构转型提供新的路径与机会。

在知识经济和经济全球化迅速发展的大背景下,京津冀一体化发展对科技创新协同发展的要求更为迫切,三地科技创新系统、产业技术创新系统也迎来了难得的发展机遇。科技创新人才是知识与技术的载体,是科技创新系统中最重要的要素,是三地科技、产业支撑的基础,虽然近十年来京津冀创新人才聚集已经出现一定的规模,但聚集的速度仍较为缓慢。京津冀一体化发展的深入,急需大量高端创新人才,如何加速区域内人才流动,吸引区域外人才在京津冀区域内聚集,形成区域科技创新人才的集聚效应,是京津冀一体化问题研究中的重要课题。

科技创新人才的最主要价值是通过创造力体现的。创造力(Creativity)是个体资源、能力和所感知的个人经历。[③] 科技创新人才聚集,是指通过科技创新人才个体在区域内的聚集,实现提升区域科技创新能力的经济效应。人才聚集主要包括知识共享和外部经济横向人才聚集、中心外围横向人才聚集和基于交易

① 姜一峰:《农村人才资源开发与农村基层组织建设研究——以湖南省部分县市为例》,湖南农业大学硕士学位论文,2007年。

② Becker G S, "Investment in Human Capital: A Theoretical Analysis", *The Journal of Political Economy*, 1962, Vol. 70, no. 2.

③ Moustakas C E, *Creativity and Conformity*, Van Nostrand, 1967.

成本的纵向人才聚集三种模式。① 人才聚集的经济型效应,是指具有一定联系的科技型人才,在一定的区域内以类聚集,在和谐的内外部环境作用下,发挥超过各自独立作用的加总效应。② 人才聚集形成人与人之间的内在联系,进而产生知识交换,促进知识创造,促进了个人价值的提升与创新绩效,最终表现为区域经济效应。③

皮森特·西尔维特和拉考尔·克劳德通过对法国中等城市进行研究,发现艺术、研究以及信息技术等关系到城市经济的领域,更需要高技能的人才进驻城市,而技术岗位以及研发活动与教育和服务紧密相连,如何聚集高技能人才是发展城市新经济、提升城市竞争力的焦点。④ 在企业的创新活动中,会遇到较大的不确定性和可变性,需要创新人才具有灵活性,能容忍创新的高风险性、不确定性,具有对失败的承受力,并且能产生多种创新观念和乐于参与更多的创新活动,因为创新的过程往往是漫长的、不确定的、多学科的。此外,经济的全球化以及众多以科技为要素的产业发展要求劳动力必须具备与之相适应的技能与创造力,因此,具备创造力的人口成为目前世界各国需求的重点,科技创新人才成为实现创新驱动型经济发展模式的特殊要素。

资源聚集是实现资源优化配置的前提条件,资源的集聚必然增加本身的价值。在区域内科技创新人才的大量聚集将有力提升地区人力资本的运行效率,人才本身具有的内在增值功能和内在价值追求的资本属性,将会对地区产业聚集具有明显优势。⑤ 因此对经济及科技创新人才聚集动力要素的分析,探讨动力要素的作用机制,将有效提升地区资源集聚和经济增长。张敏指出,人才聚集效应成功的关键要素是人才规模、人才配置、激励措施三大要素。⑥ 从区域科技创新人才聚集的动力来源角度看,形成科技创新人才聚集的动力来源有市场的主

---

① 潘康宇、赵颖、李丽君:《人才聚集与区域经济发展相关性研究——以天津滨海新区为例》,《技术经济与管理研究》2012 年第 10 期。

② 牛冲槐、江海洋:《硅谷与中关村人才聚集效应及环境比较研究》,《管理学报》2008 年第 3 期。

③ 彭树远、牛冲槐:《基于人才聚集视角的知识螺旋过程研究》,《科技管理研究》2014 年第 3 期。

④ Puissant S, Lacour C, "Mid-sized French Cities and Their Niche Competitiveness", *Cities*, Vol. 28, no. 5.

⑤ 孙健、尤雯:《人才集聚与产业集聚的互动关系研究》,《管理世界》2008 年第 3 期。

⑥ 张敏、陈万明、刘晓杨:《人才聚集效应关键成功要素及影响机理分析》,《科技管理研究》2009 年第 8 期。

导作用、区位优势、完善的制度体系、优越的创新环境氛围四个方面。

由于北京对资源的吸纳"黑洞"效应大于经济辐射效应,北京大规模地聚集了创新资源,无法有效发挥增长极的作用以带动整个区域经济的发展。[①] 因此,要解决三地区域经济的协同增长,就要通过"多极性"的极化效应,在北京这一"极"之外,从制度上进行设计,打造天津、河北两大"极",形成协同合作的"人才聚集高地"。

1. 强化政府引导、市场主导的人才聚集模式

根据市场规律,人力资本作为一种市场要素,是以获得自身效益最大化为目的。科技创新人才作为一种特殊的人力资本,在市场经济中也是以实现自身价值最大化为目的。自身价值最大化包含了经济价值最大化以及改善个人发展机会、生存条件等。区域对人才的吸引首先是经济利益上的吸引,由于区域经济发展水平较高,带动工资水平的增长,对科技创新人才形成一定的吸引力。其次,由于区域发展前景明朗,能为科技创新人才带来更多的发展机会,改善个人的生存条件,这都是形成区域科技创新人才聚集的重要原因。科技创新人才的聚集对创新产出的促进作用往往具有突变的效应,企业产品竞争力的增强又成为企业吸引人才的名片,预示着企业能为科技创新人才提供更高的工资和更明朗的个人成长前景,因此,市场对科技创新人才聚集起到了最有效的调配作用。

京津冀科技创新人才聚集与京津冀区域经济一体化的发展战略紧密相关,因此,人才聚集的过程与政府的顶层设计密不可分。政府作为决策者,负责对区域人才战略进行规划,根据京津冀科技、产业协同发展的需要,提出人才保障战略,制定知识产权保护法和人才引进相关政策,保障科技创新人才的合法权益;要建立规范有序的人才市场体系,引导科技创新人才的入驻;通过搭建人才交流平台,促进区域内人才的流动。要从制度上进行设计,解决京津对河北科技创新人才"截流"以及京津冀科技创新人力资源系统内部结构失衡的问题,实现三地之间科技创新人才的有效流动与扩散。

---

① 余静文、王春超:《城市圈驱动区域经济增长的内在机制分析——以京津冀、长三角和珠三角城市圈为例》,《经济评论》2011 年第 1 期。

在政府的引导作用之外,离不开市场的决定作用。京津冀科技创新人才的聚集过程是一个遵循市场经济发展规律的过程。对科技创新人才,应当尊重人才的价值,根据人才的科技创新价值给予经济回报,以经济价值体现人才价值。

2. 加速人才链建设,为先进制造产业链各环节发展提供支撑

要借助京津冀协同发展的便利条件,三地同心合力培养产业所需的创新人才和高技能型人才,以人才链建设为先进制造产业链提供支撑。鼓励企业以项目合作的形式与各高校、科研院所展开人才合作,以项目培养人才;为校企合作创造便利,鼓励职业院校为企业进行"订单式"人才培养。

要积极引进高层次人才,不遗余力地挖掘高端人才。对于海内外领军人才,要提供优厚的引进条件,为人才配备资金、项目、实验室等工作条件,为其家属、子女提供相应的生活条件。对于产业急需的高技能型人才,在积分落户政策上要给予倾斜,配备相应的技能培训,实施高技能型人才职业生涯提升计划,为其长期发展创造空间。

3. 在京津冀形成从区域外有效吸纳、区域内科技创新人才聚集的"三核"驱动模式

区位优势是一个地区在经济发展方面所具有的多项有利条件或优越地位,反映了一地区的综合优势,区位优势对人才流动的作用已是不争的事实。牛冲槐等认为,在区域要素边际收益和地区发展状况等因素的影响下,科技型人才会从边际收益较低的地区流向边际收益较高的地区,使科技型人才呈现出局部集中的特征,进而产生科技型人才聚集现象。[①] 来自长三角、珠三角以及东北三省的经验表明,由于地理位置接近、自然资源和环境资源优势以及区域经济与社会发展优势对人才形成了巨大的吸引力,从而促进了区域科技创新人才的涌进。[②]将大量科技创新人才聚集在一个特定区域内,创新人才之间的正式或非正式交流都能为创新行为提供有效的经验和信息,促进了区域科技创新能力的提高,增

---

① 张敏、陈万明、刘晓杨:《人才聚集效应关键成功要素及影响机理分析》,《科技管理研究》2009 年第 8 期。

② 牛冲槐、田莉、郭丽芳:《科技型人才聚集对区域经济增长收敛的影响分析》,《技术经济与管理研究》2010 年第 2 期。

强了区域竞争优势,为吸引科技创新人才提供了动力。

在强化京津两地对科技创新人才聚集的同时,要着力解决河北变成"人才流失"重地的问题,在京津冀形成从区域外有效吸纳、区域内人才聚集的"三核"驱动模式。该模式实现的关键是如何形成优势互补、互惠互利的创新人才资源利用方式,如何实现三地科技创新人才的自由流动和优化配置,使京津冀平等互利、各取所需。在尊重市场规律的前提下,河北应适当调整科技创新人才的薪资待遇,使河北也形成科技创新人才聚集的核心。同时,在"三核"之间形成科技创新人才流动互通机制,以三地协同的人才管理平台实现人才流动的便利化。以"三核"一体的人才管理体系,以开放的人才管理平台,打造人才流动的环境,做好医疗、社保、职称资格互认、劳动人事仲裁协作等服务保障工作,打造京津冀吸纳科技创新人才的闪亮名片。鼓励京津冀之间高层次人才的交流与合作,鼓励外地专家与京津冀地区进行科技联合攻关、项目合作,推进高层次人才柔性流动机制,逐步实现京津冀从外部吸纳科技创新人才资源的"虹吸"效应,达到京津冀各自利益的最大化。

4. 加大科技创新人才培养投入力度,主动适应区域产业发展

阿希玛·戈亚尔认为,世界近30年的证据表明技术进步催生高技能劳动力稀缺的问题,劳动力稀缺将会抑制技术进步,从而降低劳动生产率,因此,提供专用的培训资金和培训项目可以帮助发展中国家减缓科技创新人才的短缺。[1] 创新型人力资本聚集的关键是要有与市场对科技创新人才需求、劳动力市场结构以及当地人口的流动性相匹配的教育体系。从北京中关村、武汉光谷、上海张江的发展经验看,正是当地密集的科教资源、科研基础条件成为吸引人才入驻的基础条件,加之企业为人才提供的良好的培训,为科技创新人才的能力延伸创造了条件,为行业创造了智力密集区。

科技创新人才的培养是一个长期过程,京津冀要持续加大科技创新人才培养投入,同时,要积极调整区域内高校学科建设,促进科技创新人才储备结构与

---

[1] Goyal. A, "Distant Labour Supply, Skills and Induced Technical Change", *Information Economics and Policy*, 2007, Vol. 19, no. 2.

区域经济社会发展需求相适应,建设创新素质优良的科技创新人才队伍,实现三地科技创新人力资本水平的整体提升。积极进行区域间科技创新人才交流合作,通过"产学研"合作,为企业培养更多的实用型科技创新人才,同时也为科研成果的快速产业化提供机会。树立人才投入效益最大的理念,提高区域科技基础投入,在加大政府投入的同时,鼓励企业、社会及个人投资科技创新人才开发,为科技创新人才发展扩大资金来源。

5. 实施激励性的科技创新人才培养、考核体系

保障机制是促进人才流动、增加地区人力资本存量的有效途径。保障机制不健全造成人才成本过高、市场运行不畅,是目前国内许多地区吸引人才乏力的首要原因。从我国台湾、香港、澳门的发展经验看,由于较早实施创新型人才战略,制定了一系列创新型人才发展政策和规划,为地区发展以创新为主的知识型经济提供了人才保障。① 在发达国家,政府通过完善人才管理相关制度体系,营造公平竞争的就业和创业环境来吸引人才。② 通过完善人才管理相关制度建设,可以有序管理企业人才,实现梯度接力式人才培养,建立起人才使用管理体系。③通过搭建优秀的区域人才平台建设,也为提升人才流动比例、吸纳高端人才提供了便利。④

以人才的激励保障制度创新,完善知识、技术、管理、技能等生产要素按贡献参与分配制度,以荣誉制度、津贴和奖励制度来鼓励科技创新人才的创新工作热情,创新科技创新人才评价标准,根据人才类型、发展潜力、地区需求设置长效激励机制,在区域内部形成具有"磁场效应"的科技创新人才环境。河北尤其要提高专项人才开发、引进资金,改善人才政策体系,在承受京津两地技术扩散辐射的条件下,以便利的人才服务迎接京津智力资源的流动,以良好的创业条件欢迎

---

① 沈琳、王强:《我国典型区域人才合作模式对京津冀区域人才合作的借鉴与启示》,《河北企业》2014 年第 2 期。

② 张向前、银丽萍:《两岸四地创新型人才战略合作与中华区域自主创新发展研究》,《科技进步与对策》2013 年第 17 期。

③ 桂昭明:《市场机制下的人才配置、使用与管理》,《中国人才》2014 年第 3 期。

④ 梁文群、郝时尧、牛冲槐:《我国区域高层次科技人才发展环境评价与比较》,《科技进步与对策》2014 年第 9 期。

高层次人才来河北创业。

理查德·佛罗里达认为,艺术家、科学家、作家和电脑程序员等创意阶层在城市经济中大受欢迎,他们成为经济活力的关键因素。他同时也认为创新环境——区域地理位置和环境以及工作机会,也是吸引创意阶层的关键因素。① 闫国兴等人的研究中也发现,科技创新人才的能力与所处的工作环境、社会环境、家庭环境紧密相关。② 因此,良好的工作环境、社会环境给个人能力带来的提升以及对家庭环境的改善,也是吸引科技创新人才的重要方面。从区域创新环境的角度看,优秀的经济环境、科技创新环境对创新人才极具吸引力,良好的创新环境对科技创新人才的吸纳往往能形成马太效应,越好的创新环境越能吸纳更多的科技创新人才,从而增进创新环境的改善;而较差的创新环境往往重金难引金凤凰。从社会环境的角度看,创新人才的流动与聚集,对区域基础设施和生活条件提出了更高的要求。根据福布斯的调查,城市生活的乐趣和提供的工作机会,是吸引人才、留住人才的主要原因。区域为了留住更多的人才,往往致力于社会环境的改善。跨区域的人才流动给区域带来了更为多元的社会精神文化,提升了整个社会的包容力与社会活力,塑造了城市的创新精神氛围,增强了地区对人才的吸引力。

---

① Florida. R, "Class Distinctions for the Global Economy——The Rise of the Creative Class and How It's Transforming Work, Leisure, Community and Everyday Life", *Entrepreneurship and Innovation*, 2003, no. 2.

② 闫国兴、齐经民:《高层次科技人才能力与环境因素关系研究》,《企业经济》2014 年第 5 期。

京津冀服务业协同发展路径研究

赵云峰

一、京津冀协同发展五年来取得的成绩

整个京津冀地区始终着眼于协调合作发展,从三个地方的政府工作报告中均能够看出,在之前的五年间,三地从整体上展开协调合作,推动深层次的配合发展,并且接连在交通、生态以及产业等一系列重要领域做到最先突破。在"京津冀协同发展"这一概念提出之后的五年间,三地的协同发展实现了长足的进步。基于此,本文将对京津冀协同发展的历程展开回溯,并归纳其间所实现的重要突破以及出现的一些问题,以期为今后的发展提供参考与借鉴。

(一)北京方面取得的成绩

2014 年,习近平同志于北京听取京津冀协同发展工作报告时指出,若要面向未来构建全新的首都经济圈,加快推动区域发展体制机制创新步伐,以及研究健全城市群布局与形态,给强化开发区域发展树立榜样和指导,就务必要做好京津冀地区的协同发展工作。习近平同志全面部署京津冀协同发展战略,为北京指明了前进方向,具有重大里程碑意义,北京市务必要主动参与到京津冀地区的协同发展中,走出"一亩三分地"的观念牢笼,要从整体考虑,从将北京市融入国家发展战略框架当中这一点出发,在积极实现区域内良性互动的基础上,努力克服本身存在的问题与不足,做到共赢发展与进步。现如今,可以预测到,新一轮的科学技术与产业革命大潮即将来临,应当乘势而上,推动转型升级与发展。北京市作为全国的首都,应当主动把握住例如京津冀协同发展等重要机会,强化自身

所承载的首都功能,将首都发展摆在重要位置,让服务保障水平能够与城市战略定位相匹配,让人口资源环境能够与城市战略定位相配合,让城市整体布局能够与城市战略定位保持统一。在之前的几年间,北京积极融入并持续推动京津冀地区协同发展的进程,而若是想在以后深层次推进京津冀地区协同发展战略进程,让这一战略可以顺利开展,则一定要立足于国家战略的高度,基于实现首都城市可持续发展的目标来抓住这一战略,并将其落到实处——每一个行动以及每一项工作当中。

北京市委、市政府制定实施了"远期有贯彻意见、中期有五年规划、近期有行动计划、当年有工作要点"的梯次推进政策体系,并把各项任务细化、量化、项目化、具体化,纳入年度绩效考评体系,明确责任分工,加强督查督办,确保按时完成。北京市设立了领导小组和10个专项工作小组,建立了与津冀的常态化对接会商机制,签订了多项合作协议和备忘录,持续开展与河北省互派百名干部人才挂职工作,健全了上下贯通、横向联动的工作机制,形成了同心同向同力的工作格局。习近平总书记强调,京津冀协同发展的着力点和出发点就是解决北京"大城市病",核心问题就是疏解北京非首都功能,这是"牛鼻子"和主要矛盾。五年来,北京紧紧抓住有序疏解北京非首都功能这个关键环节和重中之重,有力开展"疏解整治促提升"专项行动,取得了一批标志性成果:制定实施全国首个以治理"大城市病"为目标的新增产业禁限目录并两次修订完善,严把新增产业准入关,截至2018年底,不予办理新设立或变更登记业务累计达2.16万件,批发零售、制造、农林牧渔等限制类行业新设市场主体数量明显下降,占全部新设市场主体比重已降至21.9%;符合首都城市战略定位的科学研究和技术服务业、文化体育娱乐业以及信息传输、软件和信息技术服务业等新设市场主体保持活跃态势,占全部新设市场主体比重达到50.5%,"白菜帮子"加快剥离,高精尖经济结构逐步构建。

2018年,北京市疏解一般制造业企业累计达到2648家,累计疏解提升台账内市场581家、物流中心106个。动物园、大红门等区域性批发市场完成撤并升级和外迁,天意、永外城、万通等批发市场实现关停。高校疏解稳步推进,北京建筑大学、北京信息科技大学、北京城市学院等高校新校区累计入驻师生超过3万人。北京信息科技大学新校区、北京电影学院怀柔校区加快建设。医疗卫生资源布局调整步伐加快，天坛医院新院区实现运行，老院区搬迁腾退，同仁医院亦庄院区扩建、友谊医院顺义院区加快建设，北京口腔医院迁建选址确定。合理利用疏解腾退空间，规划布局便民设施和高精尖产业，实现了城市功能有机更新和转型升级。

围绕迁得出去、落得下来，北京研究制定配套政策，形成有效的激励引导机制。严格落实北京城市总体规划确定的人口规模和建设规模"双控"要求，切实减重、减负、减量发展，倒逼发展方式转变、产业结构转型升级、城市功能优化调整。出台非首都功能产业疏解配套政策意见，研究制定六大方面政策措施。坚持疏解与承接一体推进，联合津冀制定印发加强京津冀产业转移承接重点平台建设意见，引导非首都功能产业精准转移、集聚发展。落实京津冀产业转移对接企业税收收入分享办法，实施疏解功能产业税收支持政策，涉及减免税费11种。制定实施非居民用气、用热、用水、用电等分区域差别化价格政策。印发实施北京市工业污染行业生产工艺调整退出及设备淘汰目录，推进不符合首都城市战略定位的行业、生产工艺疏解退出。研究制定北京市推进市场和物流中心疏解提升的指导意见，进一步明确菜市场等便民商业设施配置标准，支持鼓励生活性服务业品牌连锁发展。出台关于加强非首都功能腾退空间管理和使用的意见，对腾退空间实施分区、分类和强度管控。

主动加强规划对接，在北京城市总体规划中增加支持雄安新区建设单独章节。落实与河北省签署的共同推进河北雄安新区规划建设战略合作协议，联合印发《北京市支持河北雄安新区"交钥匙"项目实施暂行办法》，全额支持新建3所学校、1所医院"交钥匙"项目，加快推进项目规划选址、方案设计等前期工作，建成后将分别由北海幼儿园、史家小学、北京四中、宣武医院等提供办学办医支持。对口支持的4所北京学校雄安校区正式挂牌，5所医疗卫生机构对口帮扶工作全面启动。签署共建雄安新区中关村科技园协议，12家中关村企业入驻雄安中关村科技产业基地。10余家市属国企主动参与新区开发建设，京雄城际铁路开工建设。全市选派23名局处级干部到雄安新区挂职任职。曹妃甸示范区累计签约北京项目130余个，张承生态功能区绿色产业加快落地，张北云计算产业基地累计签约项目 21 个。北京大兴国际机场临空经济区空间和产业规划编制完成,管理机构加快组建。天津滨海—中关村科技园挂牌以来新增注册企业达到 941 家,注册资金 102 亿元。滨海—中关村运营服务公司组建完成,支持园区发展若干措施相继制定,新一代信息技术、生物与生命科技等产业聚集态势初显。重大产业合作项目成果丰硕,总投资 74.5 亿元的北京现代第四工厂项目在沧州投产,实现了"一个工厂带动一个产业基地",带动就业 2000 多人。在重大产业合作项目带动下,2015—2018 年北京到津冀投资的认缴出资额累计超过 7000 亿元。

"轨道上的京津冀"加快打造,国家高速公路网 7 条首都放射线北京段全部建成,京沈客专北京段于 2015 年 12 月全面开工建设,京张铁路北京段、京唐城际也均于 2016 年开工。环首都"半小时通勤圈"逐步扩大,京津保 1 小时交通圈顺利实现。北京大兴国际机场飞行区三条跑道成功贯通。公路交通更加便捷通畅,京昆高速、京台高速、京开高速拓宽工程、京秦高速、首都地区环线(通州—大兴段)、延崇高速平原段相继建成通车,市域内国家高速公路"断头路"全面消除,新机场高速、新机场北线高速等加快建设。交通智能化和运输一体化跃上新台阶,京津冀交通"一卡通"在三省市城市公共交通领域实现互联互通,发卡数量累计超过 180 万张,惠民便民效果明显。累计开通出京公交 41 条,线路总长 2826.16 公里,日均客运量超过 40 万人次。目前,公交已基本覆盖河北省廊坊、涞水、赤城等 17 个毗邻区、县(市)。京津城际推出"同城优惠卡",市民持卡可享受票价优惠。

大气污染治理持续加强,与津冀合力推进压减燃煤、控车节油、清洁能源改造等各项减排任务,全面达标供应第六阶段车用油品,中心城区基本实现无燃煤锅炉。2018 年北京市 PM2.5 年平均浓度为 51 微克/立方米,创有监测以来历史最低,比 2013 年累计下降 42.7%。清洁能源工程建设加快。四大燃气热电中心建成运行。陕京四线天然气管道干线工程北京段顺利贯通,涿州—房山热力管线建成竣工。

生态建设力度不断加大。北京、天津、河北、山西四省市政府和中交公司共同出资,联合组建永定河流域治理投资公司,统筹推进永定河流域综合治理与生态修复项目的总体实施和投融资运作。京冀共同签署《密云水库上游潮白河流域水源涵养区横向生态保护补偿协议》,按照"成本共担、效益共享、合作共治"的原则,对密云水库上游实行生态补偿,其中北京市财政资金分为补偿资金、奖励资金和补助资金,原则上每年 3 亿元,根据考核结果据实支付。五年来,京冀生态水源保护林建设合作项目累计营造林 50 万亩,京津风沙源治理二期工程建设任务共计 122 万亩,张家口坝上地区退化林分改造任务、京津保地区造林绿化试点项目圆满完成。

(二)天津方面取得的成绩

天津作为连接京冀两地协作的枢纽,发挥了承上启下的功能,应当牢牢把握机会,推动产业承接平台和基础设施的建立,形成产业集群,健全制造业全产业链条,打通上下游,促进产业结构的转型升级和合理优化,努力使天津的经济水平能够获得长足的进步,强化京津冀地区在国际上的综合竞争力,让自身能够发挥重大影响力。2015—2018 年,天津共从北京吸纳了将近 2100 个投资项目,总金额约为 1460 亿元。其间,滨海—中关村科技园正式建设完成并开始运营,其中新增企业数为 355 家,累计注册资本金额达到了 58.2 亿元,极大地推动了京津地区新兴科技产业的协同创新发展。与此同时,百度创新中心、京东云创空间、阿里巴巴物流基地以及当当网物流基地等一系列重大项目和设施接连在天津生根发芽。2018 年,一汽大众华北地区基地和中国民航大学新校区等多个新项目也正处于加速建立的进程中,并且在未来科技城中,覆盖范围达 38 平方公里的京津战略协作示范区已完成规划和布局,开始建设工作。在这一过程中,产业转移规模不断提升,在津注册企业以及重大项目的增加推动了北京市非首都功能的疏解进程,同时也为天津实现自身的发展提供了巨大的机遇。

承接北京非首都功能疏解取得新成效。国家会展中心、中国核工业大学等开工建设,中国电信京津冀数据中心、中车金融租赁等一批项目引进落地。滨海—中关村科技园累计注册企业达到 1443 家,宝坻京津中关村科技城采用市场化运营模式,项目建设与招商势头良好。天津港雄安服务中心设立。津石高速公路全面开工,京津城际、京沪、京滨、津兴四条高铁通道联通京津双城的格局加快形成。环境联合执法取得新突破,京津冀河流跨界断面实现统一采样、统一监测,永定河综合治理与生态修复稳步推进。京津冀医学临床检验结果互认项目增至 36 项。全力推进天津港世界一流港口建设,完成港口运营管理体制改革,"一港六区"实现统一管理运营,港口智能管控中心建成投用,首批无人驾驶电动集卡投入使用,深入实施口岸降费提效优化环境专项行动,进出口整体通关时间较上年分别压缩 54.4% 和 58.7%,集装箱吞吐量增长 8.1%。天津机场新增加密航线 26 条。京津冀协同发展是一项重大国家战略,既是京津冀解决各自面临矛盾和问题的需要,也是优化国家发展区域布局、优化社会生产力空间结构、打造新的经济增长极、形成新的经济发展方式的需要。下好这盘棋,将会给天津经济社会发展带来重大契机。

(三)河北方面取得的成绩

河北着力办好"三件大事",打造高质量发展动力源:勇担历史使命,抢抓战略机遇,以创造雄安质量为不懈追求,规划建设千秋之城,以精彩、非凡、卓越为目标,高水平筹办冬奥盛会,以疏解北京非首都功能为"牛鼻子",在对接京津、服务京津中加快河北高质量发展。

京津冀协同发展向纵深拓展。84 项年度重点任务全部完成。北京大兴国际机场通航开启了通往世界"新国门",京张高铁建成通车,标志着冬奥会配套建设取得新进展,延崇高速主线建成,区域交通一体化格局不断完善。生态环境联建联防联治持续深化,张家口首都水源涵养功能区和生态环境支撑区获批建设。落实与京津新一轮战略合作协议,北京大兴国际机场临空经济区启动建设,全力支持北京城市副中心建设,推动廊坊"北三县"与北京通州区协同发展。133 家省内医疗机构与 278 家京津医院实现检验结果互认,京津 18 家医院优质医疗资源纳入河北省医保定点。雄安新区规划建设进入新阶段。高质量高标准完善新区规划体系,起步区控规和启动区控详规获中央批准实施,出台金融、开放、投资审批等 11 项配套政策。京雄城际、京雄高速等 67 个重点项目开工建设。中国电子科技集团、清华大学智能实验室等一批企业和科研机构落户新区。统筹推进流域治理和生态补水,白洋淀湖心区断面水质提升到四类,新增造林 20 万亩,雄安新区画卷徐徐铺展。冬奥会、冬残奥会筹办扎实推进。坚持"四个办奥"理念,高质量推进场馆和配套基础设施建设,赛会服务保障工作不断深化,76 个冬奥项目全部开工建设、36 个完工。出台促进冰雪产业发展专项支持政策,张家口冰雪装备产业园落地项目 32 个。冰雪运动加快发展,成功举办首届全省冰雪运动会,广泛开展群众性冰雪活动,参与人次达到 1300 万,带动了更多群众感受冰雪魅力、追逐冬奥梦想。

继续推进曹妃甸、渤海新区、芦台·汉沽、正定新区、北戴河生命健康产业创新示范区等协同发展园区建设,坚持与北京城市副中心"四个统一",制定廊坊"北三县"与通州区协同发展实施意见,加快北京大兴国际机场临空经济区规划建设,推进协同发展"微中心"规划选址。深化体制机制改革。创新行政、执法、税收、统计、生态等政策措施,促进资质互认、资源共享,推进京津冀人才、资金、能源、数据等要素市场一体化。

(四)政策方面的总结

京津冀协同发展战略从提出到现在已经过去了五年。随着京津冀协同发展战略的不断落实,这片地区取得了辉煌的成就。从组织架构来看,在国家高度上设立了京津冀协同发展领导小组以及与之相匹配的专家咨询委员会,国家发改委内部还设置了京津冀协同发展领导小组办公室,着力于推动和协助有关工作。从地方来看,北京市、天津市以及河北省均设立了"京津冀协同发展领导小组",且其组长均由三个地方的一把手来兼任。从部委来看,一些部委内部同时设置了有关机构组织,比如交通运输部内部设立了推进京津冀交通一体化领导小组以及与此相匹配的办公室,该小组长由时任交通运输部部长来兼任,别的一些部门领导以及三个地方的分管副省(市)长同时兼任副组长。

除此之外,这一战略在规划部署以及落实方面也有了较大的进步。《京津冀协同发展规划纲要》颁布,其中展示了京津冀协同发展的远大前景,为当下及以后一段时间内指导京津冀协同发展工作的总纲领。紧接其后,京津冀发布了"贯彻落实《京津冀协同发展规划纲要》的实施方案或意见",以配合推动和落实本地的有关工作。另外,《京津冀协同发展交通一体化规划(2014—2020 年)》《京津冀协同发展土地利用总体规划(2015—2020 年)》《京津冀协同发展生态环境保护规划》等一系列具有重大指导意义的规划文件也接连出台,针对三地怎样开展交通、土地利用以及生态环保等方面的协同发展工作提供了有关布局和意见。

与此同时，在推动交通实现一体化、生态环保以及产业升级转移等重要方面也取得了长足的进展。就推动交通实现一体化而言，按照国家发改委公布的《关于京津冀地区城际铁路网规划的批复》，直到 2020 年为止，将基于京津、京保石以及京唐秦三大通道，总体上形成京津石三地的中心城区和附近的城镇 0.5～1 个小时通勤圈，以及京津保三地 0.5～1 个小时的交通圈。除此之外，北京地区环线高速公路、京秦高速公路以及京台高速公路等一系列的"断头路"和"瓶颈路"等道路状况复杂的路段正处于打通或者是增加容量的状态。就生态环保而言，京津冀在建设形成区域生态环境监测网络、预警体系与协调联动机制以及强化大气污染联防联控等方面都取得了一定的突破，三地的环保部门一同签订了《京津冀区域环境保护率先突破合作框架协议》，具体确定了时下的十项工作内容，围绕联合立法、统一标准、统一监测以及信息共享等关键要点来开展，且共同开始运行京津冀环境执法联动工作机制。就产业升级转移而言，北京市整顿疏解了包括动物园、大红门以及天意等在内的超过 370 家批发交易市场，解决了区域性批发市场、一般制造业企业以及学校、医院等向附近地区疏解的问题，实现了产业的有序承接和转移，推动曹妃甸协同发展示范区、长城生态功能区、天津滨海—中关村科技园等关键协作平台的建设进程。

另外，在教育、医疗以及文化等关乎民生领域的改革试点中也获得了喜人的成绩。京津冀相继颁布了本地区养老保险跨区域转移接续办法的实施细则，鼓励京津两地的高等教育院校到河北开设分校区，还鼓励进行合作办医试点等民生政策，这些都反映出，在社保、教育、医疗卫生、文化以及社会管理等一系列公共服务领域的一体化方面获得了较好的成绩。

虽然京津冀协同发展战略实现了很大进步，然而期间依旧出现了部分问题。其一是太过于依赖政府发挥行政职能来施行，而市场当中和社会上的积极性并没有被唤起。现如今，重点突出的是自上而下的执行力，而反过来自下而上的问题反以及及时处理的渠道不方便。其二是这一战略在实施的过程中过多着眼于项目的推动以及施行上，而较少着眼于机制的改革。大量的工作内容集中于交通和产业转移等重点项目，而在《京津冀协同发展规划纲要》中提到的要素市场一体化改革、建立健全协同发展的体制机制以及公共服务一体化改革等体制机制的建立,步伐则落后许多。其三是北京首都本位和京津冀协同发展的整体定位间的冲突依旧存在。例如,控制北京的人口数量问题,尽管疏解控制人口数量是京津冀协同发展所要实现的一个重要目标,但是其必须立足于拉近三地的经济社会发展水平以及减小基本公共服务差距的基础之上才可以做到,不然在三地经济社会发展程度以及公共服务水平相差过大的情况下,单纯地将一部分人口疏解出北京市,从长期效果来看是不确定的。

京津冀协同发展的道路,其一是挖掘市场所蕴含的能量,鼓励企业以及别的社会组织发挥主动性和积极性。这一战略的实施,不能只有政府参与,重点是要形成一种激励相容的氛围,创造良好的条件,让有关企业和社会组织可以在参与的过程中感受到切实的收益,比如对于部分批发交易市场的疏解和转移,若是市场以及商家可以在转移之后能够发展的比之前要好,那么他们势必会发挥出巨大的积极性和主动性。其二是加快推动有关协同发展体制机制的建设进程,特别是推动市场一体化和公共服务一体化的改革步伐,实现资源要素的合理配置,缩短京津冀在基本公共服务方面的距离。其三是建立健全法制化的多元利益主体参与协商机制。参与到京津冀协同发展战略中的主体有很多,如政府、企业、社会组织与个人等,怎样设计一个科学完善的协调机制,在更大程度上借助法治调节的功能,依法实施有关措施,会是今后京津冀协同发展的一个重点。

二、京津冀服务业发展现状

京津冀地区服务业的发展对于中国国民经济有着重要的作用,它的发展程度已成为衡量地区发达程度和竞争力的重要标志。

(一)京津冀服务业整体发展现状分析

1. 发展水平分析

从第三产业发展规模来看,2017年北京、天津、河北三地的第三产业都超过万亿元的规模,北京市超过2万亿元的规模,是我国第三产业最为发达的地区之一。天津的第三产业超过1亿元,第三产业规模相对较小。近年来河北的第三产业发展迅猛,遥遥领先于天津。从第三产业占GDP的比重来看,京津冀的第三产业比重都超过40%,尤其是北京的第三产业比重超过80%,基本上已经进入服务经济社会。河北的第三产业比重为44%左右,天津的第三产业比重为58%左右,与北京相比还有一定的距离。从各地的细分领域来看,第三产业比较发达的地区,现代服务业比重也较高,如三地的金融业产值都已经接近或者超过2000亿元,北京已经达4600亿元以上。在其他行业中,主要包括了信息服务、科研等高端服务业,北京地区的高端服务业比重较高,远远超过天津和河北(见表1所示)。

表1　2017年京津冀第三产业及细分领域发展情况

地区	第三产业(亿元)	第三产业占GDP比重(%)	交通运输、仓储邮政业(亿元)	批发和零售业(亿元)	住宿和餐饮业(亿元)	金融业(亿元)	房地产业(亿元)	其他(亿元)
北京	22567.76	80.56	1208.4	2486.8	413.81	4655.37	1766.2	11946.78
天津	10786.63	58.15	780.4	2306.98	309.1	1951.75	783.27	4634.05
河北	15040.13	44.21	2497.88	2833.01	492.66	2053.44	1690.31	5284.39

资料来源:据国家统计局编《中国国家统计年鉴2017》,中国统计出版社2017年版,整理所得。

为了更加深入地了解和分析京津冀在第三产业所具有的特征,我们将通过比对三地的第三产业细分行业所占比重,来观察哪些细分行业是其第三产业的支柱产业。具体结果如表2。

表2　2017年京津冀第三产业细分领域所占比重

地区	第三产业(亿元)	交通运输、仓储邮政业比重	批发和零售业比重	住宿和餐饮业比重	金融业比重	房地产业比重	其他行业比重
北京	22567.76	5.3%	11.0%	1.8%	20.6%	7.8%	52.9%
天津	10786.63	7.2%	21.3%	2.8%	18.0%	7.2%	43.0%
河北	15040.13	16.6%	18.8%	3.3%	13.7%	11.2%	35.1%

资料来源:据国家统计局编《中国国家统计年鉴2017》,中国统计出版社2017年版,整理所得。

从表 2 可以看出,京津冀第三产业中各细分领域所占比重不尽相同。其中,河北第三产业中交通运输、仓储和邮政业比重超过了15%,是第三产业的支柱产业,而京津两地的该项占比相对较低,均未达到10%。批发和零售业比重较高的是天津,比重超过了20%,京冀两地的批发和零售业比重均没有超过20%。住宿和餐饮业在三地中的占比都较低。金融业所占比重呈现了更为明显的分化趋势,占比最高的是北京,超过了20%,天津也达到了18%,而河北只有13%,显示了京津两地是金融业主要聚集区,金融业相对发达。房地产在第三产业中的占比分化趋势不是十分明显,三地均为10%左右。从变异系数来看,第三产业细分领域中,变异系数相对较大的行业为交通运输、仓储和邮政业以及金融业和房地产业,这些行业都是生产性服务业,和一个地区工业发达程度相关,所以这些行业在第三产业所占比重差距较大。而变异系数相对较小的行业为批发和零售、住宿和餐饮业及其他行业,主要是因为这些行业都是生活性服务业,各地区所占比重差距不大。

2. 发展不均衡分析

以上数据显示了京津冀服务业的整体发展水平,为了更深入地研究京津冀服务业的分布特征以及存在的问题,接下来我们将重点分析京津冀服务业发展的不均衡性。为此我们对京津冀三地的产业进行了对比分析,具体分析结果如表 3 所示。

表 3　2018 年京津冀三次产业分布情况

指标	北京		天津		河北	
	绝对数 (亿元)	占三地总数 比重(%)	绝对数 (亿元)	占三地总数 比重(%)	绝对数 (亿元)	占三地总数 比重(%)
第一产业	120.42	3.6	168.96	5.0	3129.98	91.4
第二产业	5326.76	18.6	7593.59	26.3	15846.21	55.0
第三产业	22567.76	46.7	10786.63	22.2	15040.13	31.0
工业	4274.00	17.0	6863.98	27.5	13757.84	55.6

资料来源:据国家统计局编《中国国家统计年鉴 2017》,中国统计出版社 2017 年版,整理所得。

从表 3 可以看出,京津冀三地的三次产业区域差距中,第一产业和第二产业的差距十分明显,第三产业相对较为均衡。我们看到,第二产业中河北占到了三地总数比重的 55%,北京和天津分别只占 26.3% 和 18.6%。第三产业分布不均衡的现象也很明显,北京占到了三地总数的 46.7%,而天津只占三地总数比重的 22.2%,表现出与第二产业和工业相当的失衡性。这说明经济相对发达的北京在服务业发展上更加发达。

为了更加直观地显示这种不均衡性,接下来我们采用人均第三产业产值的方式加以度量,从而可以消除人口规模因素对不均衡性的影响。具体结果如表 4 所示。

表 4 2017 年京津冀人均第三产业产值及区域特征

地区	第三产业产值(亿元)	人均第三产业产值(万元)
北京	22567.76	10.3
天津	10786.63	6.8
河北	15040.13	1.9

资料来源:据国家统计局编《中国国家统计年鉴 2017》,中国统计出版社 2017 年版,整理所得。

从表 4 可以看出,京津冀在人均第三产业产值方面存在着更大的差距,北京、天津相对较高,北京达到 10 万元以上,天津 6 万元左右,河北不到 2 万元。从区域来看,北京处在较高值阶段,而河北则比较低,不到 2 万元。从变异系数来看,京津冀出现了较大的差异性。

(二)京津冀服务业细分领域发展现状及分析

本节将对京津冀的服务业各细分领域按照生产性服务业和生活性服务业以及现代服务业和传统服务业的划分标准进行划分,分别分析京津冀的服务业整体发展状况。

1. 生产性服务业发展水平分析

20 世纪 50 年代以来,生产性服务业在生产领域的作用不断变迁,由管理功能(润滑剂作用)到促进功能(生产力作用)再到今天的战略功能(推进器作用),

生产性服务业的发展得到了越来越多的重视。陈建军等在新经济地理学理论的基础之上,结合新古典经济学和城市经济学理论,尝试性地提出了生产性服务业集聚的理论框架,探索研究了中国生产性服务业集聚的成因与发展趋势。结合已有研究对生产性服务业的内涵和外延的界定,并考虑到数据的可获得性,本节选取交通运输、仓储邮电业,信息传输、计算机服务和软件业,金融业,租赁和商业服务业,科研、技术服务这五个行业来代表生产性服务业。

根据以上划分标准,京津冀的生产性服务业从业人员近五年呈逐步增长态势,到 2016 年总数已经达到 988 万人,其中信息传输、计算机服务和软件业从业人员增长较为迅速,北京地区的增长速度与天津、河北相比,跨度很大。从人员占比来看,生产性服务业从业人员有快速增长,这说明随着京津冀工业经济的快速发展,为制造业服务的生产性服务业得到了快速的发展。生产性服务业各细分领域的从业人员变化趋势如表5、表6、表7所示。

表5 北京生产性服务业各细分领域的从业人员变化趋势 单位:万人

年份	生产性服务业	交通运输仓储邮电	信息传输、计算机服务和软件业	金融业	租赁和商务业	科研、技术服务
2012	352.1	64.4	73.2	39.5	101.1	73.9
2013	374.0	65.5	79.4	40.5	109.5	79.1
2014	404.0	66.6	84.4	45.9	124.4	82.7
2015	440.5	66.0	92.2	50.9	142.9	88.5
2016	479.3	64.0	92.9	53.8	168.8	99.8

资料来源:据《北京统计年鉴》2012—2016 年数据,整理所得。

表6　天津生产性服务业各细分领域的从业人员变化趋势　　单位:万人

年份	生产性服务业	交通运输仓储邮电	信息传输、计算机服务和软件业	金融业	租赁和商务业	科研、技术服务
2012	100.57	29.84	5.81	13.45	28.42	23.05
2013	115.60	34.86	7.98	15.56	30.34	26.86
2014	134.61	43.26	11.96	15.70	33.36	30.33
2015	164.10	50.03	14.88	18.76	43.40	37.03
2016	176.77	52.12	18.92	21.63	46.41	37.69

资料来源:据《天津统计年鉴》2012—2016 年数据,整理所得。

表7　河北省生产性服务业各细分领域的从业人员变化趋势　　单位:万人

年份	生产性服务业	交通运输仓储邮电	信息传输、计算机服务和软件业	金融业	租赁和商务业	科研、技术服务
2012	293.39	189.30	19.80	30.45	39.08	14.76
2013	313.78	193.14	25.81	31.95	46.66	16.22
2014	325.32	201.09	28.14	35.33	43.49	17.27
2015	331.40	200.63	27.80	37.56	47.81	17.60
2016	333.02	202.18	27.68	40.05	43.86	19.25

资料来源:据《河北统计年鉴》2012—2016 年数据,整理所得。

以上是对京津冀生产性服务业就业人员细分状况展开的分析,接下来我们对京津冀生产性服务业横向进行分析,从而可以看出生产性服务业变化的区域特征。京津冀生产性服务业的整体情况如表8所示。

表8 京津冀生产性服务业从业人员变化趋势 单位:万人

地区	2012 年	2013 年	2014 年	2015 年	2016 年
北京	352.10	374.00	404.00	440.50	479.30
天津	100.57	115.60	143.61	164.10	176.77
河北	293.39	313.78	325.32	331.40	333.02

资料来源:据《中国统计年鉴》2012—2016 年数据,整理所得。

从表8可知,2016 年京津冀生产性服务业从业人员都超过了 150 万人,北京生产性服务业从业人员超过了 450 万人,是全国生产性服务业从业人员最多的省市。天津生产性服务业近五年增长速度飞快,但是与北京相比还是有一定的距离。从增长率的角度来看,北京的增长速率最快,近五年间超过 150 万人,天津的增长速率超过 70%,而河北省的增长速率不到 10%。从京津冀生产性服务业从业人员变化趋势来看,三地有一定的区域差异。

2. 京津冀生活性服务业发展水平分析

生活性服务业是服务业的重要组成部分。生产性服务业直接向人们提供物质和精神生活消费产品及服务,其产品、服务用于解决购买者生活中(非生产中)的各种需求。生活性服务业是连接物质、精神产品生产和消费之间的载体,物质、精神产品只有经过生活性服务业才能为人们所消费。生活性服务业一般包括文教卫生、商贸流通、旅游休闲、娱乐健身、餐饮住宿、交通运输、市政服务等行业。根据已有统计分类,我们将生活性服务业分为批发和零售业,住宿和餐饮业,居民服务和其他服务业,教育业,卫生、社会保障和社会福利业,文化、体育和娱乐业,公共管理和社会组织 7 个行业。

根据以上划分标准,京津冀生产性服务业从业人员数量从 2012 年到 2016 年稳定增加,尤其是河北省的增加比例逐步扩大,其中卫生、社会保障和社会福利,公共管理和社会组织增长较为迅速。从生活性服务业人员占服务业从业人员总数的比重来看,生活性服务业从业人员的比重逐步下降,这说明相对于生产性服务业的快速发展,生活性服务业发展相对缓慢。京津冀生活性服务业各细分领域的从业人员变化趋势如表9、表10、表11 所示。

表9　北京生活性服务业细分领域从业人员变化趋势

单位:万人

年份	生活性服务业	批发和零售业	住宿和餐饮业	居民服务	教育	卫生、社会保障和社会福利	文化、体育和娱乐业	公共管理和社会组织
2012	327.0	124.6	47.7	16.4	48.0	24.3	21.2	44.8
2013	330.7	122.6	46.2	17.8	49.5	26.1	23.0	45.5
2014	329.7	123.0	44.1	17.2	49.0	26.9	22.8	46.7
2015	338.9	129.5	42.6	17.6	50.7	28.8	23.0	46.7
2016	341.1	127.5	42.0	18.2	52.4	30.6	23.4	47.0

资料来源:据《北京统计年鉴》2013—2017年数据,整理所得。

表10　天津生活性服务业细分领域从业人员变化趋势

单位:万人

年份	生活性服务业	批发和零售业	住宿和餐饮业	居民服务	教育	卫生、社会保障和社会福利	文化、体育和娱乐业	公共管理和社会组织
2012	276.61	116.98	37.41	44.83	32.70	16.23	4.99	23.47
2013	284.01	120.90	38.06	46.59	33.18	16.47	5.15	23.66
2014	304.70	136.43	39.60	47.21	34.22	16.93	5.25	25.06
2015	314.58	143.76	38.85	53.02	31.93	17.58	6.27	23.17
2016	319.81	145.02	41.99	53.38	32.38	17.78	6.07	23.19

资料来源:据《天津统计年鉴》2013—2017年数据,整理所得。

表11　河北生活性服务业细分领域从业人员变化趋势

单位:万人

年份	生活性服务业	批发和零售业	住宿和餐饮业	居民服务	教育	卫生、社会保障和社会福利	文化、体育和娱乐业	公共管理和社会组织
2012	933.36	338.59	159.98	133.86	124.60	56.28	18.58	101.47
2013	989.57	363.66	178.78	140.09	125.56	58.67	19.34	103.47
2014	1003.35	380.89	173.17	135.30	124.61	60.08	19.04	110.26
2015	1017.31	385.83	176.56	137.00	125.13	62.87	19.45	110.47
2016	1030.65	391.34	179.97	139.77	124.74	64.23	19.72	110.88

资料来源:据《河北统计年鉴》2013—2017年数据,整理所得。

3. 京津冀现代服务业与传统服务业发展水平分析

根据2012年2月22日国家科技部发布的第70号文件,现代服务业是指以现代科学技术特别是信息网络技术为主要支撑,建立在新的商业模式、服务方式和管理方法基础上的服务产业。现代服务业既包括随着技术发展而产生的新兴服务业态,也包括运用现代技术对传统服务业的改造和提升。现代服务业有别于商贸、住宿、餐饮、仓储、交通运输等传统服务业,以金融保险业、信息传输和计算机软件业、租赁和商务服务业、科研技术服务和地质勘查业、文化体育和娱乐业、房地产业及居民社区服务业等为代表。现代服务业是相对于传统服务业而言,是为适应现代人和现代城市发展需求而产生和发展起来的具有高技术含量和高文化含量的服务业。现代服务业主要包括以下四大类:(1)基础服务(包括通信服务和信息服务);(2)生产和市场服务(包括金融、物流、批发、电子商务、农业支撑服务以及中介和咨询等专业服务);(3)个人消费服务(包括教育、医疗保健、住宿、餐饮、文化娱乐、旅游、房地产、商品零售等);(4)公共服务(包括政府的公共管理服务、基础教育、公共卫生、医疗以及公益性信息服务等)。

根据已有研究的统计和数据的可得性,我们采用信息传输、计算机服务和软件业,金融业,房地产业,租赁和商务服务业,科学研究、技术服务和地质勘查业,水利、居民服务和其他服务业,环境和公共设施管理业,教育业,卫生、社会保障和社会福利业,文化、体育和娱乐业,公共管理和社会组织共 11 个行业代表现代服务业。根据以上标准,京津冀现代服务业发展的整体情况如表 12 所示。

表 12　京津冀现代服务业整体发展状况　　　　　　　　　单位:万人

地区	2012 年	2013 年	2014 年	2015 年	2016 年
北京	679.10	704.70	733.70	779.40	820.40
天津	377.18	399.61	439.31	478.68	496.58
河北	1226.75	1303.35	1328.67	1348.71	1363.67

资料来源:据北京、天津、河北统计年鉴 2013—2017 年数据,整理所得。

从表 12 可以看出,整体上,京津冀现代服务业从业人员呈现了较为稳定的增长趋势,2012—2016 年,从业人员年增长率均超过了 5%。尤其是天津现代服务业从业人员增长幅度较大,五年间增长了 120 万人。虽然河北省近五年也有稳定的增长,但是由于其基数很大,增长率不高,与京津两地相比还有一定的距离。

(三)京津冀服务业环境建设分析

1. 京津冀服务业公共环境分析

公共环境包括法制环境、基础设施环境、交易环境以及人才情况等。这些环境的好坏能够在一定程度上制约或者引导服务业的发展。良好的法制环境、完善的基础设施建设、公平有序的交易环境以及雄厚的人才储备都能够提升服务业的整体发展水平和质量。根据已有数据,我们选择人均公共服务支出、人均交通运输邮电投资、人均教育经费、人均公共交通数量、人均受教育年限、市场化水平 6 个指标,采用主成分分析法综合测度了我国各省区市服务业的公共环境。2016 年京津冀服务业公共环境 6 项指标数据如表 13 所示。

表 13　京津冀服务业公共环境 6 项指标

地区	人均公共服务支出（元）	人均交通运输邮电投资（元）	人均教育经费（元）	人均公共交通数量（公里）	人均受教育年限（年）	市场化水平
北京	3363.3	10617.90	8088.3	42.72	16.30	14.5
天津	2264.4	10388.24	54499.3	32.75	16.26	14.9
河北	1244.5	6344.70	2562.9	26.80	15.50	12.8

资料来源：据北京、天津、河北统计年鉴 2016 年数据，整理所得。

从表 13 可以看出，在人均公共服务支出方面，北京地区要高于津冀两地，虽然河北省近年发展迅速，但是其人均公共服务水平还是与京津两地有很大的距离。从变异系数来看，人均交通运输邮电投资和人均教育经费支出变异系数较大，其他指标变异系数较小。在人均教育支出方面，京津冀的差距也并不明显。

2. 京津冀服务业市场环境分析

一个产业或者说一个行业的发展需要较大的市场潜力。从产业特性上来看，服务业包括了交通运输、餐饮娱乐、房地产、研发、通信、金融、保险、物流、中介和专业咨询服务等行业，这些行业不同于工业行业，具有产品无形性、生产消费同时性和不可储存性等产业特性。所以，服务业的市场在很大程度上具有"本地属性"，往往需要面对面的信息沟通才能实现良好的服务，尤其是生活性服务业将直接面对的是本地居民，所以本地区的消费能力和市场潜力对于服务业的发展具有决定性作用。生产性服务业虽然在一定程度上可以脱离空间的束缚，但是由于市场分割的限制，大部分生产性服务业企业也主要为本地的生产企业服务。例如，生产性服务业企业在生产环节就需要针对制造业的服务要求进行生产，如果不能很好地将制造业的服务需求及时有效地传递给生产性服务业企业，那么生产出的产品不仅是一个劣等品，甚至有可能降低制造业的生产效率。此外，在产品应用环节，仍需要良好的信息反馈，通过反复的磨合才能更好地为制造业服务。所以，信息传递对于生产性服务业服务水平的高低以及对制造业生产效率的影响至关重要。但是这种服务信息更多地表现为"默会信息"或者是

"非标准化"信息,因此,面对面地沟通对于解决信息不对称带来的服务效率低等问题具有重要意义。

接下来,从京津冀服务业市场环境的角度来观察各区域发展服务业的潜力和市场。由于在前面的论述中我们已经将市场交易环境纳入公共环境的范畴,所以此部分所指的市场环境主要是市场潜力和影响服务业消费水平高低的因素。根据已有统计数据,我们选择人均可支配收入、居民消费水平、城镇人口比重、恩格尔系数以及影响生产性服务业发展的人均工业总产值、对外开放度这6个指标综合度量三地服务业发展的市场环境,并采用以上研究所涉及的主成分分析法测算得出综合市场环境指数。选取以上指标,是因为这些指标是影响一个地区服务业消费潜力的主要因素,这些因素直接影响到一个地区服务业的发展潜力,只有这些因素得到明显提升,服务业尤其是生活性服务业的发展水平才能够得到有效提升。对外开放度和工业发达程度将直接影响生产性服务业的发展,只有一个地区的对外开放度较高、工业较发达,该地区的生产性服务业才能够有足够的市场得以发展壮大。2016年京津冀服务业市场环境6项指标数据如表14所示,其中,恩格尔系数为消费支出的食品支出比重,城镇化率为城镇人口的比重,对外开放度为进出口额与国内生产总值的比值。

表14　2016年京津冀发展服务业市场环境6项指标

地区	人均可支配收入(元)	恩格尔系数	居民消费水平(元)	城镇化率	对外开放度	人均工业产值(元)
北京	52530	0.273	29610	86.1%	0.214	2872
天津	34074	0.287	25129	82.3%	0.316	5736
河北	28249	0.267	14758	53.0%	0.197	3873

资料来源:据北京、天津、河北统计年鉴2016年数据整理所得。

3. 京津冀服务业技术环境分析

技术环境也可以影响一个地区的服务业发展水平,一个地区的技术环境越好,服务业尤其是高端服务业的发展越能够获得技术支持。尤其是在信息技术高速发展的今天,信息技术的服务水平直接决定着服务业的发展水平。为此,本部分将从各区域技术环境角度分析一个地区发展服务业的优势。根据已有数据,我们选择了人均专利数、R&D 强度、万人 R&D 人员、技术市场交易活跃度、互联网普及度 5 个指标进行测度。在指标计算上,R&D 强度采用 R&D 经费占 GDP的比重,技术市场交易活跃度采用技术市场交易额与 GDP 的比值,为了数据的可比性,技术市场交易活跃度采用百分比表示。具体数据如表 15 所示。

表 15　京津冀发展服务业技术环境 5 项指标

地区	万人均专利	技术市场交易活跃度（％）	R&D 强度	R&D 人员（万人）	互联网普及率
北京	76.8	65.72	5.96	33.35	73.2
天津	14.6	2.62	3.01	23.31	59.2
河北	3.24	0.25	1.20	12.32	48.2

资料来源:据北京、天津、河北统计年鉴 2016 年数据,整理所得。

从表 15 可以看出,京津冀服务业技术环境 5 项指标的区域差距更加明显,尤其是在人均专利数、技术市场交易活跃度以及万人 R&D 人员方面。北京在这些方面尤其突出,大幅度地超过了天津和河北,显示了北京在发展服务业方面具有明显的技术优势,为发展高端服务业奠定了基础。

三、服务业国际化经验借鉴

国际上一般认为,服务经济是指服务业的产值在国内生产总值中的比重超过 60％,或者服务业从业人员在整个国民经济全部就业人员中的比重超过 60％的经济态势。如果以这一标准来看,西方主要发达国家已经步入服务经济时代。20 世纪 80 年代以来,西方发达国家经济发展的显著特点之一就是服务业的迅速崛起并逐步取代制造业成为经济增长的主要动力和创新源泉。随着经济全球化步伐的加快,世界经济已全面向服务经济转型。

（一）服务业集聚的国际案例分析

1. 英国伦敦现代服务业集聚区

英国伦敦的当代服务业聚集区又被称为"金融城"，其占地面积大约为 5 平方公里，在其范围内，涵盖了大量的银行、券商以及外汇交易中心等。该地是世界范围内金融机构最集中的一个地区，包括了世界范围内规模最大的外汇市场和国际保险市场，并且拥有历史最为悠久的证券交易所和黄金市场。除此之外，该地的欧洲货币市场和商品市场在世界范围内也是首屈一指的。伦敦金融城在历史上曾经盛极一时，直到今天依旧活跃无比，该地区给英国创造了巨大的GDP。在 20 世纪 80 年代，其每一年都能够向英国政府纳税超过 20 亿英镑，就算是在经济萧条的 20 世纪 90 年代初，失业率高的情况下，该地区还提供了数量极多的就业岗位。1995 年，该地区内金融业、商业的就业人员数量达到 70 万，这甚至超过了法兰克福的总人口数量。世界五百强公司中，有 375 家在此地成立了分公司或者是办事处，并且有 481 家外国银行在该地区运营。从保险业来看，国际上第一个保险市场，即极为出名的"劳合社"就是在这里设立的，并且世界范围内 20 家一流的保险巨头均在此开设了公司。除此之外，还有超过 180 个外国证券交易中心落户于此。在这里，每一天的外汇交易金额都超过 6000 亿美元，这一数目是华尔街的两倍，同时这些证券交易中心还管理着全世界超过 40000 亿美元的资产。当前，该地区的外汇交易额、黄金交易额、国际贷放总额、外国证券交易额、海事与航空保险业务额以及基金管理总量都位居国际第一。

优秀的职工、舒适的服务、健全的设施以及前沿的科技是该地区所具有的有形资产。而灵活完善的法律与市场机制以及一直流传至今的冒险精神则是该地区的无形资产。该地区尽管只有 5 平方公里的面积，却是拉动英国经济发展的火车头，同时还是国际金融服务业的核心枢纽，承担着推动英国经济甚至是国际经济稳定与长期发展的重大责任。

该地区办公场所依旧维持了其传统的风格，楼层低矮，颇具复古风格。究其原因，也许是该地一开始仅仅是供商人进行沟通与交流之用，之后才逐渐发展成金融交易中心。该地之所以能够形成当代服务业集群，其内在的市场机制发挥了重要作用。金融业集群有着久远的历史，并进一步引领了法律以及咨询服务等产业的崛起和集中。

该地区开放程度高,并且国际金融业务遥遥领先。究其原因,也许和英国历史上的外向型经济发展时期不无联系。现如今,全球五百强公司中,大多数都在这里建立了分公司或代理机构,并且很多规模庞大的保险公司在此聚集,这里因其久远的历史、高素质的职工、健全的法律以及一流的管理理念而成为享誉全球的国际金融中心。直到现在,伦敦的保险业务依旧是首屈一指。该地区还是世界上最先推出金融衍生产品的市场,也是国际法律事务中心。需要注意的是,在当地现代服务业集群发展进程中,政府做出了重大贡献。当地政府针对当代服务业集群展开了比较明确和合理的布局,对生活区域和工作区域进行了严格划分,以确保民众的生活环境不会被干扰,其优美的历史风貌也能够一直传承下去。

2. 日本东京新宿现代服务业集聚区

从 20 世纪 80 年代末开始,由于新宿 CBD(新宿副都心)建设完工并投入使用,在 CBD 区域内逐渐聚集起一系列的以金融、保险为主要业务的企业总部,以及各种各样的咨询企业、会计师事务所、律师事务所等现代经营服务产业。20 世纪 90 年代中后期,伴随着信息和文化产业的快速崛起,在该地区的周围又逐渐聚集起了一系列的信息服务企业、软件开发企业、各种网站、传媒企业、动画制作企业等现代都市产业,这导致新宿 CBD 成了日本规模最大、现代服务产业集聚程度最高的地区。

东京现代服务业集群发展的成功经验在于很多方面。相对于以伦敦金融城为典例的中心区抑制发展方式而言,东京城市中心区域的发展主要有市中心区膨胀化发展以及外围地区多点截留的特征。在历史的多次规划和布局上,东京政府始终坚定地实施在大都市范围内分散城市功能的策略,这一点尤其反映在 20 世纪 80 年代不断健全的"多核多圈层"结构,这一结构涵盖了市中心区域、8 个周边副中心区域(其中包括了新宿和临海)、9 个外围特色新城(又被称作业务核城市,包括幕张以及横滨),三者共同构成了整个体系。然而实际上,就实施战略而言,因为考虑到严格限制中心区域的发展会妨碍东京固有的活力,有可能失去市中心的永久性,所以日本在很大程度上采取的还是引导策略(例如在财政金融方面给予一定优惠以及补贴),而不是非常严格的限制性措施。所以,尽管副中心区的发展取得了一定的成绩,但是市中心区依旧展现出商务功能发展的强大吸引力。一个城市的发展模式会在一定程度上决定当代服务业集群的发展方向。东京的每一个区并不会在城市的每一项功能上都占据主导位置,而是分散开来主导不同的行业,例如金融、批发、信息有关行业以及专业服务行业等,它们都已具备东京大都市范围内城市功能转型升级以及集群的显著特点,这导致东京的当代服务业集群具备了多样化、多层次以及网络化的结构特点。

　　和伦敦有所区别的是,东京在第三产业快速崛起的过程中,依旧属于日本工业实力最强大的几个城市之一。直至20世纪80年代之前,东京始终是日本范围内最大的工业中心,这之后由于工业外迁的原因,东京的工业实力不可避免地被削弱,但东京依旧是日本极为重要的工业城市之一。1987年,东京的工厂数目和工业销售额分别为全国的12%和7.3%,仅低于爱知县、神奈川县以及大阪府,位居日本第四位。自20世纪60年代开始,由于产品竞争以及城市环境等问题的不断产生,东京的大批制造型企业都搬至国外或者是横滨等地。在工业转移的大背景之下,东京涌现了很多创新型的中小企业,这使得东京维持了工业主导的发展趋势。比如,围绕大田区形成的产业综合体是一个很重要的技术创新核心区。工业的转变使得传统的工业产业内涵也随之发生变化,在很大程度上体现为向生产服务业的延伸,从而推动了和工业相关的研发以及技术创新。由于整个日本的经济发展方式由“贸易立国”慢慢地过渡到“技术立国”,东京“城市型”工业结构也出现了新的调整和变化。东京立足于新产品的试制与研发,着手于推动知识密集型的高精尖新工业的发展,与此同时,把批量生产型工厂转变成新产品研发型工厂,促进工业不断向服务业的方向延展,目标在于产业的融合,这是东京当代服务业集群形成过程中所呈现的重要特征。

　　日本政府为东京的城市发展制定了框架,将东京定位于全球金融和商务中心,并将东京及其附近地区改造成以知识和信息为基础的产品基地,东京湾地区由原来的出口导向产业带改造成商贸中心。日本政府还通过政策来支持东京服务和基础设施建设,从而推动东京商务功能的发展。日本政府从政策上强调核心区商业功能聚集的重要性,提倡功能混合,并采取具体的措施来扶持东京商务功能的发展。比如,对于人口集中、交通拥挤的问题,东京都市区政府在规划中采取了区域方法控制政策,扶持具有高附加值的金融服务业的发展。此外,政府的政策信息源作用和拥有的审批权,也促进了各种政府办公功能和大公司总部集中于东京。东京良好的信息技术基础设施为金融、银行、保险、物流、知识密集型制造业的发展提供了重要条件,从而促进了服务业的迅速发展。同时,东京集中了日本17%的高等院校、短期大学和27%的大学生,东京还拥有占全国1/3的研究和文化机构,其中大部分是国家级的。而且,东京吸引着大量的科研机构在此聚集,尤其是那些与首都活动和产品研发关系密切的科学、工程研究部门。在东京,受过高等教育的人数占总人数的34.27%,这些人才储备为东京服务业集群的发展提供了智力支持。

(二)服务业国际化经验总结

1. 确立服务经济的主体地位是经济发展的必然阶段

世界发达国家经济增长的路径表明,在经济发展到一定程度后,工业化已经不能驱动经济的再次高速增长,只有靠经济服务化才能驱动经济的"二次增长"。从世界发达国家的经济发展史来看,许多国家在高速工业化后面临着经济再次发展的瓶颈。例如,日本在20世纪五六十年代工业化时期经济增长速度高达10%,但到20世纪70年代以后就降至4%左右,增速明显下了一个台阶。受制于劳动力和资源价格上涨的因素,日本经济开始向服务经济转型,从1970年开始,日本第三产业的增速就已持续快于第二产业。城市层面由制造业中心向服务业中心转型的案例更多,例如英国的曼彻斯特曾是著名的制造业中心,现在其服务业增加值所占GDP比重已超过70%。东京、曼彻斯特在经历了几近绝望的产业结构转型后,最终都从世界级制造业中心转换成世界级金融中心、现代服务业中心。

所以,从世界主要发达国家的经济发展历程来看,服务业的比重随着人均GDP的提高而逐步提升,也就是说,随着经济的发展,服务经济的主体地位越来越明显。

2. 生产性服务业的稳固发展是高端服务的基础

作为服务经济的重要组成部分,生产性服务业是服务经济中的高端产业。

从世界发达国家服务经济的发展历程来看,服务经济的崛起都是在依托制造业高端化的基础上发展起来的。分工的深入化加速了制造业企业对制造各环节需要增加的服务内涵的理解,制造企业将有关环节进行外包而衍生了生产性服务业,制造业企业与服务企业出现了融合的趋势。现代服务业加速向现代制造业生产前期研发、设计,中期管理、融资和后期物流、销售、售后服务、信息反馈等全过程渗透,现代制造业内部逐渐由以制造为中心转向以服务为中心。例如,大型机床、医疗器械、重型运输、建筑设备所需要的操作技巧只有制造业企业才能更好地把握。正因如此,将制造业高附加值服务环节外化延伸发展服务业不仅能够提高服务业比重,也有助于制造业和服务业更深更好地融合发展。世界上众多工业城市都是通过大力发展生产性服务业实现了服务经济的发展。以大阪为例,大阪是日本众多制造业企业集聚之地,是阪神工业带的核心,在能源危机期间以及制造业成本日益高起的今天,大阪将制造业中的研发设计环节通过延伸独立外化发展研发创意产业,再从技术和创新入手对传统制造业进行渗透,在巩固提升制造业的同时,服务业也得到较好的发展。例如利用尖端技术和信息通信打造城市信息技术网络基础,吸引了日立造船、野村综合研究所、大阪银行等制造业、研究机构和金融机构的集聚,造就了大阪制造业与服务业互相促进、共同发展的产业发展态势。

3. 立足区域优势是发展特色服务经济的前提

服务业与制造业最大的不同就在于其生产和消费密不可分,生产的产品和消费的产品具有严格的地域属性。服务业的发展不仅与制造业的发展密切相关,而且与其服务的区域也密不可分,所以服务业的发展要结合区域发展的特点,有针对性地发展相关产业。从世界发达国家和地区的服务经济发展来看,绝大部分城市都是依据其区域优势发展了服务经济,并且取得了可持续性发展。

四、京津冀服务业区域差异影响因素与协同发展存在的问题

(一)京津冀服务业区域差异影响因素

自从京津冀协同发展成为我国一个新的发展战略之后,京津冀地区势必会面临全新的机遇,该地区的当代服务业也势必会有长足的进步和发展。基于对京津冀当代服务业区域差异所展开的研究,能够发现,三地的当代服务业的差异性是固有的,并且导致这一现象的原因也是错综复杂的。按照当前的一些理论研究成果,加上前人的一些区域分析经验,再结合当前京津冀地区的实际发展状况,我们将对造成这种区域差异的一系列影响因素展开整理与研究。

1. 经济发展水平

一个地区的经济发展状况能够在一定程度上反映出其所具备的区域实力,并且能够在多个维度上推动地区当代服务业的发展。其一,就人均国民收入水平而言,能够从整体上影响人们对于服务的需求。其二,就产业结构比重而言,不同地区处于不同的发展时期,地区内占主要地位的产业也会存在差异。例如,当前北京市属于后工业化时期,迈进了服务型社会,而天津市属于工业化后期,河北省则属于工业社会的中后期阶段。其三,就劳动力人口的流动而言,伴随着经济社会的持续发展,资源的分配也逐渐趋于合理化,资源持续投入到收益率比较高的产业中,也即当代服务业。因此,如果一个地区的经济发展状况越好,那么该地区内的服务业也势必发展的越好。

以此为基础,就人均 GDP 而言,2011—2013 年,京津冀区域的人均 GDP 数值差异持续增加,直到 2013 年为止,北京市、天津市和河北省的人均 GDP 分别是93213 元、99607 元和38616 元,由此能够得出,河北省的人均 GDP 数值相对于北京市和天津市而言相去甚远,这导致了河北省范围内对于当代服务业的需求较低,不利于当地服务业的发展,换句话说,经济发展水平会对某个行业的发展造成影响,而这又会干扰京津冀区域当代服务业的协同发展。因此,在持续推进京津冀区域协同发展的同时,还应当提升自身的经济水平,给产业的升级进步创造良好的经济条件和氛围。

2. 科技发展水平

从性质上来看,当代服务业属于知识与技术密集型产业,它的发展程度会受到来自区域信息化程度等方面的制约。强化信息化程度可以削减地理方面的互动成本,并进一步延展市场的边界范围,给产业或者是公司创造更大的成长空间,换句话说,就是强化信息化的程度可以激发市场的潜力。而京津冀区域在科技方面存在的差距也在一定程度上造成了三地之间当代服务业的差距,从而会制约三地间的技术流动以及产业互补,并形成梯度差异,阻碍京津冀区域科技服务产业的协同发展。科学技术是能够强化一个地区内当代服务业综合竞争实力的重要驱动力,京津冀不但要发挥本身所具备的长处,还要提升其在科学技术方面的投资力度,促进三地间的科技交流和沟通,创造京津冀当代服务业在科技方面的良好环境。

京津冀在科学技术水平方面存在的差距,从 R&D 经费总量来看,河北省和天津市都要比北京市多,这反映出地方政府对于科学技术的重视程度,然而就人均水平而言,河北省则要少于北京市和天津市,并且就拥有的项目数量而言,河北省也比北京市和天津市少了很多。此外,从技术交易市场来看,北京市的技术交易金额远远高于天津市与河北省,这反映出天津市与河北省在信息科技服务方面有所欠缺,尤其是河北省,需要强化对科学技术的投资力度,强化自身的科技硬实力,尽快赶上北京市与天津市。

3. 政策作用

一个地方的不断发展和进步,一定会有政策的功劳,优秀的政策会在很大程度上促进地方经济的发展和进步。就京津冀而言,政府对于当代服务业区域差异所产生的影响基本上有下述几点:其一,行政干预,不同行业之间的转移流动主要是行政力量在驱动,并且服务业特别是当代服务业企业在进入市场时会碰到比较多的阻力,也即准入门槛较高。例如在金融行业,资本流动性低,其中多数是仅向各自地方范围内提供服务,这导致了区域当代服务业的对外开放程度较低,制约了产业的扩张壮大以及综合竞争实力的提升。其二,地方产业政策对当代服务性的支持力度不足。当代服务业是目前经济发展的主要着力点,是推动地方产业结构完善升级的一个重要驱动力,如果地方政府制定的产业政策侧重存在差异,那么对各个行业的支持力度也会出现差距,基于目前市场经济的大环境,地方政府的产业政策是对当地经济进行宏观调控的一个关键方式。例如,从当代服务业固定资产投资中就能够发现地方政府在区域当代服务业发展过程中所做出的努力,并且政府的强力支持通常是一个行业能够不断进步繁荣的重要推手,河北省在交通运输、仓储、邮政以及房地产等领域具备较强的投资优势,而北京市则侧重对信息传输以及科学研究等领域的投资,强化当地的科学技术水平,天津市则在租赁与商务服务业投资等领域一马当先,这些都能够反映出地方政府对于当地产业发展所提供的巨大帮助,因此,在京津冀区域当代服务业协同发展的同时,地方政府应当持续发挥好服务职能和社会管理职能,强化京津冀在区域协同发展中所具备的优势。

4. 城市化水平

城市化水平与当代服务业发展联系紧密,要想推动当代服务业的发展,重点在于强化城市化程度,反过来,城市化程度的提升又会推动当代服务业的发展,换句话说,城市从供需两个方面都能够给当代服务业创造巨大的发展空间。首先,从供给的角度来看,一个城市的发展水平越高,可供人们购买的服务消费品也就越多,这就延展了城市服务业的广度和深度,也即无论是人们对于衣食住行的需要,还是人们对于文体娱乐甚至是对于科技服务等精神方面的需要,都能够得到满足。其次,就城市发展的需求而言,伴随着城市化程度的持续提升,城镇人口数量也会持续上升,由此进一步强化对当代服务业的需求,从而推动该城市内当代服务业的发展,反过来,服务业的持续发展也会强化城市化的水平。最后,就外部效应而言,城市所具备的功能比较完善,拥有满足自身发展所需要的一系列基础设施等条件,在这里,各个区域能够联合起来产生较好的外部效应。完备的成长氛围与新兴科学技术等一系列资源优势,能够给当代服务业的不断发展带来长久的驱动力量,为其在城市中的集聚创造了有利条件。由此可以得出,一个地方的城市化程度越高,城市越发达,规模越庞大,其城市化程度对于当地服务业的发展所起到的驱动力量也就越强大,发展的也就越快越好,其内部结构不断完善升级,也就会对当地做出巨大的贡献。

5. 地区工业发展水平

当代服务业的发展少不了工业的支持,优秀的工业会给当代服务业的发展打下牢固的基石。在工业化过程中,人均可支配收入水平的持续增加,会导致人们对于当代服务业的极大需求,也会出现人们对于文体娱乐等服务产业的需要,这给当代服务业的发展拓宽了空间。此外,当代服务业的发展还会给城市经济结构的转型带来服务支持。由于当代服务业属于低污染、低能耗行业,所以其能够帮助强化或改变一个地方的工业化实力,这两个行业可以彼此产生影响。而工业化水平是当代服务业发展的前提,是造成不同地区间当代服务业差异的一个关键原因。结合京津冀地区的工业发展过程,北京市属于后工业化发展时期,天津市属于后期发展时期,河北省属于中后期时期,三地不同的工业发展程度也在很大程度上导致了三地当代服务业的区域差异。

6. 基础设施因素

健全的基础设施可以形成优秀的外部性,不仅可以给当代服务业创造方便的外部条件,而且能够帮助当代服务业产生区域集聚效应。一个地区的基础设施建设水平能够在很大程度上影响当代服务业的发展,如果一个地方的基础设施比较健全,那么其范围内的当代服务业的发展情况也会比较好。具体来说便是当代服务业可以借助健全的基础设施对资源进行科学合理的调配,削减产出成本,提升行业的投资收益率,推动区域中生产要素的完全自由流动,并进一步形成规模效应,强化当代服务业的经济效益。由此可知,一个地区的外部环境条件对于当代服务业发展的重要程度。

众所周知,交通运输工具能够在一定程度上引领一个城市的发展,其对于当代服务业的发展越来越重要。在京津冀协同发展战略中,将发展交通置于首位,反映出对地区基础设施建造的重视,这给京津冀协同发展提供了便利的交通环境,能够在很大程度上促进省际资源要素的充分涌流与行业间的交流协作。除此之外,交通设施的便利还能够给当代服务业的行业分工与产业承接奠定坚实的基础。所以,基础设施的完备程度同样是影响京津冀当代服务业区域差异的关键因素,换句话说,基础设施的完备程度与当代服务业的发展状况呈正相关关系。

(二)京津冀服务业协同发展存在的问题

1. 机制体制不完善,政策规划落实不到位

京津冀虽然地缘相接,但并未呈现出齐头并进、百花齐放的局面,依然是区域分裂割据。无法冲开行政区划的藩篱是三地协同发展最大的阻碍。因行政壁垒使得诸如市场分割、信息交流受阻、重复建设等问题无法得到有效解决。虽然近年来有不少推动京津冀现代服务业协同发展的政策规划,但这些政策规划并没有真正落实到位,缺乏统一性和连续性,并且实质上仍是各地方在保护自身利益基础之上而发展自身,脱离了健康的服务业市场的运行环境,并未真正地实现

资源的有效流动,更未盘活整个京津冀的现代服务业发展局面。京津冀分工合作的程度远远低于长江三角洲、珠江三角洲区域。长期的行政壁垒,缺乏统一的管理部门与现代服务业共建共享平台,制约着京津冀现代服务业的协同发展。例如,北京市的现代服务业发展有着良好的基础优势,其增加值位居三地第一位,无论是政策优惠还是基础设施建设,北京都远远优于津冀两地。津冀两地本可借助北京的优势资源,发挥区域带优势,但行政壁垒犹如鸿沟,阻碍了京津冀协同发展的进程。

2. 协同发展区域内基础设施不完善

基础设施的发展程度是影响区域服务行业协同发展的重要因素。完善的基础设施建设可以有效地支撑区域内现代服务业产业布局三地之中。目前,北京依然是龙头城市,其发展现代服务业的各项基础设施处于国家先进水平,天津次之,河北的基础设施情况最不理想。河北尤其在商贸、金融、物流、交通网络、互联平台等方面缺乏持续、统一的基础设施体系建设。京津冀协同发展的基础设施远远不如长江三角洲、珠江三角洲区域完善。从三地政府的财政开支情况来看,也是差距明显。三地发展现代服务业的基础条件更是不可相提并论。基础设施是区域协同发展的基本条件,不完善的基础设施严重阻碍了区域内现代服务业的发展。在人均可支配收入、人均消费支出、人均城市道路面积、每万人拥有的公共交通车辆、外商投资企业数量、固定资产投资额等方面,北京、天津、河北三地差距显著。北京除在人均城市道路面积上处于劣势,在其他方面都有着巨大的优势,而河北仅在人均城市道路面积一项上略有优势。另外,河北在交通、水、电、服务业设施方面也存在很大的不足。

3. 地区行业特色不明显

有效的区域合作是充分发挥各自优势,实现优势互补和资源合理配置。协同发展,意味着区域内共同进步与发展,而不是一家独大。北京在多年来的发展中行业特色明显,以金融业、文化创意产业及高新技术产业尤为突出。天津虽然在制造业突飞猛进,但在现代服务业的发展上并未形成具有地区特色的产业发展思路。河北亦是如此。缺乏地区行业特色不利于区域内协同发展。京津冀产业分布呈现出两个特征,一是优势产业分布相对集中。北京市专业化程度较高的行业有信息服务产业、金融业、租赁和商业服务业、科研、技术服务和地质勘查业、文化艺术、体育等。河北省的仓储业、批发业具有较高的专业化程度,服务业专业化程度较低。二是产业分布呈现出扩散趋势。对比 2000 年和 2015 年京津冀现代服务业的分布,可以看出大多数产业呈现出分布范围扩大、分散分布的趋势。特别是战略性新兴产业和高技术产业的分散分布趋势显著。这两种特征虽然是起步较好的现象,但并未给京津冀带来明显的行业特色。例如,天津的文化韵味服务业,北京的高科技现代服务业,河北的现代化生态旅游服务业,都是可以后续开发的项目,可以在更好地协同发展的同时,呈现三地不同的地区特色。

4. 研发创新能力制约区域内协同发展

科技是第一生产力,研发创新能力可以推动产业升级,实现产业的飞跃发展。科学技术在现代经济领域发挥着举足轻重的作用,现代服务业在区域内的协同发展离不开科学技术的支撑。研发创新能力是协同发展的关键。从当前京津冀高新技术产业的分布及人才的集聚可以看出,北京是研发创新能力的龙头。从机构数量来看,北京的高技术产业存量持续升高,尤其从 2013 年起增长率骤升,高技术机构取得了突飞猛进的发展。截至 2015 年底,北京有高技术产业机构 414798 家,主要集中在中关村创业园区,同年新增 81840 家。2015 年北京市战略性新兴产业保持稳定增长的趋势,截至 2015 年底,北京市战略性新兴企业数目达到 188070 家,增长速度有所放缓。为适应当前经济发展的换挡期现状,国家层面颁布了众多扶持高新技术、信息智能服务产业发展的政策,有力地促进了新兴产业的发展。目前,战略性新兴产业已逐渐成为北京市稳增长的重要力量。而天津和河北相对滞后,不仅在机构数量上存在明显不足,其总体研发创新能力也比较薄弱,且区域内部的研发创新能力合作互补机制有待提高,这种现状严重制约了京津冀协同发展的进程。

5. 现代服务业要素在区域内流动后劲不足

资金、技术、人才、政策等产业发展要素是支撑现代服务业协同发展的重要组成部分。自 2014 年国家重视京津冀协同发展开始,国家相继颁布了诸多规划、政策,加之"十三五"规划的出台,大批助推京津冀协同发展的要素流动起来。区域内的流动不是局限于某一地区内的流动(北京要素流动劲头最盛,天津其次,而河北处于发展相对落后的一方),而是要三地要素流动呈良性发展的态势,促进京津冀协同发展。现代服务业不仅要发展,更好实现协同发展,从地区财政开支到科技创新力度,再到政策规划的支撑,最后到人才的合理配置等,都要实现合理流动才能助推京津冀现代服务业协同发展。众多要素不可偏废,众多要素更要在区域内有效合理的流动。但现实情况并未如此,鉴于行政壁垒、发展水平等诸多原因,推动京津冀区域发展的要素流动过程中明显后劲不足,这成为阻碍京津冀现代服务业协同发展的因素之一。以北京为例,通过国家自主现代服务业示范园区的发展,创业活力持续增强,新创办企业数量再创新高。2015年新创办科技型企业2.4万家,占全市新创办科技型企业总量的36.5%,同比增长10.4%;技术创新能力提升,科技企业集聚效应显现,2015年存续科技企业16.2万家,同比增长17.4%;企业年龄分化发展,初创企业成为新主力,示范区存续科技型企业中,处于初创期的企业有6.1万家,占示范区存续企业总数的37.7%;处于发展期、扩张期和成熟期的存续企业各占两成左右;丰台园创业最为活跃,门头沟园创业进入低迷期,有待进一步转型发展;新创办企业注册资本大幅度提升,规模变化趋势明显,这些都反映出示范区营商环境不断优化,创业投资者热情持续高涨。然而出现这种众多要素合理流动的情况仅仅表现于北京地区内,未引燃到天津以及河北地区,三地之间缺乏一种有效的要素流动机制。

五、京津冀服务业协同发展的策略

经由研究京津冀服务行业协同发展过程中出现的一些问题和不足,能够给今后有针对性地制定发展战略以及建立健全京津冀服务行业协同发展机制提供支持,帮助三地服务行业的协同发展向更深层次推进。

(一)打破行政壁垒,完善机制体制创新

伴随着"十三五"规划的颁布,针对京津冀一体化发展的规划和布局也相继公布,同时有关现代服务行业的产业协同发展规划也相应提出。在进行顶层设计的时候,除了着眼于数量之外,还应当着眼于质量,严格遵照科学性、系统性、针对性、可行性、连续性以及统一性等原则来优化和完善顶层设计。除此之外,还需要切实有效的实施过程。有关规划的落地生根对于京津冀现代服务行业的协同发展而言就相当于奠基石,"背靠大树好乘凉",乘着利好政策的大势,针对有关产业展开规划和布局,才能实现可持续性的稳健发展,才能给三地现代服务业的协同发展带来优良的市场氛围和条件。

京津冀要求同存异,统筹大局,从整体上形成和完善区域协同发展机制,设立区域发展目标。国家批复了有关的精神文件,设立了京津冀协同发展小组,调配有关产业小组,专职进行现代服务行业的协同发展工作。国家从总体上设计区域整体发展规划,三地政府分别设计当地的发展规划。应当适当赋予工作小组一定的权限,在三地之间掌握调动协调指挥的权力,在一定程度上突破行政壁垒。京津冀地区在地理上属于环渤海经济圈的范围,是我国北方一个关键的经济发展区域带,需要着眼于该地区对于北方甚至是对于全国范围所具有的辐射作用,引领有关地方产业的发展。就现代服务行业协同发展而言,应当重视并召开联席会议,若有必要,还应设立相关协调机构,使北京市、天津市以及河北省形成统一,做到集中优势、互补短板,健全并创新有关体制机制,促进现代服务产业的发展和进步。政府在进行管理的过程中需要控制好角色,不仅要配合和发挥好市场在资源合理配置中的决定性作用,改革垄断性质的服务行业,克服其在区域协同发展中的阻碍和困难,科学进行指引,还不能进行过度干预,要规范和限制政府的行为活动,使政府扮演好一个协调者的角色。

在制定顶层设计的时候应当着眼于对河北省的支持,让其省内的一些城市承担起副中心的定位。突破行政壁垒,建立京津冀现代服务行业的信息共享平台,实现三地信息资源的顺畅共享。更合理地发挥财政的杠杆作用,着眼于部分落后城市展开行业侧重调整,从宏观层面做到资源的合理配置,针对现代服务行业的发展,设定具体的统一规范,确定准入细则,吸纳更多更好的资源,从而支撑京津冀现代服务行业的协同发展建设,并创造完善的发展氛围和条件。

(二)完善并强化京津冀基础设施建设

健全的基础设施是支撑京津冀现代服务产业协同发展的一个必要前提。提升财政支出数量,全面强化区域内的基础设施建设,避免出现"一家独大"的局面,特别是应当注重缩减河北省与北京市和天津市两地基础设施的差距,着眼于建立健全能够连接三地、实现互惠互享的基础设施,给三地现代服务产业的发展奠定基础。在以前的发展过程中,因为地区之间存在较大的差距,使得河北的发展始终处于滞后的状态。现如今,北京和天津的发展逐渐趋于完善,对河北全省范围也实现了良性辐射,能够在一定程度上帮助河北实现较大的发展。但是,产业转移和扩散的一个基础条件就是河北应当完善和优化自身的基础设施,创造良好的现代服务产业发展氛围和条件,强化政府意识,健全自身基础设施建设,向外界展现自身所具有的优势以及良好的资源条件,这不仅有助于吸纳京津两地大企业的投资,同时这也是完成区域互联互通的一个前提。

参照和学习长三角、珠三角区域产业协同发展经验,支持和建设一系列的创业园区和科技园区,培训服务产业人才,借助交通一体化等举措促进京津冀现代服务产业协同发展。加快推进京津冀交通网络建设步伐,例如优化一小时交通圈等(京张铁路、京承铁路、京唐铁路以及京石客运专线高铁的建造均能够使得京冀之间的联系更为紧密),除此之外,还需要仔细设计和规划京津冀三地的航空港、港口以及铁路网等综合交通网络的科学布局,促进资源妥善高效配置。促进区域"一卡通"尽快成为现实,做到三地交通设施先行,由此北京市的地铁才能够一直连接到河北省范围内的部分城镇。再者,便是形成优秀的外商投资氛围,增加固定资产投资金额。另外,应当围绕北京市建设放射状交通网络,使其与别的一些节点城市连接在一起。

抓住"一带一路"及自贸区契机,吸引外资、整合政府投资,加强信息共享平台建设;推动金融网点分支机构的合理分布,将金融业作促进京津冀现代服务业协同发展的纽带;推动通信网络、信息高速公路的共享化建设,有力支撑京津冀现代服务业的协同发展。

(三)发挥京津冀服务行业特色,去同质化协同发展

2000年以来,京津冀区域产业得到很大的发展,机构存量的增长与地区生产总值成正相关关系。产业结构得到进一步优化调整,战略性新兴产业、高技术产业、文化创意产业都保持了较快的增长速度,服务业在经济中的比重逐步提高,其中北京市服务业在产业中所占比例最高。生产性服务业增长显著,其在服务业中逐渐占据主导地位,特别是北京市的生产性服务业日益成为其经济结构的主导。文化创意产业也作为北京市现代服务业的优势产业之一要继续保持,并大力发展广告会展、设计服务、文化艺术、文化辅助服务、旅游休闲娱乐、软件、网

络及计算机服务、艺术品交易、新闻传媒、广播影视等服务行业,做细做精,形成特色产业带,且将成功经验分享给天津、河北两地。然而京津冀协同发展不是要助推北京成为龙头城市,而是要实现均衡发展,在今后的发展中,天津以及相对落后的河北应借鉴北京现代服务业发展的经验,发挥各自的优势,实现产业升级与对接,形成区域内优势互补、协同发展的局面。

文化创意产业方面,河北、天津在文化艺术、广播影视服务业方面都存在短板,要努力突破,实现飞跃。另外,北京应继续发挥以中关村创业园为首的高新技术园区的辐射作用,带动产业升级与转移,促进科学技术在京津冀区域内交流与共享、科技成果在区域内转化。天津依托自贸区和制造业的优势,提高现代服务业的开放水平,通过制造业有效支撑现代服务业的发展,推动经济体制改革,助推现代服务业在京津冀区域内实现互联互通。

正所谓"打铁还需自身硬",要想成功实现区域服务产业对接,有效吸收京津两地产业辐射,河北省应当完善自身服务行业的发展,借着供给侧改革的春风,淘汰落后端,推动优势产业的进步。河北作为环渤海经济圈的一员,其发展服务业的优势不可忽视,但自身短板更应摆在首位,要提升短板,发扬优势。河北省是生态保护的主体,推动河北省保定市、廊坊市与北京、天津地区的同城发展,重点打造京津地区技术贸易、科技研发、休闲旅游等京津冀区域现代服务业增长带,带动河北产业的优化升级,促进科技成果的转化,使得京津冀优势互补,协同发展。

(四)引导资源、要素合理流动,吸引人才,培养人才

人才是现今社会的黄金资源、钻石要素。人才是保证产业健康、快速发展的必要条件。当今京津冀现代服务业发展中,就业人员基数大,但高水平、高质量的服务业人才匮乏。区域内整体人才匮乏,相对而言,北京人才相对多,天津次之,河北人才最紧缺。要想推动京津冀现代服务业协同发展,必须使人才资源、要素在区域内合理流动。

人才要素的配置不能仅靠政府单方面的努力,企业也要担责,企业要通过激励性的薪酬体系吸引人才,高标准、高质量的培训计划培养人才,使人才这一首要要素能在区域内得到合理配置,发挥最大的作用,助推现代服务业协同发展。

京津作为人才相对聚集的地区,应当健全人才培养机制,构建人才培养体系,充分挖掘服务业人才的潜力,使得人才服务发展壮大。河北省作为人才相对短缺的地区,应当充分挖掘本地区的人力资源,构建人才引进机制,壮大现代服务业人才发展队伍。京津冀区域内实现人才沟通交流机制,共同提高进步,打破人才瓶颈,助推现代服务业的发展。考虑人才机制完善的同时,还应大力完善京津冀现代服务业的人才环境,例如环境质量、教育资源、医疗设施水平及房价因素,这些也都是影响人才去留的重要因素。

(五)加足区域现代服务业发展的马力,拓展区域融资平台与渠道

2006—2015年,由于内资机构发展迅速,外资机构占整体比重持续走低,2015年外资机构占比下降至2.28%,其中港澳台投资机构的发展趋势基本与外资机构的发展走势相一致,近五年内机构数量均保持平稳。虽然外资机构比例降低,但实际利用的外资金额仍在增长。根据商务部发布的数据,2015年北京实际利用外资130亿美元,增长了43.8%,其中北京服务业六大重点领域最获外资青睐,金融领域实际使用外资数额增长了15.7倍,占全市外资使用总量的56.4%。因此从另一个侧面看,北京市利用外资质量在持续提升,产业结构得到进一步优化。区域产业的发展,不能单靠政府的财政支出,也要拓宽融资渠道,实现宽平台、多渠道发展。区域内现代服务业发展的后劲不足,跟融资情况息息相关。吸引外资、企业联资、政府注资等多渠道多管齐下,才能加足区域现代服务业发展的马力。在组织机构内外资构成上,2000年以来京津冀区域呈现出外资机构比重持续降低的趋势。这样的趋势并不利于现代服务业发展,应当吸引外资,合理利用外资。采用多种融资方式、渠道,利用更宽广的融资平台,借鉴珠江三角洲、长江三角洲产业发展的成功经验,实现京津冀区域现代服务业协同发展。资金、技术、人才是现代服务业的发展要素,其合理有效的配置可以实现现代服务业的质变。拓宽融资渠道、注重科技创新、吸引并培养人才是补足现代服务业发展后劲的有效措施,发展要素在区域内合理的流动有利于实现京津冀现代服务业协同发展。

后　记

　　本书是天津社会科学院京津冀协同发展研究中心在迎接京津冀协同发展重大国家战略实施五周年之际策划的重要智库研究项目。在本项目立项和实施过程中得到院领导的大力支持，也得到了来自产业发展研究所、城市经济研究所、资源环境与生态研究所研究力量的支持。此外，本研究成果能够出版还要特别感谢院出版社的鼎力支持，在此一并表示感谢。

　　本书由京津冀协同发展研究中心主任孙明华研究员策划和统稿，各章节分别由京津冀协同发展研究中心人员撰写：第一章由董薇薇撰写，第二章由贾玉成撰写，第三章由杨志撰写，第四章由屠凤娜撰写，第五章由许爱萍撰写，第六章由赵云峰撰写。